军人心理健康维护技术方法

宋华淼　孙丛艳◎主编

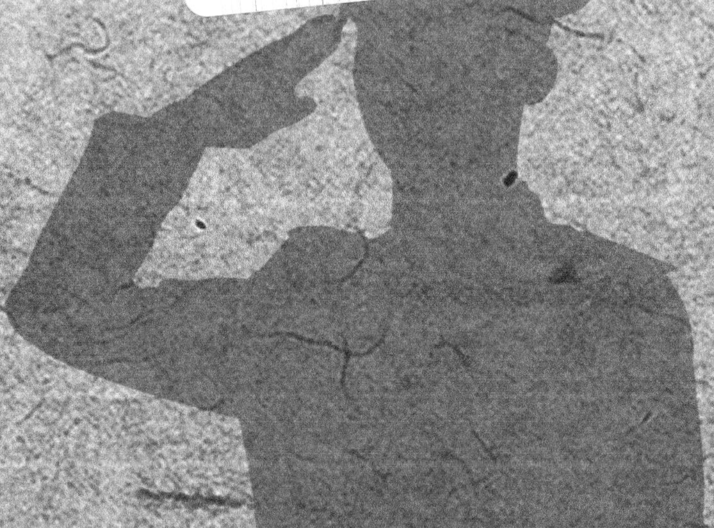

清華大学出版社
北　京

内 容 简 介

本书分为 14 章，依据作者长期在一线从事心理工作的经验，从军队实际出发，在理论和实践上对军人心理健康维护做了全面系统的阐述。书稿构架合理，实践指导性强，内容涉及部队心理问题的识别、心理评估、心理健康维护，以及心理危机干预、战时心理卫生保障等。书中重点论述了心理健康维护理论的新概念、开展心理健康维护具体实用的新方法，对基层开展心理工作指导性强。本书适合于军队心理工作者和部队基层干部开展心理工作参考使用。

图书在版编目（CIP）数据

军人心理健康维护技术方法 / 宋华森，孙丛艳主编 .—北京：清华大学出版社，2019（2026.1重印）
ISBN 978-7-302-53623-9

Ⅰ.①军… Ⅱ.①宋… ②孙… Ⅲ.①军人–心理健康–健康教育 Ⅳ.① E0-051

中国版本图书馆 CIP 数据核字（2019）第 173726 号

责任编辑： 肖　军　周婷婷
封面设计： 吴　晋
责任校对： 王淑云
责任印制： 刘海龙

出版发行： 清华大学出版社
　　网　　址：https://www.tup.com.cn，https://www.wqxuetang.com
　　地　　址：北京清华大学学研大厦 A 座　　邮　　编：100084
　　社 总 机：010-83470000　　邮　　购：010-62786544
　　投稿与读者服务：010-62776969，c-service@tup.tsinghua.edu.cn
　　质量反馈：010-62772015，zhiliang@tup.tsinghua.edu.cn
印 装 者： 天津鑫丰华印务有限公司
经　　销： 全国新华书店
开　　本： 165mm × 235mm　　**印　张：** 19.25　　**字　数：** 310 千字
版　　次： 2019 年 11 月第 1 版　　**印　次：** 2026 年 1 月第 8 次印刷
定　　价： 78.00 元

产品编号：085326-01

编著者名单

主　编　宋华森　孙丛艳

副主编　吕　静　宋　超

编著者　（按姓氏拼音排序）

董　文　李德明　刘　军　吕　静

马　磊　宋　超　宋华森　孙　美

孙丛艳　王俊凌

前 言

习近平主席明确指出，要“加强社会心理服务体系建设，培育自尊自信、理性和平、积极向上的社会心态”。习近平主席的这一重要指示，深刻指出了心理卫生工作的重要政治意义、战略意义和社会意义，是全面加强心理卫生工作体系建设的科学指南和根本遵循。这也要求和引领我们必须从实现强军目标、建设世界一流军队的全局高度，认真研究和探索心理卫生工作在部队全面建设和战斗力生成维护中的战略地位、作用机理、基本途径等一系列重大课题，进一步为深入贯彻落实习近平主席重要批示精神，全面提升部队心理建设质量效益提供扎实可靠的理论支撑。

党的十八大以来，全军紧紧围绕党在新形势下的强军目标，不断加强部队心理卫生工作，并取得了积极成效，全军官兵心理健康水平总体向上向好，特别是各部队通过高强度高难度驻训演练、实弹发射的摔打磨砺，使官兵心理素质得到整体跃升，为政治建军、改革强军、依法治军提供了坚强的心理支撑。但是，随着国防和军队改革加速、社会竞争加剧、生活节奏加快，以及军事斗争准备的加紧推进，官兵心理也出现了一些急需解决的新情况新问题。迫切需要我们在习近平主席“建设世界一流军队”的宏伟目标指引下，科学提炼部队创新做法，合理借鉴外军有效经验，努力建设体现我军特色、达到世界一流标准的心理卫生服务体系，促进全军官兵心理健康水平和心理应战能力明显提高，心理卫生服务保障能力基本满足平时心理维护、应急心理干预和战时心理防护需要。

2003 年，我们编撰了《军人心理疏导理论与方法》一书，对指导部队心理工作发挥了积极作用。十多年过去了，作为军队心理工作者，依旧深感责任重大、任务艰巨。在我和孙丛艳主编与清华大学出版社医学分社孙宇社长探讨这些问题时，孙社长不假思索地鼓励我们在原《军人心理疏导理论与方法》基础上，再行加工完成一部能够指导军人心理健康维护的著作。孙社长在部队从事出版工作多年，了解部队的需要，她的鼓励促成了我和孙丛艳主编更积极地投入到本书的编撰构思中。

本书分为14章，大致内容分为四个部分，第一部分主要是心理健康维护的基本理论。围绕军人心理健康维护的概念、范围、内容、方式，以及军人心理特点和心理卫生工作任务展开论述。第二部分主要是问题的识别和常见问题的心理咨询与辅导，从技术上给予阐述。以帮助读者能够认识问题，针对问题展开工作。第三部分主要是针对心理健康维护的技术方法，从平时到战时，从心理测量到个别心理和团体心理辅导，再详细阐述心理危机干预的技术方法，为基层心理工作者提供具体指导。第四部分，从作者碰到的具体问题中，推出几个官兵自我心理抚慰的案例讲解，为读者化解疑难问题，建立问题思考过程中简单化模式，提高应对问题的能力。

本书编著过程中，听取相关专家和基层部队带兵人意见，拿出了部分章节的内容在基层部队以大课的方式讲解，再返回来总结修改内容，几经加工。尽管完稿，但仍然感到很多实践中碰到的问题，书中难以表达完整，还是留有很多遗憾。参加编撰的除了孙丛艳副主任医师与我多次讨论，不断修正之外，宋超在资料组织和文字修改中做了大量工作，吕静副主任医师有长期在301心理门诊工作的经验，也为本书的丰富添加不少色彩。石莹主任长期在海岛从事一线心理工作，更能准确把握官兵心理特征，也为本书的编撰提供不少接地气的内容。王俊凌、董文、刘军、李德明等都在编撰过程中付出很多心血。作者本着高度为军人群体负责的态度，广泛查阅资料，结合实际工作经验，认真听取不同意见，不断修改初稿，力图实现语言简练，通俗易懂，实用性强，具备指导作用的初衷。

本书能够付梓出版，我由衷地感谢孙丛艳主编的合作，由衷地感谢两位副主编，由衷地感谢各位编撰者付出的心血。更要感谢的是清华大学出版社医学分社孙宇社长，是她的鼓励与支持，是她积极奔走促成了本书顺利出版。

由于编著者水平有限，书中难免有不妥之处，恳请专家学者和广大读者给予批评指正。

宋华淼

2019年9月11日于北京

目　录

第一章　军人心理健康维护概述

第一节　军人心理健康维护的概念、特点和原则

一、军人心理健康维护的概念

军人心理健康维护是在部队思想教育、心理服务工作中的一种技术指导方式，指部队管理人员和心理咨询人员通过疏通和引导的方法帮助官兵解决心理困惑的过程。疏通，指启开言路，让咨询官兵畅所欲言地、具体真实地讲出自己成长中的内心感受和心理问题；引导，指循循善诱，因势利导，针对咨询官兵的心理问题和个性特点，用其乐于接受的形式和方法，指导他们克服困难，完善自我，提高心理健康水平。咨询官兵倾诉其内心苦闷、心理问题之后，部队管理人员和心理咨询人员不是做直接的解释、指导，而是引导他去进一步思考，这些问题是如何产生的。其后，引导他去找寻脱离困境，解决这些心理问题的方法。心理健康维护在部队也是管理工作中常用的方法之一。

二、军人心理健康维护的特点

军人心理健康维护主要有以下特点：

第一，军人心理健康维护的工作是由部队管理人员和心理咨询人员担任，且需要经过心理学的专业培训，获得相关证书者。军人心理健康维护的对象主要是部队官兵，即在部队生活、训练和工作的正常人。军人心理健康维护和心理治疗不同，心理治疗的对象专指患者，主要是指那些精神疾病、心身疾病以及某些躯体疾病的患者。

第二，心理健康维护具有双向性的特点。心理健康维护和心理教育不同，心理教育具有单向性的特点，是教育者对被教育者的指导和传授。而

心理健康维护则是由辅导者与被辅导者双方构成，且有主动的寻求心理帮助和被动接受心理帮助的双向性。双方在军人心理健康维护过程中是帮助者起着主导作用，但被帮助者却是工作过程的主体。双方必须互相配合，互相影响。

第三，心理健康维护的角色非常清楚。军人心理健康维护不以教育的方式进行，帮助者与被帮助对象的关系是平等的，是咨询、商议、帮助、指导等参谋、顾问、朋友的关系。在心理帮助过程中，帮助者一般以“听”为主，处于辅导地位。如倾听帮助对象的“宣泄”，注意观察其表情、手势、姿态等，力求进入被帮助对象的内心世界，在理解和关怀下，提出解决问题的合适途径。

第四，心理健康维护的内容极为广泛。它和心理治疗不同，心理治疗只针对各种心理疾病、心身疾病，精神疾病早期和康复期，以及躯体疾病伴发的心理反应等等。而心理健康维护则是对官兵部队生活的各个方面的心理健康维护，包括军事生活的适应和成长问题、紧张训练的心理应激问题、青年官兵的婚恋问题、人际关系障碍问题、军人的家庭生活问题，以及军人各个年龄段的心理卫生问题等等。还有，由于部队战士群体正值青春期，情绪障碍、性心理障碍等也是主要问题。总之，部队所涉及能带来心理困惑的问题都可以进行军人心理健康维护。

第五，心理健康维护的方式可以个别方式，也可以团体方式进行。个别方式通常是针对个人的问题单独进行的，一般这类问题多涉及个人的心理困惑、心理障碍甚至隐私问题，不便在大庭广众之下进行，故常采用个别交谈方式，极端注意保密性。对群体中存在的共性问题，可以选用团体方式进行。团体方式可以针对团队凝聚力、军事生活适应性、挫折耐受性等问题。

第六，心理健康维护的目的是为了官兵的心理健康。保持官兵的心理健康是新形势下军事斗争准备的需要；健康的心理也是官兵发挥潜能，保持高昂战斗力的保证。心理健康维护的目的就是帮助官兵解决心理问题、心理困惑、心理障碍，调节情绪，平衡心态，健全人格，矫正行为，恢复和增进心理健康。

三、军人心理健康维护的原则

心理健康维护是门艺术，是走进人的心理世界的艺术，需要遵循以下基本原则：

（一）相互平等的交友性原则

建立双方的平等关系十分重要。相互之间要交朋友，使军人心理健康维护对象能够感到亲切、毫无顾虑、心理安定。军人心理健康维护的过程就像是朋友间的交谈，对某些问题心理指导好似朋友间的建议一样，这样才能保证良好的效果。

（二）参与进行的教育性原则

心理健康维护工作人员对心理健康帮助对象应成为循循善诱，诲人不倦的教师。对所有求助心理健康帮助的人员要有正确的分析意见，要鼓励他们正确对待自己的心理问题或心理困惑，教导如何明辨是非，逐步加以扭转。

（三）和风细雨的启发性原则

和风细雨、渐进启发，让被帮助的人员逐渐认识到自己的问题所在，找寻产生这些问题的原因，并进一步启发如何去克服、去扭转。这些过程切忌采用简单粗暴的教导与指责，防止求助者失去扭转的勇气，失去对心理健康维护的信心。

（四）全面把握的整体性原则

人的心理活动是一个完整体，人与社会的参与和心理与生理相统一，我们必须在工作过程中注意整体性的问题。有心理问题，我们要整体看待，不能头痛医头，脚痛医脚。对有任何心理问题的军人进行心理健康维护均应全面考虑，阶段地安排。每一个阶段解决一个问题，由点到面，由表及里，才能取得好的咨询效果。

（五）一般与特殊的整合性原则

心理健康维护有自己的一般规律，但每一个求助心理健康帮助的人员都有自己的特点。即使两个相同问题的人，也会发现由于两者的生长环境不同、个性特点不同，两者也会有所差异。因此，在分析、帮助时必须注意一般与特殊相结合的原则，才能取得效果。

（六）尊重隐私的保密性原则

军人心理健康维护与思想政治工作有一定的差别。在思想政治工作中，对发现的思想问题可以组织班会的方式，或军人大会的方式给予严格的讲评教育，但心理健康维护工作却要遵循保密性的原则。一般而言，心理活动是一种隐蔽性的活动，特别是有心理问题的人，更不愿意让更多的人知道。因此，对军人心理健康维护对象所谈的内容必须保密，切不能作为茶余饭后的笑料，到处讲。

第二节 军人心理健康维护的范围和内容

军人心理健康维护依据部队特点确定它的工作范围和方法。一般地讲，有心理咨询、心理治疗及健康维护三个方面的作用。其中心理咨询有三种模式，一是障碍性心理咨询；二是适应性心理咨询；三是发展性心理咨询。

所谓障碍性心理咨询主要是指对各种较重的心理障碍和心理缺陷进行的心理咨询，其对象多半是有心理疾患的人员，属于医学心理咨询的范畴。所谓适应性心理咨询，是指对学习、生活和工作不适应的心理咨询，其对象是正常人，目的是解决心理困惑，恢复心理平衡，保持心理健康。所谓发展性心理咨询，广义地讲是指我们毕生发展的心理咨询，即生涯咨询；狭义地讲，则指对儿童、少年和青年所遇到的心理问题和心理困惑的咨询。其对象主要是儿童、少年和青年。

从以上心理咨询的模式来看，我们就不难对军人心理健康维护的范围和内容予以框定。

一、障碍性问题心理咨询

主要由军队具有医学教育背景的人员负责。工作的内容主要是各种心理疾患，如情绪障碍、智力障碍、人格障碍、性心理障碍、性功能障碍，自杀者等各种特殊心理危机干预的心理健康维护，各种神经症、心身症及精神疾病早期诊断、治疗和康复的心理健康维护等。实际上，这类心理健康维护对象并非完全正常人，已经处于疾病的状态。不具备医学教育背景的人员很难把握是病理心理，还是正常心理。障碍性心理健康维护，主要解决的是心理障碍问题。

二、适应性问题心理咨询

主要由军队各级政工和管理人员担任，具有政工、管理和心理学教育背景的人员都可做这项工作。主要是对个人生活、学习，以及军事训练不适应的心理予以适应性问题咨询。我们知道，部队生活环境艰苦、条件有限，官兵军事训练中所承受的心理负荷要比一般人重，这就给部队官兵心理适应提出了更高的要求。军人心理健康维护的内容包括性心理、婚恋与家庭心理、职业心理等。这部分军人心理健康维护的内容，主要是为了提高官兵的生活质量和工作效率，解决的是部队适应性的问题。

三、发展性心理健康维护

同样由军队各级政工和管理人员，以及医务人员担任，具有政工、管理和心理学教育背景的人员都可做这方面的工作。部队是一个特殊群体，这一环境中每一个官兵都希望自己成为部队有用之人。俗话讲，“不想做将军的士兵不是好兵”。但是，在发展过程中，并不是每一个官兵都对自我有深刻的了解，对自我心理特征也缺乏足够的认识，这可能导致不能正视现实，围绕着军事生活、军事训练、人际交往和个人发展而产生各种挫折、不适应，而大多并非是心理疾病，主要是健康成长问题。因此，通过正面心理教育，心理健康维护，能够促进成长发展，提高心理素质，塑造健康人格。

第三节　军人心理健康维护的方式

军人心理健康维护，有两种方式。一是团体心理健康维护，二是个别心理健康维护。团体心理健康维护一般以连、营为单位，也可以旅为单位，这要看具体组织的方式。个别心理健康维护，有两种类型方式。一类是具有政工、管理和医学教育背景人员，在掌握心理学技能后对官兵的心理健康维护，即对需求心理咨询者进行的心理健康维护；二是官兵出现心理问题的时候，应用心理学知识所进行的自我心理调控，我们称其为自我心理健康维护。

一、团体心理健康维护

官兵在军队团体生活中，所遇的共性问题比较多。有关调查表明：在新兵中，各种程度不同的心理障碍倾向的情况具有相当的比例，一般心理问题的比例达 20% ~ 30%，严重心理问题的在某些特殊兵种中也有相当的比例。因此，单一的个别心理健康维护的方式，已经不能解决问题，还应采取更多的方式面对整个官兵群体。

（一）团体心理教育活动

首先，在建制连营旅单位，都可举行心理卫生知识专题讲座。向官兵讲述心理卫生的有关知识和如何增进心理健康。这样不仅可以解决部分官兵中存在的比较普遍的问题，而且还可以使具有中等程度心理问题的官兵尽快了解自身的问题实质，为及早接受有关的治疗提供帮助。

其次，以“心理辅导小报”的方式，选登心理知识。开辟“军人心理咨询”栏目，由官兵自己写自己心理的方式疏泄心理困惑。开设“心理咨询信箱”，具有心理问题的人可以不留名提出问题，小报予以解答，方便官兵。有些心理问题具有隐私的特点，不便公开的表达，因此心理信箱是一个很好的办法。“心理辅导小报”在部队不失为一种有效解决问题的方式。

再次，以建制单位可举行“心理剧”方式。心理剧又称社会剧，是集体心理治疗的一种方式，可作为军队团体心理健康维护的方式。这种方式是参与意识较强的心理活动方式。它不以谈话为主，而以某种心理冲突情境下的自发表演为主。它通过特殊的戏剧化形式，使参演者的人格结构、人际关系、心理冲突和情绪问题在戏剧活动中逐渐呈现于舞台，以达到精神发泄、消除心理压力和自卑感。受参演时激情的影响，可产生自居作用，并能诱导出患者的自发性，增强其适应环境和克服危机的能力，从而使自我实现成为可能。

（二）团体心理训练活动

这种方式原为团体心理咨询的一种方式，在军队中引入这一方法可作为团体心理健康维护的有效方式。

二、个别心理健康维护

（一）心理咨询辅导

是单一的一对一心理健康维护方式。是心理咨询工作者应用心理学的理论和技巧对官兵进行的心理帮助的工作。有六种帮助的策略。

一是给予忠告。对遇有心理问题的人，设身处地提出你的意见，什么是最佳行动方案。个体在遇到问题的时候，内心的矛盾无法得到解决，会造成一些伤害。俗话所讲的旁观者清，似乎有一定的道理。能积极主动地在忠告的同时，帮助有心理咨询需求者选择最佳行动方案是最好的帮助策略。

二是给予信息。官兵出现问题往往在于对一些问题的了解不足、对问题知其然，不知其所以然。在一些特殊的情况下，给他们提供所需要的信息，可使他们茅塞顿开。要知道缺乏信息可使官兵失去活力，提供信息则可使他们获得莫大帮助。

三是直接行动。对问题人员做一些事情，或为他们从行动上提供帮助非常重要。一个危机出现之后你能给予化解，一次争吵之后你能给予劝解，都可以为被帮助者心理上带来安宁。

四是教育。官兵们懂得，军事和职业技能、文化和业务知识构成了生存的基本条件，更重要的是实现了心理的需求和满足。因此，能否帮助你的咨询对象获得知识和技能，改善环境的训练非常重要。

五是行为模式的改变。个体异样的行为模式是影响团队环境的主要问题，如自我感觉敏感、人际关系敏感。因此，要对有异样行为特征的人实现系统地改变，对被咨询者解决现实困难将是最大的帮助。

六是心理咨询。目的在于帮助需求者探索问题，确定心理冲突的症结所在，寻找解决问题的方式，同时帮助官兵自助。

（二）自我心理健康维护

我们引入刘红松主编的《军人心理学》关于军人心理问题的自我调适方法，以说明自我心理健康维护的基本方法。

1. 心理自动调适法

它是依靠“心理防御机制”进行心理调适的一种方法。心理防御机制有积极和消极之分。积极的心理防御机制在缓解心理挫折、减轻焦虑情绪、恢复心理平衡的同时，常常表现出一种自信、进取的倾向。具体表现在以下方面：①认同。指军人在遇到挫折而感到痛苦时，效仿他人获得成功的经验和方法，使自己的思想、信仰、目标和言行更适应环境的要求，从而在主观上增强自己获得成功的经验。②替代。指军人在实现某一目标过程中遭受挫折后，用另一目标来代替的心理反应。主要表现为“升华”和“补偿”，前者如歌德在遭受恋爱挫折之后，把感情寄托在文学中，以自己的经历为题材创作《少年维特之烦恼》；后者是指个体因生理缺陷或生活受挫，转向事业上发奋努力。③幽默。用幽默的方式化解困境，维护自己的心理平衡。

2. 意义寻觅法

这是指军人树立正确的人生观和价值观，以积极向上的态度来面对和驾驭生活，努力寻找和发现健康的精神追求。精神追求可以统领所有的心智，使你关注未来的事情，忽略微小的心理波动，以良好的心态投入生活和工作之中。一些伟人，他们遇到的困难可谓不小，但在伟大的理想支配下，他们全身心投入事业，已经没有时间和精力来关注自己。精神追求还可以使人有勇气面对各种困难，包括肉体和心理痛苦。所谓“天将降大任于斯人也，必先苦其心志，劳其筋骨，饿其体肤”。对于有精神追求的人，痛苦和挫折只是磨炼自己的试金石。

3. 认知调控法

当个人出现不适度、不恰当的情绪反应时，理智地分析和评价所处的情境，理清思路，冷静地做出应对的方法叫认知调控法。例如当人非常愤怒时，常会做出过激行为。如果此时能够告诫自己冷静分析一下动怒的原因和可能的解决办法，就会使过分的反应恢复平静，找到恰当的方式解决问题。

4. 活动调适法

活动调适法是指通过从事有趣的活动，以达到调节情绪，促进身心健康的一类方法。包括读书、写作、绘画、雕塑、体育运动、听音乐、歌唱、舞蹈、演戏、劳动等多种活动方式。活动调适置心理治疗于娱乐之中，不仅易为人接受，而且易于操作，可以广泛地运用于一般性的心理不平衡和轻微的心理障碍。活动调适法的实质在于用活动的过程来充实空虚的生活，用活动中获得的愉悦来驱散不良的情绪。因此，应随时把握利用活动中所提供的有利机遇、信息去发现问题，改变错误的认知，调适不良的情绪，纠正不适应的行为，提高自信心。活动的种类要根据自身的文化程度、原先的个人爱好、兴趣和实际条件来选择。

5. 合理宣泄法

合理宣泄就是利用或创造某种条件、情境，以合理的方式把压抑的情绪倾诉和表达出来，以减轻或消除心理压力，稳定思想情绪。宣泄是一种释放，宣泄的过程也是人们进行心理自我调整的过程。军营是一种特殊的环境，由于多种因素，军人的心理压力往往比较大，有的人时常会出现一些消极情绪，对他们的合理宣泄甚至牢骚，应予以正确的认识和充分的理解。不能认为军人说了几句不中听的话就是冒犯领导，不能把“抹眼泪”与意志薄弱划等号。既要注意引导军人采取合理的方式使消极情绪得以排解，又要教育大家自觉遵守条令条例和部队的规定，不影响部队正常的训练、工作秩序。

宣泄的方式主要有以下几种：①倾诉。心里有什么问题和积怨，可以找同乡、战友、领导尽情地倾诉出来。倾诉对象一般是最亲近、最信赖、最理解自己的人，否则就不能无所顾忌地畅所欲言。在倾诉的过程中，可能因情绪激动、过度悲伤等因素，说话唠唠叨叨，词不达意，说过头话，甚至发牢骚，对此要给予理解、同情和安慰，并适时予以正确引导。②书写。用写信、写文作诗或写日记等方式，使那些因各种原因而不能直接对人表露的情绪得到排解。③运动。有了消极情绪，闷坐在房子里可能“剪不断，理还乱”，到室外去打打球、跑跑步或爬爬山，呼吸一下新鲜空气，让怒气和痛苦随汗水一起流淌，心情就会开朗起来。

6. 身心放松法

紧张、严格、高强度的军事训练，相对封闭的军营生活，容易使一些人出现紧张、烦闷、焦虑、恐惧等情绪失调以及头痛失眠等生理状态。身心放松法是缓解和消除这些状态的一种有效方法。它是为达到肌肉和精神放松的目的所采取的一类行为疗法。简便易行的放松训练法主要有：

第一，一般身心放松法。常用的身体放松的方法有做操、散步、游泳、洗热水澡；常用的精神放松的方法有听音乐、看漫画、静坐等。哪些人需要放松，何时需要放松，可以通过现在身体和精神状态来确定。从身体方面，可以观察饮食是否正常，睡眠是否充足，有无适当运动等；从精神方面，可以观察处事是否镇定，是否容易分心，是否心平气和等。

第二，想象性放松法。在指导军人做想象性放松之前，应先让他们放松地坐好、闭上双眼，然后给予言语性指导，进而由他们自行想象。常用的指导语是：“我静静地俯卧在海滩上，周围没有其他的人，我感受到了阳光温暖的照射，触到了身下海滩上的沙子，我全身感到无比的舒适，微风带来丝丝海腥味，海涛声……”在给出上述指示语时，要注意语气、语调的运用，节奏要逐渐变慢，配合对方的呼吸。

第三，精神放松练习法。就是通过引导把注意力集中在不同的感觉上，达到放松的目的。比如可以指导他们把注意力集中在视觉上：静心地看着一支笔、一朵花、一点烛光或任何一件柔和美好的东西，细心观察它的细微之处；集中在听觉上：聆听轻松欢快的音乐，细细体味，或闭目倾听周围的声音；集中在触觉上：触摸自己的手指，按按掌心，敲敲关节，轻抚额头或面颊；集中在嗅觉上：找一朵鲜花，集中注意力，微微吸它散发的芳香，等等。也可指导他们闭上眼睛，试着将生活中的一切琐碎和不愉快的事情忘掉，着意去想象恬静美好的景物，如蓝蓝的海水，金色的沙滩，朵朵白云，高山流水等。

第四，渐进性肌肉放松法。在对军人进行渐进性肌肉放松训练时，要注意选择不受干扰、温度适宜、光线柔和的房间或室外，让他们坐姿舒适。然后引导他们想象最令自己松弛和愉快的情景，并在一旁用言语指导和暗示。指导语是：“坐好，尽可能使自己舒适，并使你自己放松，现在，首先握紧右手拳头，并把右拳逐渐握紧，在你这样做时，你要体会紧张的感觉，继续握紧拳头，并体会右拳、右手和右臂的紧张；现在，放松，让你的右手指放松，看看你此时的感觉如何；现在，你自己试试全部再放松一遍；再来一遍，把右拳握起来，保持握紧，再次体会紧张感觉；现在，放松，把你的手指伸开，你再次注意体会其中的不同；现在，你左手重复这样做。”以上同样的方法用于放松左手与左臂，接着放松面部肌肉、颈、肩和上背部，然后胸、腹和下背部，再放松臀、股和小腿，最后身体完全放松。

第五，深呼吸放松法。当在某些特殊的场合感到紧张，而此时已无时间和场地来慢慢练习上述的放松方法时，可以教给军人最简便的深呼吸放松法。这和日常生活中人们自我镇定的方法相似。具体做法是让他们站定，双肩下垂，闭上双眼，然后慢慢地做深呼吸。可配合他们的呼吸节奏给予如下指示语：“一呼……一吸……一呼……一吸”，或“深深地吸进来，慢慢地呼出去；深深地吸进来，慢慢地呼出去……”。这种方法军人掌握以后，也可自行练习。

第四节　军人心理健康维护的目标确立

军人心理健康维护目标是指为了实现的结果和取得的目标。军队开展心理健康维护，目的是在政治思想工作中引入心理学的方法，是更好地关注青年官兵的心理特点做好工作。心理健康维护，即为帮助别人解决心理困惑和心理问题，使其以健康、轻松的心理面对军事训练和军事生活。

一、心理健康维护的目标确立

军人心理健康维护的目标就是确定心理健康维护所要达到的结果或达到的目的。如何使军人心理健康维护对象的能力达到一个最高的水准，使他们能够面对现实并适应环境和改造环境，其作用有三方面：一是有利于军人心理健康维护双方明确努力方向，不至于因为军人心理健康维护过程长或内外因素的干扰而使军人心理健康维护方向发生偏差；二是有助于军人心理健康维护双方积极合作，使被帮助者在整个军人心理健康维护过程中积极主动参与；三是使心理健康维护价值的评估成为可能。目标不确立，当然就无法予以评估。

二、心理健康维护目标确立的原则

遵循心理健康维护双向性的特点，心理健康维护要由军人心理服务工作者与服务对象双方共同制定目标。心理健康维护工作不同心理教育，心理教育一般具有单向性的特点，只要以灌输的原则进行即可。而心理健康维护工作要求双方在心理问题实质的把握和原因的分析上取得一致的意见，军人心理健康服务工作者将自己的认识、看法、结论反馈给被帮助者并得到确认，引导和鼓励被帮助者思考和提出自己的要求及希望达到的目标并在此基础上逐步达成一致，对目标的确定必须具体、可行。

第五节　军人心理健康维护的技巧

心理健康维护是有技巧的，开端特别重要。在思想政治工作中引入心理健康维护，就必须按照心理健康维护的方式进行。心理学家指出：“不好的开头会阻碍相互影响的有效性；如果开头实在不佳，也就意味着咨询双方关系的终结。”

一、建立信任关系

心理健康维护工作在与心理求助者交流时，应建立起信任、真诚、接纳的相互关系。以“尊重、诚恳、同情”的方法对待帮助对象。军人心理健康维护的对象不是教育的对象，军人心理健康维护的问题不是思想问题。明确自己所扮演的角色、明确心理健康维护的原则、明确心理健康维护的目标，就不难建立心理健康维护的相互信任关系。能否做到还与对军人心理健康维护对象的重视、理解并信任有很大的关系。

二、探讨和了解问题

心理健康维护方式以“谈话”的方式解决问题，“倾听”非常重要。

倾听不是指单纯地听，它包含了更多的反应，有参与、专心、注意的含义。许多时候听比说更重要。只要我们耐心地倾听被帮助者的诉说，让他发泄自己的情感，便能很快了解到主要心理问题的症结所在。事实上，倾听也是一种帮助，在被帮助者发泄完自己的情感之后，有些问题可能已经解决一半了。

心理健康维护过程中问题的提出有两种。一种是封闭式的提问，一种是开放式的提问。封闭式的提问，可以用“是”“否”等一两个字简短回答。如“你近来情绪很低落吗？”“你常常失眠吗？”这类的提问不要求提供更多的信息，不扩大话题，只是就问题进行验证。开放式提问，通常不能用一两个字作答，而是引出一段解释、说明或补充材料。提问常以“什么”“怎么样”“为什么”“能不能”“愿不愿意告诉我……”等形式发问。根据资料得知，以“什么”发问的提问，往往引出一些事实资料；以“怎样”发问的提问则往往涉及一件事的过程、次序或情绪性事项；以“为什么”发问，则引出一些理由、原因及合理的解释；以“能不能”“愿不愿意”的发问则可引导被帮助者对自我的剖析。

三、影响和改变对方

心理健康维护对被帮助者的影响可有解释、指导、自我揭示等几种。

问题的解释，是依据一定的理论、某些方面的科学知识或个人经验对被帮助者提出的问题、困扰、疑虑做出说明，从而消除各种顾虑，达到消除各种心理困惑，积极配合的目的。

问题的指导，是直截了当地指示做什么？怎样做？想什么？怎样想？可能是一般的建议，也可能是来自某一心理学理论的特殊技术、程序。指导性技巧是影响对方最强的技巧之一，它在于直接地造成被帮助者的认知、情感、行为，甚至性格的改变。当然，这项工作本身的指导方向必须正确，不能造成误导。例如，某心理工作者在讲述心理自我防御机制的时候，所讲内容完全是依照自己的人生观阐述。“对别人的防御是对自己的保护”这样的观点不仅误导了被帮助者，而且会将其引入人生的误区。

指导还要简单、明了、通俗、具体，要个别化。大道理化解为通俗明了的语言，具体依据人理解的能力指导效果要好。

自我揭示，还可叫做“自我开放”或“自我暴露”。自我揭示是指与帮助对象表露自己半私人、私人或隐私性质的信息。自我揭示实际上是一种自我探索活动，有助于被帮助对象的自我认识和了解。有人曾在不同场合进行“团体心理咨询”的过程中，以自我揭示的方式，阐述了个体发生心理问题的正常性，得到了共鸣。使得大家对心理健康的认识提高了，对讲究心理卫生重视了。

四、阻抗的克服

心理帮助要触及的是人的心灵，涉及心理工作者和被帮助者的个性特点、人际关系和深层的心理机制。许多因素影响着工作顺利进行。例如心理工作者本身不具备应有的条件，或没有很好地遵循军人心理工作的原则，就会影响军人心理健康维护的进行。

对于求助心理帮助的正常人和心理疾病的患者，尽管起初都是主动来寻求帮助，口头上希望心理工作者帮他分析烦恼的原因，解除烦恼的困扰，消除痛苦的症状，但往往在实际行动中却以种种公开或隐蔽的方式否定对他的分析，抵制对他的心理帮助。这种现象叫做“阻抗”。

阻抗的原因在于求助者不愿否定自我；不愿放弃自己的“好处”；不敢面对困难，逃避疾病。因此，克服阻抗主要是“用同样的内容反复向求助者解释；直接向他指出他在阻抗心理帮助”。

第六节 军人心理服务工作者的素质、资格

一、军人心理服务工作者的素质

心理服务工作者必须具有良好的素质，包括高尚的职业道德、全面的知识结构与优良的心理品质。

（一）高尚的职业道德

任何职业的人员都必须具有其职业道德，这是保证做好本职工作的必要条件。做军人心理健康维护工作，必须具备心理服务的职业道德。一是要热爱心理服务的事业，对本工作具有高度的责任感和事业心；能认真、谨慎地处理求助者提出的各种问题，不能马马虎虎，草率从事；对求助者要关心、爱护。二是保护求助者的利益，在心理健康维护工作中尊重他们的人格、满足他们所提出的合理要求，替他们保守秘密。三是钻研心理学的业务，不断提高有关心理健康维护的水平，总结经验，从实践中学习。

（二）较全面的知识结构

参与心理服务的人员至少应该具备丰富的心理学知识，并且熟悉社会学、伦理学、教育学、军事政工学等方面的知识。医学教育背景的人除了要具有一定的医学知识和临床经验外，更应掌握有关的心理学理论与技术。

（三）优良的心理品质

军人心理服务工作者的心理品质直接影响着工作效果。要有清楚的自我认识；要具备健康的心理状态；要成为可以信赖的战友；要做到诚实、热情；要对被咨询者的问题反应积极。只有具备这些心理品质才能做好心理健康维护的工作。

（四）清楚的自我认识

自我认识是指军人心理服务工作者要对自己有足够的了解，知道自己

做什么，为什么做，哪些问题属于自己的，哪些问题属于求助对象的，这样才不至于因自己的问题影响别人。

（五）健康的心理状态

军人心理服务工作者尽管不必是心理健康的完人，但是至少要有稳固的心理健康状态，并且在心理上也应该比心理求助对象健康。同时，具有对方所想要进一步发展的那些心理品质。心理服务工作者的心理健康越好，心理健康服务过程中所提供的帮助就越大。

（六）保密的基本素质

心理咨询的最根本的目标是鼓励他人显现出内心最深处的自我，以求得到内心的释放。如果工作对象感到的是紧张和怀疑，就无法进行心理健康维护的工作。信赖包括对他所陈述的问题做到了保密，除非他认为可以公开；信赖还包括对军人心理咨询者的动机和人格的绝对相信；信赖也包括军人心理咨询工作者遵守了心理咨询所要求的所有条款。

（七）真诚的性格特征

心理咨询工作者对待被咨询者应该是绝对坦率、认真和真诚的。军人心理健康维护过程中心理上的亲密非常重要，双方的直截了当、开诚布公的交往，以及和善、关心、同情心是密切心理的基础，同时是军人心理健康维护效果的基础。

（八）积极地做出反应

心理健康维护过程中要积极地对被帮助者的问题做出反应。积极的反应表达了个人的关怀；也包括了激发、鼓励被帮助者自觉地做出反应。积极的反应实际上也是在进行因情施教，对军人心理健康维护工作有积极的作用。

二、军人心理辅导工作者的资格

我国国务院劳动社会保障部制订的《心理咨询师国家职业标准》，明确确定了心理咨询师的资格条件。作为一种执业条件进行了严格的规定。一是要求具备一定的学历和职称；二是在培训机构进修所规定的心理学科目并获得资格证书；三是有一年的心理学工作的实践。

军队内部目前还没有统一规范心理咨询与治疗者的资格条件。参照国家有关行业要求标准，空军心理卫生专业委员会 2001 年制订了空军从事心理咨询资格的条件，我们全文予以转载。

（一）学历和职称

心理学、医学、教育学大专毕业；或其他专业本科以上，经心理咨询治疗正规培训，并获毕业证书者；或具有医学、心理学、教育学专业的中级职称，经心理咨询治疗正规培训，并获毕业证书者。

（二）理论知识

心理咨询治疗人员应具备心理治疗知识以及普通心理学、发展心理学、神经病学、变态心理学（或精神病学）、人格心理学、会谈及心理诊断技术、心理测量等方面的知识。非医学专业者应当补修有关医学知识（如内科、儿科和神经精神科等方面）。

（三）工作实践

符合上述学历或职称要求的心理咨询治疗人员需要在有经验的专业工作者指导下，从事心理咨询与心理治疗的临床实践至少半年以上，方可独立从事此项工作。

对于军人心理咨询与治疗者应具备的条件，笔者认为：尽管军队任何一级的管理人员都可成为心理服务工作者。但是，心理咨询与治疗者作为人的心灵的工程师，应该由相对固定的人群从事这一工作，应具备一定的资格条件。目前，在军队暂时没有下达规定之前，以上述资格条件为参照标准予以执行。

第二章　军人心理学概述

军人心理健康维护是军事心理学中的重要内容。而军事心理学是心理科学的一个重要分支，是将心理科学应用于军事领域的一门实践科学。它不仅与军事科学有着千丝万缕的联系，更与心理科学中的众多学科有着极为密切的关系。其中，普通心理学的基本理论对军事心理学的指导作用显得尤为重要，它是军事心理学的基础，是军事心理学的“源泉”。研究和探讨军人心理健康维护的理论，首先要把握好心理学的基本观点和知识。

第一节　心理学和军人心理学

一、心理学和军人心理学的概念

心理学是一门渊源数千载却只有百余年历史的科学。其历史久远，可以追溯到两千多年前的古希腊时期，从那时开始，人们就对“灵魂”问题产生了极大的兴趣。对于“心灵”或“灵魂”的探讨一直是西方哲学关注的焦点。历代哲学家，都把“心”的探讨，视为哲学上的主要问题之一，到了19世纪末叶，因受生物科学发展的影响，心理学才脱离哲学，逐渐成为一门独立的科学。其标志是1879年德国人冯特在莱比锡大学建立世界上第一个心理实验室。

心理学（psychology）一词，来自于希腊文中psycho与logos两词，前者指“灵魂”（soul），后者为“讲述”（discourse）之意，意思是说心理学是阐述心灵的学问。到19世纪末叶，随着科学心理学诞生，心理学被界定为是研究心理活动的科学。直到20世纪20 ~ 60年代，心理学的解说又改变为：心理学是研究行为的科学。70年代再度改为：心理学是对行为与心理历程的科学研究。上述心理学界定的几经改变，与心理学一百多年来的历史发展有关。从长期属于哲学，到开始被视为科学，从在内容上只涉及人类精神或心理方面的问题，到对人类行为的关注，人们对心理学的认识不断深入。

军事心理学是一门交叉学科。是心理学向军事科学渗透，并与军事科学相互交叉、融合而形成的一门新兴科学。20世纪初，军事心理学作为一门独立的科学，逐渐形成、发展和成熟起来。这一切得益于战争实践的迫切要求和心理科学的发展成熟。

军人心理学是研究军人在军事活动中的心理现象和心理活动规律的科学。或者说是关于军事活动主体的心理现象及规律的科学。这个定义包含两方面的内容，一是作为主体的军人或者军人的心理活动；二是作为客体的军事活动。由于人的心理活动是人对客观事物的反应，所以客观事物的矛盾特殊性就决定了人的心理活动的特点。军事心理学与其他科学的区别正在于这种矛盾特殊性的不同。研究军人心理学必须关注军事活动的特殊性，这样才能准确把握军人的心理现象和规律。当然军人作为社会的成员，生活在现实的社会中，也必然具有社会大多数成员所共有的一些心理特点，这同样是要加以研究和探讨的。

二、军事活动的特殊性

军事活动的特殊性表现在军人的日常生活、军事训练、部队的管理教育和战争等各个方面。概括起来说有如下几点：

（一）军人职业特点

军人是一种特殊职业，执行特殊的社会分工，专门从事武装活动。军人职业具有危险性、艰苦性和奉献性。军人要有牺牲个人和家庭利益的奉献精神，要勇于战胜各种艰难困苦，要随时做好投身战场的准备。

（二）军人关系特点

职级分明，绝对服从。军队的关系包括服从关系、友邻关系和指导关系，其中最基本的是服从关系，绝对服从是军队调节内部关系的一条原则，服从命令是军人的天职。

（三）军队组织特点

高度集中，统一领导。军人的特定职业决定了军队的组织形式具有高度集中，统一领导的特征。军队集体的高度集中和统一领导是适应战争的要求而建立起来的，是千百年来人类战争活动所做出的历史选择。

（四）军人行为特点

行有规范，动有准则。任何社会形态和国家的军队，对军人行为的要求，都具有严格的规范和准则，它集中反映在严格贯彻条令条例上。

（五）军事管理特点

军人是依照宪法和法律的规定，按照军事斗争的需要，在适龄青年中经过严格挑选出来的国家公民。他们来自不同地区和不同社会阶层，在军营中过着严格训练、严格要求与严密组织的生活。军队管理是全时间、全方位的。全时间体现在连续的不间断的全时制管理，无论正课时间还是业余时间，不管节假日，都在严密管理之中。全方位体现在军事管理涉及军人生活、学习、工作的各个方面。任何时间，任何方面的失控，都有可能使军队蒙受重大损失。

（六）军人家庭特点

受军人职业生活的强烈影响，军人家庭有自己的一系列特点。一是流动次数多，要经历一次伴随家属随军而来的家庭迁移，或工作调动、部队换防。二是环境条件较差。基层军官家属随军进城市，到较好的地方安家总归是少数，多数都在偏远地区或远离都市城镇。这些地方交通不便，条件艰苦，这就带来了就业难、上学难、生活不习惯等一系列问题。三是生活有实际困难，夫妻分居两地，赡养老人和教育子女负担重。四是报国与治家两难全。

（七）军人生活方式特点

一是规范性。集中体现在各种条令条例和正规生活制度对军人行为的规范和制约上。二是集中性。军人集体是社会中最严格最严密的集体，任何一个军人都隶属于一定的军人集体并在其中活动。三是社会性。表现在社会经济政治和思想文化发展水平始终决定军人生活方式的质量和数量，服从和反映一般生活方式的规律，受一般生活方式制约。

（八）军人恋爱婚姻特点

军人恋爱的特点体现在性爱需求具有强烈性；择偶标准具有现实性；情感体验具有深刻性和恋爱受挫具有持久性。由于职业的特殊性，军人婚姻双方长期分居两地，情感交流困难，容易造成需求不满；女方承担较多的家庭任务；夫妻双方注重相互理解和信任；军人婚姻受到社会尊重和法律保护。

在这里，我们之所以对军事活动的特殊性做专门的说明，是因为军事活动的特殊性对军人心理的影响是深刻和持久的，是军事心理学区别于其他学科的关键所在。不理解军事活动的特殊性就不能很好地把握军人的心理活动。

三、军事心理学的内容和任务

军事活动的领域决定了军事心理学的研究范围。可以这么讲，一切军事活动中的心理现象，都属于军事心理学研究的对象。其中主要包括以下几个方面：

（一）军事训练中的心理问题

军事教学方面，研究军人的学习动机和学习积极性，课堂教学和技能训练的心理学规律，各种军事专业训练的心理素养及其形成规律，以及整个教学训练过程中的心理学规律，心理训练的内容、主要形式、方法和技术手段以及体力训练的心理问题。

（二）军人思想教育中的心理问题

揭示思想教育过程中的心理活动规律。研究青年军人的心理特点、气质类型、需求状态、服役动机、兴趣爱好，研究军人的世界观、人生观、价值观和道德品质形成和发展的过程及其规律，研究军人的犯罪心理以及犯罪的预防等。

（三）军事管理中的心理问题

研究军事群体的性质、结构；军人社会化，军事团体的人际相互作用、社会影响现象等社会心理学问题。研究实施军事管理的心理学原则和方法。依据管理心理学的理论，研究各级领导的能力和心理品质，衡量这种能力素质的标准和方法。研究军事管理的各种规章制度、条令、条例的心理学教育意义。

（四）作战中的心理问题

揭示军事决策过程的心理学活动规律。研究军人在战斗中的心理应激特点，揭示现代高科技局部战争对军人心理影响的规律，分析影响战斗力和士气的各种因素。研究心理战的原理、规律和方法。

（五）军人的心理卫生问题

研究军人心理健康的影响因素，开展心理健康维护的有效途径和方法，提高军人心理健康水平和综合心理素质，建立军人心理评估的方法、标准。预防心理疾病的发生，促进心理防护体系的建立。为适应在未来高科技局部战争中“打得赢”的需要，对如何提高军人的心理素质、维护军人心理健康奠定基础；现代战争军人心理应激以及心理损伤的防护研究已成为现阶段我军军事心理研究的重点。

目前，国外（主要是美国）军事心理学研究工作的焦点主要集中在以下几个方面：

①军事人员的选择和分类。即筛选和选择招收新兵和军官人员的条件以及合适的分类和人员职业的安置。

②寻求发展最有效和最有效率的方法训练军事招兵和军官人员，增加操作上的良好状态。

③设计人机界面以改善军事系统和军事设备的功能。

④对环境应激源的研究。

⑤领导能力和团队效率的研究。

⑥个体和群体行为的研究，包括组织的许诺、职业的发展、生活满意的质量、军事家庭、士气和凝聚力、流行病学、不适应行为等。

⑦有关临床的研究。

第二节　军人的心理过程和个性心理特征

人的心理现象并不玄虚，也不神秘，而是人人都很熟悉的客观事实。心理现象可以分为心理过程与个性心理。

一、军人心理过程

心理过程是指人们在认识、对待客观事物时所表现出来的心理活动。关于心理过程又有“三分法”与“两分法”的争论。前者把心理过程分为知、情、意三个部分，后者将心理过程划分为认识活动和意向活动两部分。

“知”是指人的认识过程，包括感觉、知觉、记忆、想象、思维等，是人对客观事物的认识活动。感觉是人脑对直接作用于感觉器官的客观事物个别属性的反应。我们看到光亮，听到声音，嗅到气味，尝到滋味，摸到物体的软、硬、凉、热等，就是感觉。知觉是直接作用于感觉器官的客观事物的整体在人脑中的反应。听到的是什么发出的声音，看到了是什么物体发出的光亮，嗅到了是什么物体发出的气味，尝到了是什么东西的滋味，摸到了是什么物体的软、硬、凉、热等，这就是知觉；当我们把感知过的事物，思考过的问题，体验过的情绪，操作过的动作保留在头脑里，并且又可以提取出来，这就是记忆；我们头脑里不仅能够记住大量感知形象，而且还能依靠既往经验制作出从未感知过的形象，这种心理现象谓之想象。人不仅能直接地反应事物的形象和表面现象，而且还能通过大脑的综合与分析、抽象与概括、比较和分类等来认识事物的本质特征和事物之间的内在联系和规律，这是人的高级心理现象——思维。

“情”是指人的情感过程，包括情绪和情感，是人对客观外界事物的态度的体验。伴随着认识事物的过程，人会对客观事物产生一种态度。与自己的需要、动机、愿望相一致的客观事物使人产生满足、愉快的态度体验；不符合自己需要、动机、愿望的客观事物使人产生忧伤、愤怒或烦恼等态度体验。这种复杂多样的态度体验在心理学中称之为情绪或情感。

“意”即意志过程。是指为了满足某种需要，有意识地确定目标，调节和支配行为，并克服困难和挫折，实现预定目的的心理过程。

上述认识、情感、意志活动统称三大心理过程。

二、军人的个性心理特征

由于每个人的先天素质不一样，后天所处的环境条件和受教育的状况也有差别，各自从事的实践活动又不相同。因此，上述人类共有的心理活动过程具体到每个人身上的表现也就各不相同，这样就形成了一个人不同于另外一些人的个性。个性包括每个人不同的个性倾向，如需要、动机、兴趣、信念等及个性心理特征，如能力、气质、性格等，还包括自我意识。

军人的需要包括生理健康的需要；成就的需要；友谊的需要；家庭生活的需要；文化娱乐的需要；自尊民主的需要等。

在部队的教育引导、严格训练、集体的影响以及良好的习惯养成作用下，培养和锻造了军人特殊的性格。其主要性格特征为勇敢、机智灵活、果断、顽强、坚韧、强自制力、纪律性等。

军人的自我意识特点表现为独立意识迅速发展；注重对自我的评价；有较强的自尊心；自我控制能力增强。自我意识的矛盾表现为理想我与现实我的矛盾；独立与依附的矛盾；闭锁与开放的矛盾等。

第三节　军人团体的社会心理

社会是由一些相互联系的个人组成的，而这些个人同时又构成了各种各样的群体。军队就是一个担负着特殊使命的特殊群体。军事心理学不仅要研究军人个体的心理活动规律，同样要研究军人群体的心理活动规律。群体尽管是由个体构成的，但并不等于个体简单的相加，无论是群体内的个人行为还是作为整体的群体行为，都有异于处于相对独立状态下的个体行为。

群体的形成是以人与人之间的互动为前提的。只有人们之间的互动达到了足够的频率和密度，人们能够相互影响时，才可能组成群体和单位。其中互动是发生在人们相互之间的一种社会行为。社会互动的形式有对称性社会互动和非对称性社会互动之分。前者包括合作、竞争、冲突和调适。后者包括模仿、暗示、感染等。

群体心理和行为的研究主要包括群体规范和群体压力。群体规范是指群体所确定的行为标准。这些标准为群体每一个成员所公认，而且是每个成员必须遵守的。群体规范赖以形成的重要的心理因素有模仿、暗示、从众和服从。群体规范可以发挥维系群体的作用，具有统一群体成员意见看法的功能，起到认知标准化的作用，对群体成员的行为有定向作用。可见群体规范是群体心理和行为的重要内容。

一、模仿

模仿是没有外在压力条件下，个体受他人影响仿照他人，使自己与之相同或相似的现象。模仿的内容极其广泛，不仅限于行为举止，而且包括思维方式、情感取向、风俗习惯以及个人性格等。模仿可以分为自发的模仿和自觉的模仿两种主要类型。

自发的模仿就是无意识的模仿他人。自觉的模仿则是有意识的模仿他人。作为一种常见的人类社会互动形式，模仿这一现象很久以来一直得到人们的关注和研究。有关模仿行为的理论观点有“本能论”和“学习论”之争。“本能论”认为“模仿是人的一种自然倾向”，是人的一种本能。模仿是社会发展和社会存在的基本原则，由于模仿的结果而产生了群体的规范和价值。模仿是社会进步的根源，但以本能来解释整个社会的进步显然是错误的。社会学习理论认为，人类模仿行为的产生是后天强化的结果。模仿不是先天的、本能的，它与人与人之间的相互影响等社会性因素密切相关。

模仿是个体学习的基础，使个体适应社会生活，促进群体的形成。

二、暗示

暗示是在非对抗条件下，人们对接受的某种信息迅速无批判地加以接受，并依次做出行为反应的过程。暗示不是说服，不需要讲道理，而是一种直接或间接的提示。暗示可以分为四种类型：直接暗示、间接暗示、自动暗示和反暗示。

直接暗示是由暗示者把某一事物的意义直接提供给受暗示者，使其迅速而无意识地加以接受的一种暗示。间接暗示是由暗示者凭借其他事物或行为为其中介，将某一事物的意义间接提供给受暗示者，使其迅速而无意识地加以接受的一种暗示。自动暗示即自我暗示，它区别于来自外在环境的“自他暗示”，即暗示起于自我。凡外界刺激物的结果引起了相反的反应称之为反暗示。

那么，在哪些情况下人们容易受到暗示的影响呢？譬如人们在疲劳、疾病和狂热状态下；暗示者具有较高的权力、威望和人格力量；持续和反复的刺激以及能够较好地符合被暗示者个人愿望的暗示性刺激都能有效地产生暗示作用。

三、群体压力与从众

我们知道，群体规范对群体当中的每个成员都有约束作用，都要求其成员共同遵守一定的行为准则。而对于群体行为准则的共同遵守，往往也是群体内大多数成员的意向和愿望。群体大多数成员的意见会产生一种无形的力量，它使群体内每一成员自觉或不自觉地保持着与大多数人的一致性，这个力量就是群体压力。群体压力与权威命令不同，它不是由上而下明文规定的，也不是强制个体改变自己的行为。而是通过大多数人一致的意见，形成压力去影响个人行为。如果一个人不愿意处于孤立的境地，他就会在群体压力面前顺应大多数人的意见。在强大的群体压力面前，个人受群体压力的影响，在知觉、判断、信仰以及行为上表现出与群体大多数成员相一致的现象，称之为从众。

从众是指某人从事某种活动是由于其他人都这么做。在从众的情况下，活动者虽非按自己的本意去做，却是自愿去做的，自愿按他人的做法去做。

影响从众的因素很多。其中最主要的有群体凝聚力，群体意见一致性程度，群体的大小，群体的权威性，个人自信心等。

四、服从

服从命令是军人的天职。绝对服从是调节军队内部所有关系的基本原则。服从是在社会压力下个体所表现出的另一种不同于从众的行为反应。这种行为指个体由于受到压力而去做那些他们不愿做的事。在服从的情况下，活动者不是自愿去做的，而是应别人要求去做的。

产生服从的因素很多。奖赏、惩罚、说服、模仿、指示等都可以造成服从。情境对服从也产生很大影响。外部压力虽然造成服从，但不是万能的，增大压力会引起相反的结果，会引起一种反抗性现象。增大压力能取得服从效果的方法是逐步升级法和逐步降级法。所谓逐步升级法又称“脚在门槛内”效应，是指通过先提出小要求再提大要求的方式增加服从行为。逐步降级法又称“脚在门槛外”效应，是与逐步升级法相反的方式。贴标签的方法也有其作用。给某人贴上某种标签，容易达到与标签一致的效果。服从与不服从还与他当时的动机、期望有关。

第三章 军人心理健康维护

军人心理健康维护的目标已经告诉我们：心理健康维护，是帮助别人解决心理困惑和心理问题，使其以健康、轻松的心理面对军事训练和军事生活。那么，既是解决他人的心理困惑和心理问题，我们就不能不对心理卫生的问题有一个系统了解。本章所要阐述的是关于军人心理健康维护理论中所涉及的心理卫生问题的概要，以使我们准确把握心理健康维护的方向和任务。

第一节 什么是心理卫生

一、什么是心理卫生

心理卫生，有时又称精神卫生。心理卫生的英文是这样的：Mental Health，也有用 Mental Hygiene。后者具有心理健康的含义。从英文单词两者的通用，我们不难发现心理卫生的实质含义，它本义就是维护心理健康。

所谓心理卫生指的是运用心理学的理论和原则来保持并增进个人心理健康的一切措施。心理卫生的中心工作，一是培养个人适应环境的能力，二是设法改善个人与社会环境间的关系，减少造成心理疾病的因素。亦即《简明大不列颠百科全书》中的条目所阐述："心理卫生包括一切旨在改进及保持心理健康的措施。诸如精神疾病的康复及预防，减轻充满冲突的世界带来的精神压力以及使人处于能按其身心潜能进行活动的健康水平。"

二、军人心理卫生的概念

从心理卫生的这些定义中我们不难发现心理卫生包括了三种含义：一

是指一门学科，即心理卫生学；二是指一种专业或实践，即心理卫生工作；三是指心理健康状态。实际上，军人心理卫生的工作就是一种促进军人心理健康工作的实践；是促使军人讲究心理卫生的工作。它是研究军人在军事活动中个体和群体如何预防、防止各种心理问题和心理障碍、心身疾病的产生，同时指导军事实践过程中怎样培养健全的人格，以适应各种军事训练和军事斗争，增进军人的健康，推进国防事业的发展。

简言之,军人心理卫生是军事活动实践中军人达到心理健康的一种手段。

三、军人心理卫生的任务

军人心理卫生工作的目标在于提高军队各类人员的心理健康水平，特别是适应军人在高度紧张、高心理负荷和高应激状态下的军事活动的要求。军人心理卫生的任务和目的是一致的，都是为了提高从事军事活动成员的心理健康水平。不同军兵种和军事职务的成员从入伍开始到整个军事训练过程，以及军旅生涯的结束，在年龄上跨越了青年、中年以至老年的不同阶段。如何掌握军人不同时期的心理卫生特点与规律，研究这些特征，是军人心理卫生最基本的、最一般的任务。其次应根据军事活动的特征，着重研究各种军事训练和军事任务中各类人员不同的心理障碍、心理疾病的防治。不仅如此，还要加强对这些情况产生机制的研究。再次要大力宣传普及军人心理卫生知识。在我们军队成员中，对增进心理健康，讲究心理卫生要有一个清楚的认识。就目前而讲，自上而下已经掀起了一个注重心理卫生的热潮，但仍然存在着缺乏专业骨干，医护人员中仍然没有完全建立起新的医学模式转变的观念，对心理卫生缺乏足够的认识。对在军事训练和军事斗争中出现的各种头痛、焦虑、抑郁以及心理障碍和心身疾病没有足够的认识，或归为思想问题，或归为有躯体疾病。因此，当务之急，是通过各种形式广泛地宣传心理的科学知识，宣传讲究心理卫生的重大意义，使每一个军人都知道如何讲究心理卫生，防止各种心理疾病的产生，提高心理健康水平。此外，就目前而言，我军卫生体系中仍然没有自己的心理卫生保障体系，组织结构也不健全。目前亟待在军队，尤其是卫生医疗系统迅速建立军人心理卫生组织，形成一个网络系统，更深入地开展心理卫生工作。

第二节 军人心理健康的标准

一、心理健康的标准

心理健康的标准，不同于医学上的生化指标可以通过各种检查，从数值上予以确定。由于难以区别心理健康与不健康界限的点，对心理健康的描述更多地仍然是文字描述性的概念。但是，随着各种心理测量工具的编制和应用，测量中对各种因素数学统计，已经确定了一系列的统计标准。当然，这些统计标准仍然将心理健康的标准建立在平均数的概念上。心理健康的评价还没有一个公认的、一致的标准。不过许多心理学家都从不同的角度提出了各种观点。

著名的心理学家马斯洛（Maslow）和米特尔曼（Mittelman）曾提出十条心理健康的标准：①有充分的自我安全感；②能充分了解自己，并能恰当评价自己的能力；③自己的生活理想和目标切合实际；④不脱离周围现实环境；⑤能保持自身人格的完整与和谐；⑥具有从经验中学习的能力；⑦能保持良好的人际关系；⑧能适度地表达和控制自己的情绪；⑨在符合团体要求的前提下，能有限度地发挥个性；⑩在不违反社会规范的前提下，能适度地满足个人的基本需求。这十条标准被广泛地引用，也被认为是“标准”的标准。

我国早期心理学者章颐年（1936）提出心理健康的标准是：①像别人；②和年龄相仿；③能适应他人；④快乐；⑤统一的行为；⑥适度的反应；⑦把握现实；⑧相当尊重他人的意见。

我国现代心理学家许又新（1988）提出了衡量心理健康的三种标准：一是体验标准——以个人的主观体验和内心世界为准。主要包括良好的心情和恰当的自我评价。二是操作标准——通过观察、实验和测量等方法考察心理活动的过程和效应，其核心是效率。主要包括个人心理活动的效率和个人的社会效率或社会功能（如工作及学习效率高，人际关系和谐等）。三是发展标准——着重对人的心理状况进行时间纵向（过去、现在与未来）考察分析（而前两种标准主要着眼于横向，考虑一个人的精神现状）。发展标准指有向较高水平发展的可能性，并且有使可能性变成现实的切实可行的行为措施。衡量心理健康时要把这三种标准联系起来综合考虑。

以上各种心理健康的标准，笔者认为都恰当地反映出心理健康的深刻内涵，每种说法都能体现出专家们深入研究的结晶。尤其是许又新所提出的标准更有新颖特点。

二、军人心理健康的标准

军人心理健康是衡量军人战斗力高低的一项重要指标。在《心理咨询百科全书》中，宋华森所述的军人心理健康标准是：①成熟的个性，稳定的情绪；②知己知彼，自律谨严；③适度的紧张状态；④正视现实，切合实际；⑤坚强的意志和献身精神；⑥沉着冷静，有自信心；⑦具备战无不胜的信心及良好的应变能力；⑧具有从经验中学习的能力。

军人达到上述八条标准的指数越高，其战斗力越强；指数越低，其心理疾病就越多。军人讲究心理卫生，就能促进心理健康；军人达到心理健康，就能提高战斗力。

（一）成熟的个性，稳定的情绪

心理健康的人其个性是成熟、完整的。个性也译作“人格”，通常我们所讲人格完善实际上也是强调个性的成熟。心理学上所指个性是指一个人的整体精神面貌，即具有一定倾向性的心理特征的总和。作为一个心理健康的军人，其气质、能力、性格和需要、动机、兴趣、理想、信念、世界观都要求均衡发展。

（二）知己知彼，自律谨严

心理健康的军人能够知己知彼，自律谨严。知己知彼，这里有两个含义：

知己，即对自我的了解，既能了解自己，又接受自己，有自知之明，有良好的自我意识。自我意识的核心是自知。人贵有自知之明。能做到自知是不容易的，需要自我观察，自我评价，自我体检，自我监督和自我控制。心理不健康的人是缺乏自知的人，自我意识不是过强就是过弱。过强者自不量力，承担非力所能及的任务，既影响工作效率，又可能由于过度疲劳和心理压力而致病。过弱者，唯唯诺诺，随波逐流，自暴自弃。严重的自卑，往往缺乏自制能力，甚至失去生活信心。自信以自知为基础，而增进自知，具有良好的自我意识，非一朝一夕之功。

知彼，即乐于与人交往，能接受他人，悦纳他人，能认可别人存在的重要性和作用。在军队的集体中能够与人相处和谐，融为一体。和战友要以积极、友善、尊重的态度相处。发现他人的优点和能力，体会别人的友好与善良，就能将自己置身于集体的气氛环境中，就不会感到孤独、嫉恨和委屈；就不会使自己时常处于心理亢奋的挣扎之中。

（三）适度的紧张状态

军事活动，包含了军事训练、军事生活和军事作战，都要求军人要有适度的警觉水平，这是职业所要求的特点。适度紧张，就是指适度的心理反应，如警觉、注意力集中、思维敏捷、情绪的适度唤起等，有利于提高机体对环境变化的应付和调整能力，但过度的心理反应就会出现过分的烦躁和焦虑等，反而妨碍人的准确思考和判断，使人不能做出正确的决策和行为而干扰机体对外界刺激的调控。

紧张状态，又称应激，英文是同一个词“stress”。按照应激研究大师汉斯·薛利（Hans Selye）所指出的，正应激可以加深我们的意识，增加我们的心理警觉，而效绩与心理警觉的唤醒动机存在着曲线关系。也就是说，在到达某一个点之前，工作效率将随唤醒水平的提高而提高，当唤醒水平处于一个最优值时，其效率是最高的，如果超过了唤醒水平的这个最优值，效率就会下降。据此，作为军事活动的军人，其适度紧张，使机体处于最佳的唤醒水平，其军人个体的军事能力将保持在最佳状态。

（四）正视现实，切合实际

心理健康的军人能够面对现实，切合实际。对自己的奋斗目标能以现实的观点、符合实际的观点去制定。能够主动去接受现实，而不是逃避现实。从普通人到军人；从一般军人到有作为的军人，有一个接受现实、适应现实的过程。军事环境不同于一般环境，能与现实的艰苦、紧张、特殊环境保持良好的接触，踏踏实实确定目标，脚踏实地努力奋斗。既要有高于现实的理想，又不会沉湎于不切合实际的幻想与奢望。成功的军人往往都是对自己的力量充满信心；对生活、学习和工作中的各种困难和挑战都能妥善处理。

（五）坚强的意志和献身精神

意志是人自觉地确定目的并支配行动去克服困难，以实现预定目的的心理特征。是能动性的集中表现，是个性重要的精神支柱。意志不是与生俱来的，意志品质是随着人的生理和心理的发展成熟而不断发展的。军人意志的发展离不开环境的影响，军队生活的特殊性，也在塑造着军人所特有的意志品质。

健康军人的意志品质有如下特点：目的明确合理，自觉性高；善于分析情况，意志果断；意志坚韧，有毅力，心理承受能力强；自制力好，既有现实目标的坚定性，又能克制干扰目标实现的愿望、动机、情绪和行为，不放纵任性。

（六）沉着冷静，有自信心

自信就是自己相信自己。自己想成为什么样的人，首先要相信自己能成为什么样的人。只有这样，即使遇到再大的困难或挫折，也都能加以克服，使之迎刃而解。如果什么都不敢想，也不相信自己能成功，那么就不会有充实的人生，这种人失败原因往往就在自己。也就是说，自信心是通往成功彼岸最坚固的桥梁，有了必胜的信心，那你已经有了一半胜利。

军人的自信在于培养，时刻记住这几条非常重要：小成功会导致大成功；相信自己是强者；信心可以压倒一切；掌握一门技术，会增强自信心；除了自信还需要争取他人的信任。

（七）具备战无不胜的信心及良好的应变能力

军人的存在就意味着战争的可能。军人是抵御外国侵略、保卫祖国的坚强柱石，因此军人必须具备战无不胜的信心。和平时期与战争时期对军人要求是相同的，和平时期的军事训练、军事活动以及为国家建设所担负的应急任务，心理健康的军人都具备一种战无不胜的气势和信心，能够在危难时刻临危不惧，战无不胜。同时，能够对各种复杂的环境镇静自如，具备良好的应变能力。这些方面是军人与一般人员心理健康的区别，也是军人的特殊性所决定的。

（八）具有从经验中学习的能力

军人适应军队生活中的适应能力就是一种从经验中学习的能力。所谓适应是个体为满足生存的需要而与环境发生的调节作用。或改造环境以适应个体的需要，或改造自身以适应环境的要求，都是适应的形式。

经验中学习是个人成长的基本条件。所谓经验有成功的，也有失败的。成功的经验要善于总结，失败的经验要善于剖析。建立于经验上的学习，是再进步的捷径。一个不懂总结经验的人，其自然适应能力就不足。对于走进军营的每一个人而言，都是从老百姓到军人的一个过程，具有从经验中学习的能力，就能够不断地进步，不断地前进，就能够总结而发展自我。

第三节　我国心理卫生简史

一、心理卫生历史的起源

早在1792年由法国精神病学家比奈尔（Pinel）在巴黎倡导废除对精神病患者的约束，一般认为，这是心理卫生运动历史的起点。心理卫生的兴起，是因美国一位名叫比尔斯（Beers）的大学生根据自己的感受和体会在1908年发表的名著*A Mind That Found Itself*（我国有“自觉之心”和“一颗自己找到的心”等翻译）。此书文字生动感人，得到当时美国著名心理学家、哈佛大学教授威廉·詹姆斯（William James）的高度评价，并亲自为此书写了序言。与此同时，美国当时最负盛名的精神病学家阿道夫·迈耶（Adolf Meyer）也大加称赞，并指出该书所述就是“心理卫生”（Mental Hygiene）。比尔斯之所以撰写了这本被大家称赞的书，其原因是：他是美国耶鲁大学商科学生，因为其兄长患有癫痫病，他怕有共同的遗传因子而自己也患此病，终日的恐惧、焦虑和分心使他患了精神病。他跳楼自杀未遂，被送进精神病医院。他亲身经受了当时精神病院中种种粗暴残酷的待遇，目击病友们过着非人的生活，不胜悲愤。三年后他病愈出院，立志把自己的余生献给精神病患者，积极开展预防精神病和改善精神病患者的待遇活动。于是，他根据自己亲身的感受和体会用生动的文笔写成了这本书。

*A Mind That Found Itself*出版后在美国轰动一时，引起了社会的广泛重视。很多学者、名流都为此书所感动，纷纷表示愿意帮助比尔斯推行他所规划的心理卫生运动。在社会各方面人士的鼓励和赞助下，1908年5月6日成立了世界上第一个心理卫生组织：康涅狄格州心理卫生协会。参加者有大学教授、精神病学家、医生、牧师、法官、律师、社会工作者以及康复的精神病患者和家属。协会提出的五项任务是：①保持心理健康；②防止心理疾病；③提高精神病患者的待遇；④普及和宣传有关心理疾病的科学知识；⑤与心理卫生有关的机构合作。其活动的对象已扩展到了整个

社会，从而奠定了心理卫生的基础。随后，美国其他各州也纷纷成立州的心理卫生协会，1909年成立了美国全国心理卫生委员会，1917年创办了《心理卫生》季刊。而后，各国相继成立心理卫生协会和创办心理卫生杂志。如加拿大、巴西、法国、英国、德国、意大利和日本以及其他南美、北欧、东欧和苏联、印度等国。中国也于1936年成立了“中国心理卫生协会”。

1930年又在比尔斯酝酿下成立了“国际心理卫生委员会”，并以“保持和增进世界各国人民的心理健康”“研究、治疗和防止心理疾患和心理缺陷”“增进全体人类的幸福”为其活动的宗旨。

二、我国心理卫生的发展

我国古代的心理卫生方面的思想，历史悠久、内容丰富，远在春秋时代先儒即有“心壮则体舒、心肃则容敬”的名言。这是古代的“健身之术”和“养心之道”。特别是在《黄帝内经》中，开宗明义第一篇《上古天真论》里说：“余闻上古之人，春秋皆度百岁，而动作不衰；今时之人，年半百而动作皆衰者，时世异耶？人将失之耶？”这是黄帝对卫生保健长寿之道的关心。此篇原共904字，37句，除去介绍黄帝的第一句24字外，剩下的880字，36句，其中直接涉及心理卫生就有12句，占33.3%，若译成现代文，共14句，心理卫生和生理卫生各7句，即心理卫生占50%。可见我国重视心理卫生的思想，真是源远流长。不过，正当世界各国在《一颗自己找到的心》的推动下，广泛开展心理运动的时候，我国却没有兴起这股热潮。我国吴南轩在《大中教育丛刊》第二卷第一期上著文说：“除我国外，日光普照之地，几乎无处不有心理卫生运动的踪迹。”直到30年代我国许多有识之士，在国际心理卫生运动日趋发展的影响之下，日益认识到此项运动的意义和重要性，派人参加了在美国华盛顿召开的第一届国际心理卫生大会。并且经教育家、心理学工作者、医生、社会学者以及其他社会知名人士共同发起，并得到了145名知名人士的赞助，于1936年4月在南京正式成立了“中国心理卫生协会”。因翌年抗日战争爆发，未及时组织开展工作。抗日战争胜利后，于1948年曾在南京召开了一次局部的心理卫生代表会议，以后再也没有开展活动。直到1979年冬，在天津召开中国心理学会时提出恢复“中国心理卫生协会”的倡议。经积极筹备，于1985年9月在山东泰安召开了中国心理卫生协会首届全国代表大会，通过了会章，成立了理事会，提出了研究任务，并出版了《中国心理卫生》杂志。随后，在我国许多省、市也相继成立了心理卫生学术组织。

第四节　国内外军人心理卫生现状及发展前景

一、国内外军人心理卫生现状

军人的职业，是不同于普通职业的一种特殊职业。在军事训练和军事斗争中军人的职业充满了生理和心理的挑战。军人心理健康如同生理健康同样受到极高的重视。

（一）美军心理卫生情况

美国国防部及各军种虽然均未设有专门机构，但有分管这方面工作的官员。在各军种的主要医院，如海军医疗中心、陆军布鲁克医疗中心等设有心理疾患应急反应小组。该小组的主要职责是向各军种首长及医疗主管部门就部队心理疾患的预防和治疗提供咨询和建议，协助对部队进行心理疾患预防的教育工作，对部队从事心理疾患防治的人员进行培训，对治疗工作进行指导，同时也实施临床治疗。

美军心理疾患的发病率为 8% ~ 10%，其中包括极度轻微的心理障碍，如某个时期心情忧郁、脾气暴躁等，严重的则包括精神失常、自残、自杀、犯罪等，后一部分所占比例很小。美军军人心理疾患发病率较高的主要原因与其担负的任务类型有关，如派驻海外、实施维和、海上训练等。这类任务一般都持续时间较长（半年到一年），并且远离本土和家人，部分人员在各种因素的作用下便会产生心理障碍，若措施不力将由孤独、易怒等轻度症状发展到吸毒、酗酒、精神错乱、自杀、杀人等重症。因此，美军对心理疾患的预防非常重视。

（二）英军心理卫生情况

英军部队心理疾患人员一般由部队驻地的社区心理服务中心进行门诊治疗，对需入院治疗的患者送国防心理治疗中心住院治疗。国防心理治疗中心设有 40 张床位，配有 5 名高级心理医生、5 名普通心理医生和 35 名护士。不愿进国防心理治疗中心的患者，可到国家医疗系统进行治疗。国防心理治疗中心每年治疗 150 名患者。

目前，英武装部队人员主要的心理疾患为：作战引起的战后创伤性心理失调，其主要表现是战争可怕景象不断在脑子里出现，做噩梦，精神不能集中，情绪急躁，精神抑郁；训练和作战引起心理紧张以及日常生活中酗酒等。

英军认为，很难防止作战时出现的心理紧张，但经过严格训练的官兵可预料战场上会发生什么情况，发病率较低。英军教育士兵如何发现自己和别人心理紧张的现象，并鼓励他们处理好心理紧张现象。在部队进行作战或采取军事行动而进行军事部署之前，心理医生讲解如何克服心理紧张。作战后再由心理医生给他们讲解如何消除由作战带来的心理紧张，必要时可去医院治疗。

（三）俄军心理卫生情况

在俄进行军事改革的情况下，俄军领导对军人心理教育和心理疾患防治工作十分重视，不仅将其列入部队教育工作内容，而且视其为稳定部队，提高战斗力的重要措施。在机构设置、人员配备方面，心理教育和心理疾患防治工作处于优先地位。

俄国防部武装力量教育工作总局下属机构设有心理工作处，主要负责研究和制定进行心理教育工作的方式和程序，针对不同军兵种制定不同的心理测定标准。军区和集团军的教育处设有负责心理教育工作的专职军官，师教育工作科配有一名专管心理工作的助理，营、连两级也各有一副职负责此项工作。

据俄军有关部门测算，参加过战斗和紧急状态行动的军人中，有 20% 的人需进行医学治疗，80% 的人需进行心理治疗。在部队连一级设有减缓心理压力室，连指挥员心理助理有权提出某士兵心理状态不适合参加训练的建议，指挥员必须予以认真研究。

俄军重视建立精神心理疾患的防治体系，并重视对精神心理疾患的防治，将其作为保障部队战斗力的重要方面。国防部卫生总局设有两个处负责此项工作，一个侧重精神疾患的防治，一个侧重心理疾患的防治，每处 4 ~ 5 人，各军种、兵种、军区、集团军、师设有相应的处、科，部队、分队配有专职精神心理病医生，编在各级医疗单位内，所有部队均设有精神心理咨询室。

俄军认为，对精神心理疾患的防治不仅是专职医务人员的事，也是各级指挥员、主管教育工作的副职及各级教育部门的一项重要工作。精神心理保障已成为俄军新的保障类型，与作战保障、技术保障、后勤保障共同列为四大保障类型。

俄军对精神心理疾患防治的主要措施，重点是把好新兵入伍关。一是重视征召新兵的精神心理疾患体检。每年两次征兵体检均设有精神心理疾患检查项目，凡有不正常心理表现、父母有精神心理病史、吸毒等不良行为者不予招收。二是对新兵的分配要充分考虑到本人的家庭、出身、性格、学历、经历等个人因素，尽量将其选送到合适的军、兵种及专业岗位。如新兵不适应某些特殊岗位的精神心理要求，如潜艇等工作岗位，可根据本人意愿进行调换，调换可跨军、兵种及专业。三是要加强对新兵精神心理状况的观察，一般为期三个月。三个月内如发现精神心理状况不正常者及时进行鉴别，凡不符合服役条件的要做退伍处理。1998 年春季征兵后，因各种原因做退伍处理的新兵中，有 37% 是由于精神心理状况不适合在部队服役。

（四）我军心理卫生情况

近些年来我军对军人心理健康特别重视，尤其是特殊军兵种人员在选拔和训练中加强了心理卫生方面的工作。20 世纪 80 年代中期以来，我军军事心理学得到了迅猛的发展，以刘红松所著的《军事心理学》著作为先锋，一批军事心理学著作应运而生。以 1985 年 5 月“桥头会议”为先导，标志着我国军事心理学学术研讨开始了新的起点。1986 年成立了我国第一个军事心理学专业学术组织，并先后召开了三次学术研讨会。吉林人民出版社 1991 年出版的《心理咨询百科全书》及国防大学 1992 年出版的《实用军事心理学词典》均有专门的词条涉及军人心理卫生内容。近些年来，心理卫生工作得到更广泛的重视，出版的相关著作也很多，理论研究与实际应用更为广泛。

我军许多军事院校均开设有心理学课程，空军航空医学研究所心理研究室自 50 年代以来一直研究军事航空心理学，对军事人员心理卫生也作为重点研究，完成了许多军事人员心理选拔和心理鉴定的课题，对国家的招飞工作做出了贡献。我军的一些医疗、疗养机构自 80 年代中期以来相继设立了心理科（室），1993 年空军设立了“空军航空心理康复中心”，全面开展心理卫生的工作。2000 年之后，全军组建了“全军心理疾病防治中心”“全军航空心理医学研究中心”，许多医院都分别设置了“心理科”

专门从事心理学的研究和服务工作。“全军航空心理医学研究中心”设置了“心理接诊室”“心理测量室”“心理治疗室”“心理咨询室”“心理实验室”“心理资料室”等六个功能室和“医学心理研究室”“航空心理研究室”“军事心理研究室”三个研究室。目前，在各军医大学都设置有心理系，各军事院校设置有军事心理教研室。空军特色医学中心设置了“航空心理研究室”。宋华森等在1990年编制了我军第一个“军事飞行人员心理健康量表”，用于军事飞行人员心理健康评定。同时还修订了“我国军事飞行人员卡特尔十六种个性因素测验”和“明尼苏达多项人格测验我国军事飞行人员修订版”的工作，为落实在军事飞行人员中进行心理健康评定提供了依据，同时为今后完善我国军事飞行人员心理卫生工作奠定了基础。娄振山等研究军人心理应激等课题，在某军区设立了完整的心理疾病防护网络，减少军人心理问题的发生，防止心理障碍的形成，做了大量的工作。

当然，就当前我军心理卫生工作而言，它的发展还很缓慢，也比较年轻，从体系到内容还很不完善。在军队指战员中一些人还没有认识军人心理卫生的作用，同样在军队医护人员中对军人心理卫生的重要性认识不足。对于一些行为表现已经偏离正常的心理障碍人员，常常被认为是思想问题。对屡见的心身疾病人员，又找不到有效的治疗方法。由于人们的认识不足，使军人心理卫生工作的开展受到了很大的影响。

二、我军心理健康保障发展趋势

我军心理健康保障工作当前的发展趋势可以概括为“预防—鉴定—治疗”的“332”防护体系。

（一）预防系统

可以分为三级预防。

一级预防：是针对整个军队人群。旨在有效地解决那些导致心理异常发展的障碍，减少军事群体心理疾病的发生率，促进军人内心平静安适，心理健康。实际上，所有增进军人心身健康的努力都可称作一级预防。它最主要的特点是范围很广、涉及的问题很多。目前，广泛重视的心理教育、心理健康维护是一种新兴的心理卫生运动，也是军队整个群体的一级心理防护内容。这一运动的渐进发展，必然导致军人心理健康水平的整体提高。

二级预防：其主要目的是使个体的轻度心理障碍不至于出现急性发作或转化为慢性的疾病，尽力使病程缩短，减少心理障碍造成的损害和副作用。主要方法是在鉴定系统中及时尽早发现，使之早期进入治疗系统而给予有效治疗。调查已经证实在军队群体中具有心理问题的人员，直接影响了军事训练和军事生活。旅、团一级机构中所设的“心理咨询室”“心理辅导站”，正是担当官兵“轻度心理障碍”咨询和治疗的有效机构。二级预防机构的设立，将极大地减少各种心理问题转变为心理障碍或心理疾病的可能，从而确保军事训练和军事生活的正常进行。

三级预防：目的是减少机能障碍的危害和后遗症，主要是针对平时或战时军事应激事件造成的重性精神障碍，使患者尽可能地保留人际交往和生活的能力。关键在于治疗系统的有效作用及防护系统的积极作用。重性精神障碍及后遗症兵员是目前影响部队正常管理和军事秩序的因素，这些成员的存在已经是事实。但是，对这些成员以科学的态度予以关注和承认，将改善他们的情绪状态，并能保持他们的正常生活能力。三级预防是存在精神疾患个体单位的群体行为，任何简单行为都将带来不良的结果。

（二）鉴定系统

这是就军队官兵医务保障而言的，在军队卫生鉴定中，应包括心理鉴定。

一级鉴定：官兵的年度身体检查以团体方式进行。一级鉴定即初级鉴定。其目的是年度身体检查中给予心理检查，分类被检人员的心理健康活动水平，筛查心理异常人员，为进入治疗系统提供诊断依据。一级鉴定也即筛选系统，由专门机构心理科医护人员与临床医师共同完成。

二级鉴定：目的是对一级鉴定中分类的被检人员做出“心理鉴定结论及评价”；同时对筛查出的异常人员进行等级评定。一般异常者，给予心理矫治后再做结论；严重异常者，有针对性地选用经过修订的国内、外不同的心理量表结合临床进行测定，以确定其具体障碍性质、内容并做出鉴定结论，明确进入哪一机构治疗。

三级鉴定：目的是针对症状较重或存在严重心理障碍的人员，经心理矫治，症状未经改善、结论难以确定时，再经与有关专家会诊，由心理科负责做出结论。

（三）治疗系统

一级治疗：在一级鉴定中筛选的那些“心理健康状况不良”的人员，表现抑郁、焦虑，应进入“一级治疗系统”接受心理咨询和心理治疗。团一级所设机构，凡经过国家认定的“心理咨询师”培训机构颁发证书者，可持证上岗，担任心理咨询师。治疗的方法可采用“心理剧疗法”“体育疗法”“放松疗法”“团体咨询”“集体分析心理治疗”“支持性心理治疗”等。

二级治疗：在二级鉴定、三级鉴定中被诊为“心理障碍”和“严重心理障碍”的人员，也就是具有心理、情绪和行为异常表现、自诉症状较多、患有较多的心身疾病的人员，进入二级治疗系统，接受心理治疗。医院、疗养院所设心理科和军一级单位所设的心理咨询中心，担当二级治疗系统的心理治疗工作。治疗的方式一般以住院方式进行。治疗的方法是：“生物反馈治疗”“精神分析治疗”“暗示与催眠治疗”“认知领悟疗法”“脱敏疗法”“森田疗法”。

“防护—鉴定—治疗”体系是一个系统工程，既相互作用，又相互依赖，军队成员的心理卫生保障，有赖于这一系统的逐步完善。

第四章　青年官兵的心理特点

第一节　青年官兵的个性特征

一、正常个性

（一）青年的一般心理特点

部队战士是整个社会青年的一部分，他们基本上都是十八岁至二十二三岁的青年。从年龄阶段看，均处于青年中期，因此，他们具有一般青年的心理特点。根据国内心理学界的研究表明，这一年龄阶段青年的一般心理特点有以下几个方面的表现：一是自我意识迅速发展，有较强的自尊心和自信心，但世界观尚未定性；二是意志、性格处于形成的过程，未定性，好模仿，可塑性较大；三是思维能力大为发展，记忆力好，求知欲强，爱好学习，但辨别是非的能力还不强，有时看问题偏激、片面，容易固执己见；四是情感日益丰富，热情而富于体验，情绪容易激动，变化无常；五是观察力和想象力显著发展，才思敏捷，抱有各种理想和幻想，但有时急于求成、脱离实际；六是性意识逐渐成熟，有追求异性和配偶的要求；七是兴趣广泛，爱玩好动，活动能量迅速增加，但兴趣的稳定性不强；等等。

（二）青年战士的心理特点

由于受部队环境、任务和职业的影响，战士除了具有青年的一般心理特点外，还具有其特有的心理特点。主要表现在情感、意志和性格方面。

1. 情感内容更加丰富，情感体验更加深刻

经过部队系统的培养教育和实践锻炼，青年军人的情感与地方青年的情感相比，有了明显的发展。

（1）情感内容更加丰富。青年参军入伍后，其社会角色发生了深刻转变，军人角色的社会期待和实践，使青年的光荣感、责任感和使命感不

断发展和提高，极大地丰富了青年官兵的情感内容。这些情感经过平战时的磨炼，情感层次水平有了新的高度，体现在爱国主义情感、国际主义情感、集体主义情感、阶级情感更加突出。渐而上升为情感的更高层次——献身情操，而这些情操是道德感、正义感的集中体现，是青年军人见义勇为，不怕艰难困苦，奋勇杀敌，不怕流血牺牲的情感基础。战士情感集中表现在热爱祖国热爱人民这一点上，成为战士的中心情感，其他一切情感都紧紧围绕这一中心情感而发展。

（2）情感的体验更加深刻。由于战士的情感基于对祖国对人民的热爱，因此，为了人民和国家的利益，在生死关头，他们能够舍弃自己的生命，勇于做出牺牲。角色的特殊性，也决定了军人无论战时和平时随时都要准备做出牺牲。生死存亡对于人的情感体验是最为深刻的，这种体验是地方一般青年所难以达到的，常常表现为激情，极其强烈地迸发出来。

2. 意志品质更加完善

养兵为了打仗。军队的根本目的是为了战争。在残酷、危险和复杂的现代战争中，要取得战争的胜利，需要官兵具有一种优良的意志品质。这种意志品质表现为刚毅顽强、坚韧不拔、敢于拼搏和勇往直前等特征。它是军人良好心理素质的集中体现。对于完成战斗任务和各种急难险重任务，起着非常重要的作用。战士在部队中，经受艰苦环境的磨炼和意志的培养。随着服役时间的推移，他们的意志品质逐渐完善起来，特别是经过实战锻炼的战士，意志的坚定性更好。

与一般青年的意志相比，战士的意志具有如下几个特点：一是自觉性较高。清晰的目的性和高度的自觉性是意志的重要特征。战士的意志是建立在对共产主义的坚定信念，对社会主义祖国的无比热爱，对党和人民的无限忠诚，以及建立在革命英雄主义和革命乐观主义的基础上的，因而具有非常清晰的目的性和高度的自觉性。平时以苦为荣，自觉去克服困难；战时不怕枪林弹雨，甚至以自己的鲜血生命换取战斗的胜利。二是坚持性较好。由于军队担负任务的特殊性，常常遇到各种难以想象的困难，而且有些困难往往是长期存在的。正是这种困难的严酷性和长期性锻炼了战士富于坚持性的意志品质。平时无论是刮风下雨，还是严寒酷暑，都必须成年累月地坚持训练；在作战中，不仅要同敌人作殊死的斗争，还要同饥饿、干渴、伤病等困难作持久的斗争。三是自制力较强。一个青年，从地方来到部队，许多方面都感到不适应。从不适应到适应，从心理上说主要靠自制力的控制和调节。比如，有的战士在家中养成了比较懒散的生活习惯，刚到部队，对严格的一日生活制度很不适应，但是在部队条令条例的约束下，逐渐克服了不良的生活习惯，养成了紧张有序的作风。这个过程需要战士依靠自己的自制力，管理和控制自己的行为。通过平时和战时从不适应到适应的锻炼过程，战士意志的自制力得到增强。

3. 性格特征更加鲜明

战士的性格同地方青年一样正处于形成过程中，具有较大的可塑性。经过军队严格纪律的约束和正规化养成的陶冶以及军队所担负的特殊任务的影响，战士的性格特征更加鲜明、集中，主要表现在勇敢、机智灵活、果断、顽强的意志特征，高度的组织纪律性和集体主义精神等方面。

（1）勇敢。勇敢是军人性格的第一要素。青年官兵勇敢性格的形成主要源于长期实践的磨炼和榜样模仿作用。在部队，官兵始终受到革命英雄主义的教育和我军优良传统的熏陶。我军在长期的斗争中涌现出的许许多多具有大无畏的革命英雄主义气概的集体和模范人物，成为青年军人效仿的楷模。这种榜样作用和青年战士好模仿心理特点相结合，从而有效地培养和激发了战士的革命英雄主义气概，逐步形成为一种比较稳定的心理特点——勇敢。

（2）机智灵活。所谓机智，就是充分发挥智力因素（观察力、记忆力、注意力、思维力、想象力和处置问题的能力）的作用。所谓灵活就是不守旧、不拘泥，有求新求变精神。通过科学文化知识学习，战术、技术和专业训练以及执行任务等各种途径，可以培养战士逐步形成这种性格特点。

（3）果断。军队行动总是雷厉风行，说干就干。要求所有的军人都要具有果断的性格，行动紧张、迅速、干脆、利落。这种性格不仅在平时执行任务中具有重要作用，在作战中尤为重要。因此，部队通过执行条令条例、规章制度、教育训练、完成任务以及日常活动培养战士这种性格特点。

（4）顽强。顽强的性格对于顺利完成任务具有重要意义。顽强性格的培养贯穿在部队的军事训练和执行各项任务的过程中，有针对性的体育训练如爬山、越野、超越障碍等也有助于战士顽强性格的发展。

（5）纪律性。高度的组织纪律性是军人性格的灵魂。军人讲究令行禁止，无条件服从命令。战士通过军队这种严格的纪律环境的锻炼，天长日久，从不自觉到自觉，从不适应到适应，逐步在形成一种执行纪律的坚定性、自觉性。

（6）集体主义精神。战士来自祖国四面八方，一到达军营，就过着集体生活，在统一领导下，为完成集体的任务，为争取集体的荣誉而共同努力。在这种客观环境的影响下，战士经过数年的服役，集体主义精神逐步树立，并形成一种比较稳定的心理特征。

二、异常人格

或称其为病理个性、病态人格。在精神病学文献中，人格障碍、病态人格、变态人格及精神病态等术语，表达了大致相同的含义。人格障碍是一组以人格结构和人格特征偏离正常为特征的精神障碍，是由于个人倾向而不是由于心理功能崩溃或中断引起的心理问题。人格障碍开始于童年、青少年或成年早期，并一直持续到成年或终生。18 岁以前诊断为儿童行为障碍，18 岁以后诊断为成年人格障碍。美国精神病学会《诊断统计手册》第四版（DSM-IV）中区分出 10 种人格障碍类型。包括偏执型、分裂样、分裂型、强迫型、癔症型、依赖型、自恋型、回避型、边缘型、未特定型。中国精神障碍分类与诊断第三版（CCMD-3）对人格障碍区分为 9 种人格障碍，分别是：偏执型、分裂样、反社会型、冲动型（攻击型）、表演型（癔症型）、强迫型、焦虑型、依赖型和其他或待定型等，与国际疾病分类中的精神与行为障碍分类第十版（ICD-10）系统相似，但去除了混合型人格障碍。

下面仅对常见的偏离正常的人格特征简要分述如下：

（一）反社会型人格

情绪的爆发性，行为的冲动性，对社会与他人很冷酷而缺乏好感与同情心，缺乏羞愧悔改之心，目无法纪观念而另有反常价值观念，不能从挫折与惩罚中吸取教训。儿童时期即经常逃学，外宿不归，撒谎，偷窃，虐待动物，欺负弱小，斗殴，流浪，反抗纪律与权威。少年期出现性行为或性犯罪，常有酗酒，吸毒，赌博行为，成年后习性不改，经常旷工，言而无信，难与亲人、家属和朋友维持密切关系，缺乏责任感。人际关系紧张，社会适应能力差。反社会人格患者不一定都违法犯罪，罪犯中也只有一部分人有人格障碍。

（二）偏执型人格

敏感多疑，对人缺少信任，把别人的好意当作恶意。甚至对自己的朋友和亲人也常起疑心，无根据地怀疑他们对自己的忠诚；自以为是，自命不凡，固执、好争辩。易感委屈挫折，容易感到自己受轻视、冷遇，常有回击报复之心。对周围常抱不信任、警惕与敌视态度，缺少热情与同情心，从来不开玩笑。自尊心强，要求别人尊重自己，重视自己，追求权势。

（三）强迫型人格

过分追求完美和注重细枝末节，做完的事总是放心不下，反复检查。做事犹豫不决，思虑甚多。过于严肃、认真、谨慎。循规蹈矩，墨守成规，缺乏创新与冒险精神。坚持别人按他的规矩办事。焦虑情绪多，愉快情绪少。

（四）分裂型人格

情感冷漠、疏远，缺乏亲密、信任的人际关系，没有知心朋友。孤僻，好沉思幻想，几乎总是单独行动。行为古怪，不修边幅，不能随和与顺应世俗。对别人的批评与赞扬无动于衷，很少表现情绪体验，性生活表现冷漠。

（五）表演型人格

表情与动作做作夸张，富于显示或表演色彩。暗示性高，思维、情绪、行为都易接受别人暗示的影响。情感肤浅、脆弱、波动。自我中心，吸引别人的注意，渴望别人的同情与赞赏。要挟、操纵、挑逗、依赖他人。好幻想，以想象代替事实，立志易受感情蒙蔽，任性，不习惯于逻辑思维。

（六）其他

此外还有以顺从、依赖、自己不能独立解决问题，害怕别人遗弃，常感自己无助、无能与缺乏精力为主要表现的依赖型人格。以办事拖拉，消极抵抗，妨碍别人的工作效果，故意把事情弄糟，责怪领导，拒绝批评与指导，在社交活动与职业活动中突出表现被动对抗的被动攻击型人格障碍等。

人格障碍在军人中很少见，很多情况下为一种人格偏离状态。它与病态人格在程度上有所区别。只是偏离了正常方向，向某种病态倾斜，如能及时矫正可防止形成病态人格。

第二节 青年官兵心理健康特征

青年时期是人一生中个性形成的关键时期，也是人生理成熟的关键时期，因此，青年存在着大量的心理卫生问题。如何理解心理健康？心理健康的构成要素是什么？这是一直受到人们关注的问题，人类对这类问题的理解是一个由浅入深的过程，并随着社会的进步而走向多元化。

一、心理健康的构成

（一）世卫组织心理健康定义

1946 年第三届国际心理卫生大会曾拟定心理健康的标准为："所谓心理健康是指在身体上、智力以及情感上与他人的心理健康不相矛盾的范围内，将个人的心境发展为最佳的状态"。具体标志为：身体、智力、情绪十分调和；适应环境，人际关系中彼此能谦让；有幸福感；在工作和职业中，能充分发挥自己的能力，过有效率的生活。

（二）有关专家心理健康标准

1. 杰何达（Jahoda）的 6 条心理健康标准

（1）对自身的态度：包括能有意识地对自身进行适当的探索；自我概念的现实性，能接受自我，现实地评价自己的长处和短处等。

（2）成长、发展或自我实现的方式及程度：包括实现自己各种能力及才干的动机水平；实现各种较高目标（如关心他人、工作、理想、兴趣）的程度。

（3）主要心理机能的整合程度：包括各种心理能量的适宜动态平衡（如本我、自我和超我）；有完整的生活哲学；在应激条件下能坚持并具有忍耐和应付焦虑的能力。

（4）自主性或对于各种社会影响的独立性：遵从自身内部的标准，行为有一定之规；行为对的程度。

（5）对现实知觉的适应性：没有错误知觉，对于所见到的和所预期的事物重视其实际证据；对他人的内心活动有敏锐的觉察力和共情。

（6）对环境的控制能力：具有爱的能力，并建立了令人满意的性关系，有足够的爱、工作和娱乐；人际关系适宜，能够适应环境的要求；具有适应和调节自身的能力，能有效地解决问题。

2. 国内学者 12 条心理健康标准

①智力正常；②有安全感；③情绪稳定，心情愉快；④意志健全；⑤对自己有充分的了解，并做出恰当的评价；⑥适应能力强；⑦能够面对现实，正视现实，乐于学习、工作、社交；⑧人际关系和谐；⑨人格完整和谐；⑩睡眠正常；⑪生活习惯良好；⑫心理和行为与年龄符合。

3. 军人心理健康标准

军事心理学专家认为，军人的心理健康主要是军事生活、军事训练中的适应问题。情绪乐观，有追求的目标，并付之于行动三项内容是衡量心理健康的基本原则。

二、官兵心理健康的调查

官兵良好的心理健康水平，是立身做人、成长进步的必要基础，是培养新型军事人才的基本要求，也是部队凝聚力、战斗力的重要因素。提高官兵的心理健康水平，不仅有助于保持部队稳定和加强部队管理，而且可以极大地促进部队训练和战斗任务的完成。

目前我军士兵的心理素质还存在一些问题，表现在适应能力不强、耐受挫折和心理承受能力较差、协调人际关系能力差等方面。深入研究和分析我军官兵的心理健康状况及其影响因素，对制定官兵心理健康的防护措施，开展心理卫生教育和心理训练工作具有实际指导意义。

调查研究发现，官兵的整体心理健康状况是好的，但也存在一定的心身问题，尤其是心理问题更为突出。主要表现在人际关系敏感、强迫、偏执等方面。中度以上心理障碍发生率较高。

部队士兵中独生子数量的增多，给部队的管理和训练工作带来了新的问题。独生子女的心理健康状况有哪些特点一直是我们研究的一个重要方面。人们普遍认为独生子比较任性、自私、依赖性强、吃苦精神差、做事好拔尖和缺乏协作能力等，对他们的负面评价比较多。实际上独生子女在许多方面有自己的优势。我们所做的调查结果表明，独生子女在心理健康水平上与非独生子女无明显差异，在某些个性因素方面甚至优于非独生子女。这说明对独生子女这一群体的认识一定要全面，要注意发现他们的长处，挖掘他们的潜能。有文献报道在成就、智力和性格方面，独生子女都远远超过有兄弟姐妹的同辈人。父母与子女的关系本质被认为是影响独生子女的发展优势，增强了父母关注和焦虑，促进子女的成就、智力和性格的发展。

通过对不同职业群体，不同驻地官兵心理健康状况的比较研究，可以引起我们对心理健康的“弱势群体”的关注，使心理健康维护工作的重点更加突出。对空军雷达、导弹和航空兵部队的调查分析表明，驻地偏远，条件艰苦的官兵和机务、警卫人员的心理健康水平普遍偏低。

军人职业和军事活动的特殊性对军人的性格特征提出了特殊的要求。当代军人个性特征总体应属意志型，理想性格特征排在前十位的依次为机智、勇敢、负责任、讲求效率、果断、有抱负、坚毅、沉着、冷静和顽强。也有人认为军人的主要性格特征有勇敢、机智、灵活、果断、顽强、坚韧性、自制力和纪律性。

对军人心理健康的相关因素的探讨表明，影响官兵心理健康状况的因素是多方面的。我们从与官兵生活密切相关的几个方面，如人际关系状况，家庭生活状况，个性特点，部队生活训练条件等方面对官兵心理健康的相关因素进行了分析，发现情绪稳定程度、与战友的关系如何、是否自责、苦恼时能否找到倾诉对象、是否严于律己、父母婚姻状况、父母健康状况、敢为性、军龄、家里是否有大事发生、与领导的关系、本人身体状况和家庭经济等是主要因素。这些因素可以概括为五个方面，一是由情绪稳定性、是否自责、自律性和敢为性等个性因素综合体现的个性适应性水平；二是人际关系状况，包括与战友和领导的关系如何、苦恼时能否找到倾诉对象等；三是家庭生活事件的影响，包括父母婚姻及健康状况、家里是否有大事发生、家庭经济状况等；四是本人身体健康状况；五是服役时间长短。其中个体的适应能力最重要，个体适应能力在调节心理应激，维护心理健康上起到重要的中介作用。同时，来自于人际的、家庭的以及身体健康的影响也是不可忽视的。和谐的人际关系、健康的体质体魄及和睦的家庭环境等对官兵心理健康影响很大。军龄作为心理健康的影响因素之一，一方面说明对官兵心理健康的评定要把握好不同的人群和时间段，服役时间较长的官兵面临的现实问题较多，如婚恋问题、留转问题、组织问题等，可能引起较大的心理矛盾和冲突。另一方面由于部队高度紧张、超强负荷的生活和训练，造成心理压力大和心理不适，而这些异常状态如果不进行及时有效的心理健康维护和调适，必然影响到官兵的心理健康。在官兵中广泛深入地开展心理卫生工作是非常必要和迫切的，应把提高官兵心理适应能力，建立良好的人际关系和畅通心理健康维护渠道作为心理卫生工作的重点。

第三节 青年官兵人际关系特征

军人的人际关系，是指军人之间在交往中所表现出来的受个体人格特点调节的并与满意或不满意状态相伴随的一种心理关系。它是社会关系的一种，但不等同于社会关系。它具有情感基础，反映了个体和群体寻求满足的心理状态。青年官兵人际交往的特征主要有以下几点。

一、珍重友谊是青年人际交往的突出特点

友谊是特定朋友关系的表现，意味着更加忠诚、坦率、信任，友谊对青年人的发展有着十分重要的意义。许多研究表明，青年人往往把获得友谊视为生活中最迫切的需求。青春期结交的亲密朋友，其地位至少与父母相等，甚至显得更重要一些。

人最初的成长环境是家庭。在家庭关系中，子女与父母在身体、智力、情绪、社会的成熟程度等方面均有差异，总是处于被指导、被保护的地位。在婴幼儿和少年时期，由于心理发展不成熟，对这种家庭关系有很强依赖性。随着年龄的增长，青年人的自我意识得到极大的发展，与父母的反差也逐渐加大，青年人希望寻求一种平等的关系，不再为反差担忧，能以心理独立性来探求自己目前和未来的生活道路。而朋友关系恰恰是能使青年达到这种目的的手段和途径，在朋友关系中，青年可以体验到平等和自身的独立。友谊能使他们释放心理重负，融化内心的忧郁和焦虑，也能使人的快乐得到放大。随之青年进入了以同龄的个人为基础的朋友式的相互交往阶段。

朋友关系促进青年社会化过程。朋友关系是平等的，在这样的朋友关系中，青年才能拥有自由、平等的待人关系，才能学到社会生活中所必需的知识、技术、态度。朋友间可以直率地互相批评，矫正他们自己的行为、习惯而不必去经历种种为他人所不接受的痛苦的尝试。更重要的是，在家庭中被允许的任性，在朋友中是不被接受的。这样便逐步使青年摆脱自我

中心性，学会关注他人的需要，开始进行发展社会化的学习。

朋友关系增强了青年的自我意识。友谊的一个重要组成部分是积极的自我意识。高度自尊的青年间更容易建立和保持友谊，也会在必要时改变友谊对象，去寻找、建立新的友谊。而往往自我形象差的人，从童年起就对他人采取敌视或拒绝的态度，这样便很难建立正常的社会关系。青年需要不断认识外部世界，同时也要反省自己的内部世界，需要改变自己，塑造自己，发展完善的人格。朋友是青年成长的“镜子”。在相互交往中，大家可以坦率发表意见，评价事物，进行观念上的碰撞。朋友间通过共同的体验、尝试、交流、相互模仿和赞赏，能够达到对自己的认识。从中，青年得以更清楚的了解自己，发现自己的缺陷，开发自己的潜能，让自己的个性更趋完善。

朋友关系促进青年情感深化。较之与少年时期的朋友关系，进入青年期的朋友关系更注意心灵深处的交往，他们有了更加复杂的友谊概念和更大的容忍相互之间差异的能力。是否能够维系朋友关系，关键在于交往双方是否达到了忠诚、可靠、信任、自尊、安全等心理需求的满足。深层次的交往为青年情感的成熟打下了基础。

对青年选择朋友，不同学者有不同的观点。帕特里奇把青年选择朋友的理由归纳为环境因素和个人因素。环境因素包括时间和空间的接近，共同的兴趣、社会经济地位、传统等；个人因素指年龄、种族、性别、体格、容貌、智力、个性等。桂广介认为相互间需求一致是青年选择朋友的原则。具体表现在：地理和年龄的接近；身体条件、能力、兴趣、性格的类似和社会经济地位的接近等。

有的学者认为青年把人的品行特征作为选择朋友的条件。青年在择友中重视生活目标、价值观念、人生态度的相似性，能体现较高的交友水准，使友谊成为发展自我的重要动力。

一些学者根据实际研究成果提出以下一些行为特征是青年成功的发展友谊所必需的：一是积极参与社会交往，在复杂多变的社会交往中具有一定的洞察力；二是学习在同别人打交道中运用理智和逻辑，并公平待人；三是不以自我为中心，善于“投资”到别人身上；四是青年具有选择、评价的能力，并坚信他们有许多生活目标的抉择；五是有解决问题的知识、能力，为成功交往先做好积极的心理准备。青年在这些方面的状况如何，将直接影响友谊关系的稳定和发展。

二、正式群体交往占主导地位

军队为青年官兵提供了群体交往的客观条件。群体按社会的规定性可分为正式的群体和非正式的群体。正式群体是为了达成与组织任务有明确关联的特定目的，以及执行组织的特定工作而产生的正式的、官方的组织机构。正式群体在青年官兵的人际交往中占主导地位。

在群体活动中，群体心理对个体心理及行为有直接的影响。首先群体可以满足个体归属感的需求。归属感是个体自觉的归属所参加群体的一种情感。群体成员通过相互交往，思想认识上容易达成一致，并逐步产生共同的责任感、义务感、荣辱观、群体的凝聚力等。成员之间相互认同感便转化为对群体的强烈归属感，其中，青年官兵有机会理解一群和他处于同伴关系的个人，这些人也正在感受军人社会化和个别化的过程。他得到了一个能与之相互作用的可靠的组织，在其中他可以评价和提高自己的素质。

群体对成员有促进和干扰作用。个体的认识、情感和行为在群体中得到肯定时，便从正面强化了这些因素，否则，个体将会做出改变，以适应群体的准则。当群体对成员起消极的干扰作用时，个体的活动效率就会降低。群体内一般有两种互动作用，一种是合作性互动，如示范、适应、互助、感化；另一种是对立性互动，如竞争、冲突。这两种互动形式的交互作用是群体存在并发展的条件。从中青年官兵可获得大量的信息来源，这些信息包括价值观、行为的参照标准、军人规范，等等。

处于青春期的青年官兵虽然仍与家庭成员保持了心理互动，但随着青年减弱了对家庭的依赖、服从而学习独立时，他们把主要精力投入到官兵的群体交往之中。他们已能独立地支配自己的时间，选择朋友和交往方式。

军人的群体交往进入情感的深度。在群体交往中，青年能获得友情、理解和支持，官兵的情感更丰富，更富于深刻体验，特别对人际交往中的情感交流愿望更强烈。

非正式群体是自然形成的一种无形组织，在军队中虽不占主导地位，但却是客观存在的东西。它是建立在情感基础上，由观念、理想、志趣、态度、习惯相似的青年自然结合形成的。当正式群体对个体多样化的内在需求满足不够时，非正式群体的交往就会增多。或者说，正式群体中交往淡漠，活动贫乏，非正式群体就会产生得多而且活跃。对部队中存在的非正式群体交往要正确认识，实行引导，使之发挥积极作用。非正式群体能使青年意见沟通迅速、交流广泛，能满足青年的心理需求，说服性强。因此，健康的非正式群体交往能促进青年人格的完善。

第四节　青年官兵适应行为特征

适应是指个人对于生活中内在、外在的各项改变均能采取正面的接受的态度，并且在事件结束后，个人的生活可以恢复或改进原来的状况。

一、适应的基本定义

适应是一个动态的、逐渐发展的、永无止境的过程，它不是一个刺激一个反应式的达到状态的稳定而已。通常人们将应对与适应相提并论，但实际上适应多包含的概念较为广泛，并且也较为注重特定在心理的层面，以及最后的结果。而应对只是面对威胁时所采取的步骤，包括问题的解决和情绪的调节两项功能。适应的过程大概包括面临压力事件或环境，继之出现焦虑症状，采取应对措施，最终有效地适应等几个阶段。压力是所有适应过程的共同起源。当内、外在需求对个人、社会系统、组织系统造成适应资源的负担或超出其能力之上时，就产生了压力。而当一个人面临一件具有压力的事件时，就会产生不平衡的现象，导致焦虑、紧张和不舒服，个人有极欲逃避及降低焦虑的动机，因此应对行为就接着产生了。当个人可以解决因为威胁所带来的不舒服感，保护个人的完整性，有能力与他人维持和谐的人际关系、扮演生活中的角色以及维持正向的自我概念时，这种状态即为适应。反之，当个人使用不恰当的因应方式或没有能力来维持恒定状态时就会产生适应不良。

二、军人适应最大特点表现在环境适应

青年官兵从学生时代走过来，进入军营这样一个全新的环境。其生活、工作、学习、训练、人际交往、个人目标、社会期望等方面都发生了很大变化。只有在短时间内尽快调整自己的身心，适应新的生活，才能顺利地走过今

后的军旅生涯。

军人的适应性表现在对军事环境的适应上，军事环境包括自然环境、生活工作环境、训练环境和作战环境。由于军队的性质和任务的特殊，在生活环境、工作秩序、作风纪律、人际关系等许多方面都有别于一般群体。这些环境特点对培养人的能力、促进健康人格的形成有积极作用，但同时对某些适应不良者又有消极影响。

（一）自然环境对心理的影响

部队担负着保卫祖国、抵抗侵略的神圣使命，对于许多驻守在高原、沙漠、森林、草原、炎热和寒冷等艰苦环境下的部队来说，恶劣的自然条件对官兵的生理功能和心理功能都会造成不利的影响，甚至导致各种各样的心理障碍。常见的心理障碍主要有：

1. 偏远散单位带来的孤独心理

长期驻守在海岛、高原、沙漠、森林等人烟稀少地区的部队，由于驻地偏远，交通不便，官兵与外界联系少，缺乏必要的信息；青年官兵与内地亲人联系沟通困难，长期与亲人分离，无法分担和解决家庭忧愁，导致思念亲人和家乡的情绪加剧。时间长久便可导致孤独心理。

2. 恶劣环境带来的恐惧心理

生活在海岛、森林和山区的官兵要与恶劣的环境抗争，必要时常担心和防范野兽、毒蛇的侵袭，容易产生紧张、不安、担心、恐惧等情绪。

3. 气候环境带来的抑郁心理

在高原缺氧、寒冷或炎热的气候，营养的缺乏，过度的沉寂等因素的影响下，会使官兵对环境的适应失去信心，出现抑郁情绪，并且伴随着相应的行为改变。

（二）生活工作环境对心理的影响

部队生活环境的特点是生活紧张有序、行动步调一致、组织纪律严明、上下级关系密切等。这些特点对正处在生理发育和心理发育不平衡阶段的青年人来说，有着积极的意义。但是，少数有个性缺陷的军人也会产生一时性的适应障碍。

1. 饮食习惯的适应障碍

来自不同民族、不同地区的官兵，在饮食习惯上有很大的差异。在部队集体生活中，除尊重少数民族的风俗习惯外，很难满足每个人的饮食习惯。由于地域气候的差异，蔬菜种类的不同，因此，都有一个饮食习惯的适应问题。

2. 严格制度的适应障碍

部队生活紧张、整齐划一、组织纪律严明，而且带有一定的强制性。每个军人必须严格遵守部队纪律和各项规章制度。军人只有不断地培养高度的自觉性和较强的自律自制性，才能适应紧张的军事生活。这种要求，对大多数军人来说，通过培养锻炼，都会很快适应。但少数人，尤其是年龄较小、家庭条件优越、自理能力差、个性脆弱的战士来说，适应起来就比较困难。他们往往表现出紧张畏缩，过度自我束缚等心理状态，甚至产生食欲不振、睡眠困难等症状。

3. 工作、岗位变换的适应障碍

军人在职业选择上，有时会遇到违心屈就的情况。例如，在具体工作安排、任务分配、转换环境、职务变动以及复员转业等问题上，可能会发生个人意愿与组织需要的矛盾，由此造成心理困扰。

（三）军事训练环境对心理的影响

军事训练是部队的中心工作，它具有针对性强、强度大、环境复杂、目标要求严格的特点。如果不能适应这种训练环境，就有可能发生各种各样的心理问题，严重者甚至可导致心理障碍。常见的心理障碍有两种表现。

1. 认知功能障碍

在高海拔、寒冷、炎热、噪声、振动等环境条件下进行训练，心身负荷大、易于疲劳，会出现一系列认知功能下降的症状表现。例如，在高海拔地区训练，由于脑组织缺氧，可引起视觉反应时间延长，适应能力下降，记忆、理解、计算、判断能力降低等障碍，还会出现运动迟缓、反应迟钝、姿态改变、手指颤抖等运动能力障碍，并难以完成熟练的精细动作；在噪声和振动条件下，可导致中枢神经系统活动的紊乱，出现疲劳、头痛、睡眠障碍、注意力分散、动作不协调、言语表达迟钝等症状。

2. 情绪表现障碍

训练强度过大、时间过长、科目太难、目标太高以及训练伤病的发生，不但造成生理上的过度疲劳，还会伴随着情绪的改变。情绪改变的主要表现是消极、被动、紧张、焦虑或抑郁。在海拔4000米以上的地方训练，由于缺氧对脑功能的影响，有些人可出现喜悦、话多等兴奋症状；有的人则产生嗜睡、头晕、疲乏、精神不振、表情淡漠等症状。

3. 意志品质障碍

在战时和执行急难险重任务时，绝大多数青年官兵经过部队教育和训练，能以勇猛顽强、敢打必胜的信念面对新的，甚至是生死的考验。但由于参战人员经常面对疲劳、饥饿、恶劣气候和复杂地理条件、睡眠剥夺、连续作战等应激情景，同时由于缺乏战斗经验和投入战斗的思想准备，第一次看到伤亡的悲壮场面，以及从前存在的神经症及性格障碍等，使少数青年官兵产生战时应激障碍。虽然战时应激是战场上和执行急难险重任务时常见的一种心理现象，但是，如果一个人长期处于应激的过度状态，身体得不到适当的调节、补偿和休息，就可出现一系列生理和心理功能的衰变，减弱或丧失战斗能力。

第五节　青年官兵心理中的危险因素

心理学认为，人的心理支配着人的行为，行为是心理活动的外在表现；犯罪行为是在已经形成的犯罪心理结构支配下发生的，一个人若没有犯罪的意向，就不可能发生故意犯罪行为。当犯罪的心理结构处于兴奋状态时，会扩散到、笼罩着整个心理活动的一切方面，直至引起生理机制方面的变化；因此，在犯罪行为发生之前，许多方面都可能表露出来异常的迹象。

犯罪心理结构的行程是从无到有，由弱到强，直至从量变到质变的过程，随着这一过程的发展，必然要发生相应的外在行为表现。许多正在形成或已经形成违法犯罪心理结构的人，不管他怎样隐蔽、掩盖自己有关的心理活动，总要在人与人的关系、物质追求、精神状态、性的要求以及学习、工作、劳动等方面表现出一些征兆。分析和研究青年官兵心理危险因素，就是要找出促使和影响犯罪心理得以形成的各种主客观因素，为犯罪的预测和预防提供依据。

当然，影响犯罪行为产生的因素是相当复杂的，原因是多方面的。危险性可能是行为、情境或者人的特性。危险性像其他倾向性概念一样，意味着一种“如果……然后”的可能性，“如果”是这种倾向将会发生危险行为的条件。这些将要发生的可能性与该人有这样一种倾向是不一样的。下面着重就暴力犯罪、性犯罪和自杀的心理倾向的特点做一介绍。

一、暴力倾向

暴力犯罪主要是指非法使用武力胁迫或者用其他方法进行杀人、伤害、抢劫、强奸和其他的性侵害的犯罪。暴力犯罪发生的原因是很复杂的，其犯罪心理的形成可概括为主、客观两个方面。主观因素有生理因素（性别、年龄、神经类型、某些异常疾患等），心理因素（个性倾向、情绪障碍、人格障碍等）和行为因素；客观因素包括自然因素（自然灾害、季节、时间、地域）和社会因素（社会动荡、风气不良、家庭教育、学校教育等）。

与暴力密切相关的另一个概念是攻击。犯罪性暴力似乎是攻击倾向的一种功能。具有攻击倾向的人比其他人更容易发生暴力行为。但攻击行为和攻击倾向并不是一样的概念，由于情境因素和个人的暂时状态与暴力行为的发生有很大的关系，所以单一的暴力行为并不是暴力倾向的可靠指标，攻击行为可能是由没有攻击习惯的人进行的。

攻击行为可能受遗传因素的影响。持久的攻击性可能最初起源于家庭中的模仿和强化。父母越轨行为、夫妻冲突、父母冷漠和缺乏监督；童年期目睹暴力行为和经历身体虐待的历史是暴力犯罪人的家庭历史特征。学习理论认为家庭提供了一个学习环境，在这个环境中，暴力行为被模仿、重复和强化。不过，家庭因素只能解释暴力行为中的一小部分变化。另一个因素是与越轨同伴之间的密切关系，也就是参加社会上的不法犯罪团伙。攻击性倾向与个人特征也有很大关系。暴力行为人缺乏内在控制，具有冲动性和反社会人格。塞尔比（M.J.Selby）发现，犯罪性暴力行为的倾向与体验到愤怒的倾向有关，暴力犯更容易体验到愤怒和敌意。研究还表明，攻击行为与社会技能缺陷、智力缺陷有关。

自然环境（噪声、高温、空气污染）的变化以及人际环境（领域的侵占、个人空间的打扰、过高的人口密度）的变化都构成紧张刺激，使攻击行为更有可能发生。

由于使用大众传播媒介可以改变人的态度和行为，因此，人们通常认为，电影和电视中的暴力行为可能增加观众的攻击性。通过观看电视中的暴力节目影响攻击性的过程是复杂的。一般假定，这种影响依赖于对电视节目中攻击性的解决冲突方法的模仿。

酒精与攻击性犯罪之间存在一种特殊的关系。饮酒尤其是酗酒对精神运动技能、反应时间和复杂的认知加工等方面的破坏是明显的，对心理、情绪和社会行为都有影响。

二、自杀倾向

（一）何为自杀

所谓自杀，顾名思义，就是“杀死自己的行为”。自杀往往有一个公式：首先，心中会形成自杀倾向（自杀的状态），然后再加上直接动机就可能导致自杀。

自杀应该包括自杀意念、自杀愿望、自杀想法、自杀威胁（以自杀恐吓别人或向他人流露出自杀愿望）和自杀企图（实际上准备采取自杀行动，且有自杀的计划）。自杀的原因也往往多种多样，有社会、环境的原因，也有生物学和心理学的原因。如果有很强的自杀倾向或自杀愿望，在他人看来好像是一点点的小事，但对本人来讲则可能成为自杀的直接动机。

自杀是一种社会病理现象的反映，也是一种病原体传染病，并不一定是一种突发性行为。家庭内外的人际关系既可以促使自杀准备的形成，也可以防患于未然。

在我国，15 岁至 35 岁人群死亡的第一位原因是自杀。在以自杀方式结束自己生命的人群中，15 岁至 34 岁和 60 岁以上是自杀的高峰年龄段。近两年，青少年自杀呈明显的低龄化趋势。

（二）自杀原因

造成自杀的原因不止一个，它必然是多种因素的交互作用而产生的行为结果。任何自杀都不是无来由的，任何自杀行为都可能由于这些原因的不成熟或消失而撤回、不至于发生。

自杀原因在很多情况下是可以控制的。对于一个发现有自杀念头、自杀倾向、自杀计划的人，适当对其环境施加控制，是可以有效降低自杀行为的发生。对于自杀获救者，为了避免重复自杀更要注意对各种因素的控制。

（三）易自杀人群特征

以下人群属于容易自杀人群，但也需分析具体诱发因素的特点。

①家长有自杀倾向者。有相当多自杀者的父母尤其是母亲，有自杀的意念或行为。这些年轻人的自杀，亦只是将家庭内的潜在自杀意念，具体

表现出来而已。②暴力倾向的父母。很多青少年自杀者是来自有暴力倾向的家庭，其父母教养子女模式较苛刻，常用暴力的管教方法，儿女幼时常受虐待。③家庭的危机。自杀者的家庭出现危机，有些危机虽然不以自杀者为中心，却会影响全家。如兄弟姊妹中有人患病，父母全神贯注于病者身上，因而减少对自杀者的责任及关怀。④抑制情绪。大部分企图自杀者因危机的出现而变得抑制，但亦有情绪显得甚为激动或敌对的时候。在自杀前，他们对现况一般都感到无助，对危机的解决认为无望。⑤侵犯或冲突。自杀者感到被侵犯或有一个无法解决的冲突。⑥外控个性。所谓外控个性是指相信一切事物成败都是受外在力量（如家人、师长、运气）所控制的人，在面临困难时，他们不会主动设法去克服，其自杀危险度高。⑦低幻想力。易自杀人与其他人在幻想力方面有显著不同。他们的倾向是行动多于想象。幻想除了能延迟一些激动的行为外，亦可让他们将预想情境在脑中加以学习，自杀危险度高的人则多缺乏此种适应机制。⑧解决困难能力较弱。自杀者解决问题的能力颇弱。自杀危险度高的人在面对困难时，不但未能思考不同的方法来解决问题，而且对他人的建议，却诸多挑剔及不满。自杀危险度高的人，在处理问题时一成不变，缺少弹性，较倾向孤立自己，或以药物及毒品麻醉逃避。⑨冲动个性。绝大部分青少年自杀均属于一时鲁莽的行为。学者认为青少年企图自杀者的个性多属十分冲动，他们自制力甚低，其自杀多未经缜密考虑而决定。这种个性可能受家庭内处理冲突的方法所影响。⑩严重危机。严重危机的出现往往是导致自杀的直接诱因。如失恋。⑪过往自杀记录。曾经自杀未遂的人，再次自杀的机会相当高。1981年香港的一项调查显示，20%自杀者曾经有过自杀的记录，其中更有35%是用同一方法自尽的。

（四）自杀危险因素

从自杀者的性格特征看，过于内向，孤独，容易陷入焦虑与绝望感中，偏执，过分认真，责任感过强，缺乏兴趣爱好，情绪不稳定，心情多变。这些性格特征常常与偏颇的父母教养态度，复杂的家庭关系有关。自杀者中性格内向与较内向的占95.2%，孤僻占52.4%，虚荣心强占71.4%。根据临床经验，有以下表现者一般具有自杀的危险性：①具有明显外部精神因素的刺激者，如突然受打击、失恋等。②情绪低落、悲观抑郁者。③性格孤僻内向，与周围人缺乏正常的感情交流者。④严重不良家庭环境中成长，缺乏温暖关怀者。如父母离异、家庭破裂、亲子关系恶化者。⑤曾谈论过自杀并考虑过自杀的方法。⑥过去曾有过自杀企图或行为者。⑦亲友中曾有人自杀过。

（五）自杀潜在危险因素

巴特尔（Battle）等确认了17个用来评价潜在自杀危险的危险因素，一个人无论何时具备4 ~ 5项危险因素，都应认为这个人正处于自杀的高危时期。

①有自杀家族史；②曾有自杀未遂史；③已经形成一个特别的自杀计划；④最近经历了心爱的人去世、离婚或分居事件；⑤家庭因损失，个人虐待，暴力或求助者遭受性虐待失去稳定；⑥陷入特别的创伤损失而难以自拔；⑦精神病患者；⑧有药物和酒精滥用史；⑨最近有躯体和心理创伤；⑩有失败的医疗史；⑪独居并与他人失去联系；⑫有抑郁症，或处于抑郁症的恢复期，或最近因抑郁症住院；⑬分配个人财产或安排后事；⑭有特别的行为或情绪特征改变，如冷漠、退缩、隔离、易激惹、恐慌、焦虑或社交、睡眠、饮食、学习、工作习惯的改变；⑮有严重的绝望或无助感；⑯陷于以前经历过的躯体、心理或性虐待的情结中不能自拔；⑰显示一种或多种深刻的情感特征，如愤怒、攻击性、孤独、内疚、敌意、悲伤或失望，这些是个体非特异的正常心理行为特征。

（六）自杀常见征兆

自杀并非突发。一般而言，自杀者在自杀前处于想死同时渴望被救助的矛盾心态时，从其行为与态度变化中可以看出蛛丝马迹。大约2/3的人都有可观察到的征兆。常见的征兆有：①对自己关系亲近的人，表达想死的念头，或在日记、绘画、信函中流露出来；②情绪明显不同于往常，焦躁不安、常常哭泣、行为怪异粗鲁；③陷入抑郁状态，食欲不良、沉默少语、失眠；④回避与他人接触，不愿见人；⑤性格行为突然改变，像变了一个人似的；⑥无缘无故收拾东西，向人道谢、告别、归还所借物品、赠送纪念品。

（七）自杀前信号

日本长冈利贞认为自杀前会有种种信号。可以从言语、身体、行为三方面观察。

①言语。有自杀意念的人会间接地、委婉地说出来，或者谨慎地暗示

周围。如“想逃学”“想出走”“活着没有意思”。②身体。有自杀意念的人会有一些身体症状反应，比如感到疲劳、体重减轻、食欲不好、头晕等。这往往是抑郁情绪所致，不能简单地认为是身体有病，应引起注意。③行为。当自杀意念增强时，在日常生活中会表现出不同于平常的行为。如无故缺课、频繁洗澡、看有关死的书籍，甚至出走、自伤手腕等。根据以上种种征兆，可以为自杀预防提供线索和可能。

当然，传说中的“自杀类型”是不存在的。试图对某一人群做自杀预测、识别、分型、评价以及预防潜在的自杀也是很复杂的、困难的。但仍有一些共同的线索和暗示可以帮助我们对自杀的高危因素做出判断。

三、性犯罪倾向

性犯罪是指使用威胁或暴力在性行为中得到依从，或是性唤起情况下进行攻击行为。强奸罪是指违背妇女意志，使用暴力、威胁或者其他手段，强行与妇女发生性交的行为。强奸犯罪是一种极其野蛮残暴的罪行。强奸犯罪的心理特点包括：错误的人生观和道德认识。低级庸俗的情趣，精神空虚无聊。利用妇女处于孤立无援的境地作案。意志薄弱，易受外界不良因素诱惑。在强奸犯罪中，罪犯总是伴随着兴奋激动的情绪，利用被害人的心理作案。被害人忍辱屈从、虚荣心重和对恋爱婚姻的轻率态度助长了犯罪分子继续作案，给了他们可乘之机。

一些研究已经试图通过特殊的个人倾向、性倾向或者社会倾向来分析强奸犯。

强奸倾向更普遍地与反社会倾向和攻击倾向有关，强奸犯与暴力犯罪的人更接近。强奸犯的社会化程度较差。除此之外，强奸犯与一般罪犯并没有什么特别的差异。马歇尔（W.L.Marshall）和巴巴利（H.E.Barbaree）提出了一种整合理论，这个理论包含了生物发育、童年期的社会化以及文化和情境因素的影响。由于不良的童年经验，青春发育期的男孩不能学会抑制性攻击的先天能力，这与无经验的父母养育和暴力行为有关。一些男孩没有获得恰当的移情和社交技能，这些技能会有助于他们学习抑制，并且发展令人满意的异性交往和社会互动。

性暴力犯罪——强奸的个人和心理因素包括：

（1）即使他经常感到软弱、不完美、受到威胁并且需要帮助，但其行为仍带有敌对、侵略、屈尊以及专横等方式。

（2）相信他自己的行为是强壮、无畏和具有男人味的。

（3）缺乏把自己的观点在社会中实现的技巧。

（4）可能感到气愤。一个愤怒的强奸者可能会在迫使人屈从时，采用更残暴的手段，也可能威胁、打骂受害者。

（5）可能需要施展他的能力。强奸者可能会选择攻击的环境给自己和受害者显示能力，以表示他是强壮有力的，有无限权威的，而且完全可以控制局面。

（6）可以出现性虐待狂。性虐待狂的强奸者经常使用超级暴力，而且经常致残或谋杀受害者。

第五章　对心理问题认识的误区

伴随着新时代的特点，信息化的高速行进，青年军人的心理状态、思想观念发生了深刻的变化。在军事活动中凸显的心理问题越来越明显，但青年军人对心理学知识的掌握和运用还相对滞后，对心理问题的认识存在一些误区，影响和制约着广大官兵整体素质的提高。在部队官兵中更快更好地普及教育心理学这门科学知识，尽快消除在认识上的误区，就显得有其必要性和迫切性。以下转自张加林等人的看法。

第一节　对心理问题认识的误区

今天我们就来共同探讨部队开展心理教育，常见的心理误区有哪些，发生的原因及采取的主要对策。

一、存在的误区

1. 没想到有病。因部分人对心理学知识知之不多或不懂，导致在认识上产生心理上怎么会有病？实际上，不管你承认与否，青年军人的心理问题在逐渐增多，如第四军医大学对某单位 2000 多名新兵心理测试，就有近 400 多名存在心理问题，只是程度不同。

2. 没想到遇到这类问题还需找医生。大部分人没有把心理问题当回事，让他自生自灭。只知道“感冒”了，“胃部不适”找内科医生拿药，得了“阑尾炎”找外科医生开刀。

3. 无力看病。不知道遇到心理问题到什么地方找心理医生看病，找谁倾诉心理不适或谁能帮助解决这类问题。

4. 社会上不承认有病。一个人的智力正常，体魄健壮，到医院化验也属正常，怎么能说有病？于是大家说他简直是神经病。

5. 个人耻于看病，特别是变态性疾病或人格障碍或涉及一些隐私的事，如去找心理医生，认为是一种耻辱，因此，在一段时间内或长期折磨自己。如性变态的露阴癖、强迫症、人际关系敏感等。

二、形成误区的原因

1. 心理需要是高层次的，物质需要是低层次的。吃、穿、住、行、性是基本的生理需要，这些基本满足和丰富之后，人们才有了心理需要，精神文明才能向更高层次发展。

2. 文化素质低。由于心理学科学知识的宣传教育不普及，精神卫生知识了解甚少，当然就不知道心理有病，或遇到心理问题该如何对待。某部有一名战士，多次向排长讲述，头脑中有一声音，叫他去跳楼。在多次解释无效的情况下，排长生气地说，你去跳吧。一天夜间，他真从楼上跳下去。摔伤致残后，才考虑到是幻听支配。

3. 生物医学的偏见。就身体健康定义而言，只知道躯体上没有病就是健康，而不知道健康真正的含义是不仅躯体无疾病，而且还要求在心理上健康和社会适应的完满，才是真正的健康。这就是现在常讲的，生物—心理—社会的健康模式。

4. 社会上的偏见。一说到心理或精神上有问题，大家就有看法，因此，想方设法不让别人知道，甚至连自己的亲属也想隐瞒。殊不知，心理不适人皆有之，如同感冒一样，这是一个正常现象。

5. 请假或报销困难。不像躯体有病，向领导请假容易批准，看完病也可按规定报销，而心理有疾病，往往请假困难，报销也不好办。因此，不到十分紧迫的情况下，不去找心理医生。

三、需要采取的对策

在部队要利用多种手段和多种方式大力普及宣传心理学科学知识，让大家知道，什么是心理现象，什么是心理健康，什么是心理问题，怎样解决。什么是心理卫生，怎么维护心理健康等。同时在基层部队要开展心理健康维护工作，这方面的误区自然会得到解决。

第二节　入门心理咨询工作常见的误区

在基层部队要想成功的对官兵进行心理咨询，达到预期的目的，首先要改变对待心理咨询的一些不恰当的认识，不合理的态度。

一、常见的误区

1. 过于重视理论学习

过于重视专业的理论学习，而忽略实际训练。咨询者对心理学理论已掌握，但遇来访者还是不知所措。意思是说，咨询者只懂得理论，而没有实践的经历，也不会达到预期的目的。因此，丰富实际操作的本领是非常重要的。训练方法，是给他一个患者，要求其忘记所有的理论框架，仅仅作为一个正常人去理解帮助另一个有烦恼痛苦的人。在实践中领悟其要领、方法和技能。

2. 过于希望过程程序化

如果不去理解个体的人，而一味强调咨询的程序化是成不了一名好的咨询者。因为每一个人的心态都是不一样的，要求咨询者面对具体的来访者时善于随机应变。如对待家有亲人亡故时，每个官兵的应激心理状态是不一样的。有的表现是以情感为主的，有的因经济困难而无法处理等。

3. 说教过多，疏于倾听

咨询者在未充分了解来访者之前，就对来访者的问题急于说教、解释，从而忽略倾听，结果使来访者不敢再说下去。其实，来访者不是来听我们说教的，有时我们所说的东西，来访者比我们还清楚。因此，必须善于倾听，在倾听中理解来访者，并将这种理解反馈给来访者，促进来访者的领悟。有时甚至不需要我们说什么，来访者倾诉的过程中，自己就认识了自己，领悟了症结。倾听本身，既是咨询中的重要方法，也是重要过程。

4. 注重语言忽略情感和行为

在咨询中对来访者的理解不能光凭来访者的语言，而更应注意言语背后的情感和行为。由于阻抗的作用，有时言语与情感、行为是不一致的，初学者常容易受到来访者言语的蒙蔽。有些言语值得我们高度怀疑。

5. 把心理咨询变成指导

看成是训诫、指导、指令，强迫接受你的观点，过多干预来访者的思维过程等。

二、误区形成的原因

1. 对咨询心理学掌握不够

对心理学这门科学还未真正学懂或在工作中未很好融会贯通。特别是初学者，只知道其简单的方法道理，即去开展工作，不能很好把握其基本原则时，有时就变成了误导，甚至增加来访者负担。

2. 没有摆正双方的关系

只知道通过咨询来帮助来访者，但没有摆正来访者与咨询者的关系，因为这两者是平等的关系，而不是领导与被领导，服从与被服从的关系。咨询的根本目的是促进和提高来访者的自我认知、自我领悟的能力，促进其成长，而不是简单地做工作，指方向。

3. 实践经验不足

有时照本宣科是一种方法，但不结合实际是乏味的。咨询者不仅要有理论做指导，还要有平和的心态和较丰富的阅历，在咨询过程中把所领悟的东西，运用于实践，去总结，去体验心理咨询这项艰巨而又神圣工作中的酸甜苦辣。

三、应采取的对策

1. 咨询不是说教，是聆听，是求助者宣泄的过程。
2. 咨询不是训诫，是接纳，主要是理解。
3. 咨询不是教导，是引导，主要是分析。
4. 咨询不是控制，是参与，主要是商议。
5. 咨询不是侦询，是了解。
6. 咨询不是遏制，是心理健康维护，主要是帮助。
7. 咨询不是做作，是真诚，主要是移情。
8. 咨询不是改造，是支持，要有同情心。
9. 咨询不是解答，是领悟，自我认知提高。
10. 咨询不是包办、指令，是协助成长，这是目的。

11. 咨询不是表面屈从，而是内心转变，这是根本。

第三节　对心理异常问题的几个误区

心理异常是一个客观存在，但许多人对这个问题的认识还存在不少误区。

一、对心理异常评价标准有误区

对心理异常所导致的各种异常行为采用单纯的道德评价标准。在实际生活中，许多人对异常行为常常依据常规的道德评价模式进行评价及处理，特别是表现在对人格异常和性变态方面，如攻击性人格、爆发性人格及异装癖、窥阴癖、露阴癖、同性恋等。心理异常是一种特殊的疾病，是生物、心理和社会文化诸因素非均衡作用，长期影响的结果。因此，不能对此作单一、片面的道德评价。据专家研究显示，心理异常与遗传有一定的相关，血缘关系越近则发生率越高。先天或后天各种不同程度的脑损伤或脑病变，也可造成某些心理过程异常。生活环境中的不良因素，如幼年的精神创伤、家庭破裂、复杂的社会关系等，对异常人格的形成影响极大。

二、对存在的心理异常缺乏科学方法指导

基层对缓解和处理心理异常问题长期以来没有科学有效的办法。人员心理异常在部队是一个长期存在，但又秘而不宣的敏感问题。心理变态者如果问题严重或发展成精神病，或许多求助于专业医院，但更多的是问题不那么严重，处于医院管不了，基层部队又不会管的状况——形成了一个无人管的“空白区”。根据专家研究，犯罪人员中异常人格者占一定比例（国外高达 40% 以上），自杀者中有严重心理问题者占 20% 左右。事实证明，心理变态的人员成分在部队中虽然所占比例比较少，但处理不好容易成为各种事故和案件的多发区。

三、对已有的问题归因过于偏颇

对心理异常造成的事故、案件的归因有失公允。由于人们对心理异常问题缺乏科学的认识，往往由心理问题而酿成的事故、案件一概归因于思

想政治工作的不落实。众所周知，思想政治工作的对象，从一般意义上是心理行为正常的人。心理行为异常的人，由于其对人与客观现实关系反应的歪曲和紊乱，已“难以理喻”，采用教育正常人的方法做心理异常人员的工作，其结果常常是“对牛弹琴”，收效甚微。有的心理异常的人有较强的危害性，导致违法乱纪甚至犯罪，但有的单位在总结教训时，总有一条原因：“思想政治工作软弱无力”，其实这并不客观。

第四节　对存在的心理异常问题误区原因分析及对策

一、原因分析

1. 对基本的心理学知识缺乏正确了解

基层干部如不学习一些基本的心理学知识，在当前就等于缺少了一种工作手段，工作的力度就会降低，遇到一些属于心理方面的问题就束手无策。有的部队出现了一些应该避免的问题，其中原因之一是缺乏对心理学知识的了解和在实践中的运用。

2. 思想问题与心理异常认识混淆

学习和掌握了一些基本的心理学知识，关键是运用。如不运用或运用不当都会造成遇到问题时，不能正确分析、鉴别问题的性质，处理起来就必然陷入盲目和误区。

二、应有的对策

1. “心病”还需心药医

在遇到心理异常现象时，首先，要掌握辨别心理异常现象的标准。下面几种方法可综合运用：一是以经验为标准，即以自身的正常活动体验来判别异常；二是以社会常模和社会适应为标准，主要考察其对人对己的态度，在集体中的表现，与他人交往和处理人际关系是否得当，对社会事件和社会关系的看法和反应是否适合社会的要求等；三是心理测验标准，即运用心理测验的方法来鉴别其是否正常。心理异常者一般来说是清醒的，能处理自己的日常生活和工作，能理解社会对自己行为后果的评价标准，但由于对自己的心理缺陷缺乏自知力，法纪观念淡漠，行为极易受冲动、偶然动机和本能欲望支配，缺乏目的性、计划性和完整性，尽管处处碰壁，却很难从错误中汲取教训。基层干部与战士生活在一个集体中，平时接触较多，只要多察言观色，心理异常问题还是不难发现的。

2. 遵循心理咨询基本原则

要学会解决一般心理异常问题的方法。解决心理异常必须运用科学心理学方法。由于是非专业人员进行此项工作，一般多采用支持性、非药物的心理治疗。具体是：①疏泄和劝慰——主要以同情的态度耐心聆听来访者的倾诉，鼓励他尽量将自己的感情疏泄出来，同时进行适度的劝慰。②保证——对来访者做出能接受的保证，以坚定来访者战胜疾病的信心。③劝告——在对来访者的症状有所了解后，可制定出一个计划，每次会谈集中解决一个问题，进行说服教育和指导。④暗示——用语言或结合其他方式影响来访者不加主观意志接受一种观点和态度，以消除某种症状。⑤内省——让来访者对异常心理行为进行自我观察并书写下来，然后作正确的分析引导。⑥领悟——创作心理剧，让来访者扮演正常的心理角色去纠正另一“异常”心理角色（反之亦然），以此让来访者领悟并纠正异常心理状态。⑦脱敏——让来访者多次接触害怕、恐惧的事物和情景，借此消除恐惧心理。⑧厌恶——利用一种厌恶性（惩罚性）的刺激来减少或消除适应不良的行为。多用于酗酒、性变态等适应证。以上是对一般的心理异常问题的部分治疗方法。对重度心理异常者要送专业医院治疗。

3. 要注意营造良好的心理环境

具体是：①营造团结和谐的人际环境。心理异常的人行为怪癖，更需要得到领导和战友的关心、爱护、谅解和帮助。与别人有了矛盾要及时化解，家庭有了变故或不幸、婚姻出现问题、健康状况恶化或伤残时，领导要及时做工作。要重视运用谈心这一思想政治工作的有效形式了解情况、消除隔阂，教育帮助，解决思想和生活方面的实际问题。②营造宽严相济的管理环境。心理异常的人由于自控能力差，容易在工作、生活中犯错出格，因此，在处理时要与正常人犯错误有所区别，但也不能否认他们的行为责任能力而免除惩罚，只是在使用批评或处分这把“双刃剑”时，一定要因人、因时、因地制宜，尽量把握适度，避免造成过分的应激情景而导致变态心理行为的加重或不测后果的发生。就是实施了正确的处罚，也要做好相应的思想工作，讲清道理，帮助他们放下包袱，继续前进。③营造生动活泼的文化环境。部队生活环境特殊，有的常年驻守高山、海岛；有的工作在高寒边防线上，且战备训练任务繁重，生活艰苦，官兵精神时常处于高度紧张之中。因此，特别需要开展生动活泼的文化生活，松弛精神，解除寂寞，陶冶情操，调节心理。

第六章　正常心理与异常心理的判别

第一节　正常心理与异常心理概念的内涵

这一章节，我们和大家一起讨论有关正常心理与异常心理的区别问题，着重对“心理问题”“心理疾病”“精神疾病”的概念做一陈述，如图 6.1 所示。

“心理问题”似乎给人们带来了恐慌，人们闻之变色，如临大敌，等同于精神问题看待，其实是误区。这是由于人们误解了“心理问题”的概念，概念模式还没有“与时俱进”，停留、保持在既往的陈旧概念之中。

可以想象在你的周围曾经有过这样的事例：几个人在一起谈论工作，提到某人的时候，“他呀，心理有问题”。再提到另一人的时候，“他，你看他那样，心理不正常啊”。似乎别人都有“心理问题”，只有自己心理健康。这就是误区。

多数人对“心理问题”的恐慌不是来自心理问题的本身，而是来自于整个社会群体对正常心理与异常心理不能正确的区分，导致对心理问题的恐慌。如何看正常心理，以及与异常心理的区分，有利于我们澄清概念，减轻对“心理问题”的恐慌，并及早发现问题，也有利于在发现问题的时候，及时纠正问题，维护心理健康。

我们按照如下图示澄清几个概念：

图　6.1

从图示中我们看到，人的心理活动区分为正常的心理活动和异常的心理活动，在正常的心理活动中，分为健康心理活动和不健康心理活动。异常心理活动分为心理障碍和心理疾病。因此，在这里我们看到的是在正常心理活动中涵盖了健康的心理活动和不健康的心理活动。平时我们所讲的有心理问题，则要看其究竟是不健康的心理活动，还是心理障碍或心理疾病。凡属正常心理活动范围内出现的各种问题，属于正常人的问题，异常心理活动范围内出现的问题则属于病的问题了。

所谓的“正常心理”指的是具备正常功能的心理活动。“心理不正常”即指“异常心理”，是指典型的精神障碍(俗称“精神病”)症状的心理活动。心理有问题实质上是在“不健康心理活动”这个概念之中，它与“健康心理”统统包含在“正常”这一概念之中。不健康不是病，不健康和病是两类性质的问题。

第二节 不健康心理的类别、特征

“健康心理”是一种处于动态平衡的心理过程。“不健康心理”是处于动态失衡的心理过程。这种定义在军人心理健康维护工作实践进行心理调节和心理教育过程中，得到了更为广泛的认同。否则，由于人们对“心理问题”的偏见，往往认为有心理问题就是心理疾病，心理健康维护工作则难以进行。不健康心理活动按照程度的不同可以视为心理问题、严重心理问题、神经症性心理问题（可疑神经症）。按照郭念锋主编《国家职业资格培训教程心理咨询师》所述，以下我们按照这种区分分别阐述。

一、心理问题

（一）心理问题定义

也称心理失调或心理失衡，属于一般心理问题。是由现实因素诱发，持续时间较短，情绪反应能在理智控制之下，不严重破坏社会功能，情绪反应尚未泛化的心理不健康状态。

（二）心理问题特征

通常不存在心理状态的病理性变化，是正常心理活动中的局部异常状态，具有明显的偶发性和暂时性，常与一定的情景相联系，即常为一定的情景所诱发。在脱离诱发情景的条件下，心理活动则完全可以正常。例如考试现场出现的情绪过敏性紧张、思维反应迟钝、健忘等心理异常以及由此引起的出汗、尿频、颤抖、头晕、脸色发白等生理异常即属于一般心理问题范畴。在非考试场合，这些心理和生理上的异常变化即可消失。

一般心理问题如果脱离诱发情景而依然长期存在，具有明显的经常性和持续性，则有可能演变为心理障碍。

（三）心理问题的判别

判别为心理问题，必须满足以下条件：①由于现实生活、工作压力、处事失误等因素而产生内心冲突，并因此体验到不良情绪（如厌烦、后悔、懊丧、自责等）；②不良情绪不间断地持续满一个月，或不良情绪间断地持续两个月仍不能自行化解；③不良情绪反应仍在相当程度的理智控制下，始终能保持行为不失常，基本维持正常生活、学习、社会交往，但效率有所下降；④自始至终，不良情绪的激发因素仅仅局限于最初事件，即便是与最初事件有联系的其他事件，也不引起此类不良情绪。

二、严重心理问题

（一）严重心理问题定义

“严重心理问题”是由相对强烈的现实因素激发，初始情绪反应剧烈、持续时间长久、内容充分泛化的心理不健康状态。严重心理问题，有时伴有某一方面的人格缺陷。

（二）严重心理问题的判别

明确为“严重心理问题”，必须满足如下条件：①引起“严重心理问题”的原因，是较为强烈的、对个体威胁较大的现实刺激。不同原因引起的心理障碍，求助者分别体验着不同的痛苦情绪（如悔恨、冤屈、失落、恼怒、悲哀等）。②从产生痛苦情绪开始，痛苦情绪间断地持续时间在两个月以上，半年以下。③遭受的刺激强度越大，反应越强烈。多数情况下，会短暂地失去理性控制；在后来的持续时间里，痛苦可逐渐减弱，但是，单纯地依靠“自然发展”或“非专业性的干预”，却难以解脱，对生活、工作和社会交往有一定程度的影响。④痛苦情绪不但能被最初的刺激引起，而且与最初刺激相类似、相关联的刺激，也可以引起此类痛苦，即反应对象被泛化。

（三）与神经症的鉴别诊断

“严重心理问题”关键是与神经症的鉴别诊断。鉴别的要点是“内心冲突的性质”和“病程”。“严重心理问题”的心理冲突是现实性的（有现实意义的）或道德性的，而持续时间，限在一年以内；至于社会功能破坏程度，也可以作为参考因子予以考虑。如果在出现“严重心理问题”后的一年之内，求助者在社会功能方面出现严重缺损，那么，我们必须提高警惕，应作为可疑神经症患者或其他精神疾病患者提出会诊和转诊。

三、神经症性心理问题

将神经性心理问题称为“可疑神经症”。通常我们将心理疾病分为“轻性心理疾病”和“重性心理疾病”。按照心理问题的严重程度，比“严重心理问题”程度严重的是“轻性心理疾病”，即“可疑神经症”了。这类人员没有精神性的精神障碍，具有自知力，能应付日常生活要求或保持对现实的适当接触的特征。

与之对应，程度更严重的是“重性心理疾病”，则不属于正常心理活动的范畴。一般是指精神病性的精神障碍，通常自知力严重缺乏，不能应对日常生活要求或保持对现实的恰当接触，其中包括器质性精神病和功能性精神病。

第三节　心身障碍与心身疾病的特征

心身障碍与心身疾病，也称心理生理障碍与心理生理疾病。是心理异常导致生理异常的结果，属于心理异常的特殊类型。

心身障碍是指心理因素引起的主要表现为功能失调，但无病理形态学变化（即无器质性变化），也无明显精神活动障碍的躯体功能障碍。例如睡眠障碍、饮食障碍、内脏器官功能障碍（神经性呕吐、过敏性腹泻、胃痉挛、心动过速等）以及性功能障碍等。

心身疾病是指主要或完全地由心理因素引起，与情绪有关而主要表现为躯体症状，且有病理形态学变化（即组织器官有病理性损害——器质性变化）的那些躯体性疾病。实际上，凡是心理因素在疾病起因中占较大成分的那些躯体疾病，都可称为心身疾病。人体的各个器官系统都罹患心身疾病，但那些与情绪联系特别密切的，由自主神经支配的器官系统，如心脑血管、胃肠和泌尿生殖等器官系统更易罹患心身疾病。例如高血压、偏头痛、心绞痛、消化性溃疡、溃疡性结肠炎、尿频尿痛、荨麻疹、哮喘、关节疼痛等。心身疾病与纯粹器质性的躯体疾病不同，前者由心理因素（或主要由心理因素）引起，而后者则是由生物、化学、物理等因素引起；心身疾病与轻性心理疾病中的神经症也不同，前者躯体症状是清晰的，且伴有器质性损害，后者虽也有躯体症状，但一般模糊不清，通常也不伴有器质性损害。

第四节　军人正常与异常心理活动特征

军人正常心理活动，指的是在军事活动实现更多的发展目标中，以及维系军事活动的社会生存基础条件下，其躯体功能、社会功能和认知功能的完好状态，并具备对各类应激反应的自我调节能力，以及采用各种方式纠正不良反应的能力。那么，究竟什么是军人的正常心理活动呢？一般地讲，正常的心理活动应具有以下三大功能。

一、顺利适应军事环境

这个环境包含了从军入伍的第一天开始，一直到能够确保各个阶段的军事活动及其各种条件下的军事活动的健康地发展。军人往往需要在各种各样的不利条件下从事军事活动。往往远离家庭和以往的朋友，训练中受到任务绩效趋势的压力或者难度大的军事训练会经历危险和恐惧，这些都成为不利的环境条件。在执行军事任务时候，在伴随这些不利的工作环境的同时，还要经受极端气候和环境的影响，即酷热与严寒、重力加速度、振动、有害气体、烟雾等。也同时伴随着睡眠缺失、高度心理应激、不良环境下生物疾病的威胁等。这些因素直接对军人自身体质的适应是个考验。

二、正常进行人际交往

在家庭、单位及对外交往中正常地肩负责任，使人类赖以生存的社会组织，即家庭和谐、人与人之间信任、组织活动正常运行。作为一个特殊群体的军事组织，其自身的活动范围受到了一定的限制，无论是与家庭成员的相处时间，还是与同事交往，其信息源限制了更为广泛的沟通。同时在组织内部，作为军人更多的交流信息源是任务的服从，在某种程度上实现与普通人同样的交流、交往方式显然要困难一些。而作为正常的心理活动必须是在这种条件下能够正常、有效、合理地肩负其担当的责任。良好的人与人之间和人与组织之间的关系可以消除孤独感，获得安全感。当一个人意识到自己能够对别人关心和帮助时，他的自信和自尊也会增强。

三、客观认识世界本质

客观认识世界本质，科学发展地创造出发展自己军事生涯的能力。首先，认识客观事物要有良好的自我意识。自我意识核心是自知。一个人能够自我观察，准确自我评价，按照客观情况自我监督和自我控制是极其不容易的。不能自知的人，核心是自我认识能力偏离了客观事实。过强的自我意识者自不量力，承担非力所能及的任务，又由于自不量力，在其完成的任务上弄虚作假。过弱的自我意识自暴自弃，往往缺乏自制能力。其次，能够和客观环境保持良好的接触，对现实环境、条件能做客观的观察并取得正确的认识，能够做正常、有效地适应才能应对现实中发生的各种问题。

异常心理活动，即正常心理活动的反面，是丧失了正常功能的心理活动。由于丧失了正常心理活动的上述三大功能，所以无法保证人的正常生活，而且以其异常的心理特点，随时破坏人的身心健康。

以上所述，是正常心理活动和异常心理活动这两个概念的内涵。但是，工作实践上，每个人也会按照不同的标准去看待心理的正常和异常，所以，他们各有自己不同的区分方式。

第五节　心理问题的产生原因

心理问题究竟是如何产生的，恐怕人们都有渴望得到答案的内心需求，各心理学学者有不同的解释。经典的心理学流派均以自己的理论基础阐述心理问题的发生机制，如弗洛伊德的心理动力学模式，华生的行为主义模式等。在对军人进行心理咨询与调节的过程中，令人感兴趣的是所有这些理论针对不同的心理问题，其解释的效果不同。有时笔者则按照自己的观点指导认识心理问题的产生原因则效果更佳。这里我们将经典的心理学派衍生的心理问题产生原因，以及笔者的观点分述如下。

一、生物学理论

大家对老年性痴呆的表现不是很陌生，生活中或电视上我们已经看到了奇怪的、心理不正常的表现。脑动脉硬化同样能导致老年性痴呆为主要表现的心理异常。如果我们不是已经知道患者属于老年性痴呆，恐怕只能说“他，心理不正常”。而反过来我们可以说这样的“心理不正常”的人，恰恰是具有生理基础带来的心理问题的人，这就是生物因素可以带来心理问题。

这种理论的观点是肯定的，认为心理异常与躯体疾病一样，也有生物学上的原因。例如，英国精神病学家莫斯里（Maudsley. H）不仅认为各种精神疾病都有生物学的病因，而且还把这些精神疾病与各种躯体疾病，如贫血、中毒和感染等联系起来。德国精神病学家韦尼克（Wernicke）和克雷斯特（Kleist）甚至认为各种精神症状都可以定位于大脑的某一特定部位，临床似乎也支持了这种观点。

先进诊断技术手段的广泛应用，不仅有助于检测心理异常患者是否具有特异的“生物学标志”和“生物学病因”，尤其是器质性病因的探索，而且也极大地带动了精神药物的研制和发展，为心理异常患者进行药物治疗提供了条件。

生物学基础方面还可以从素质性的因素和诱发性的因素考虑。比如说，身高问题、外表特征，如果严重的偏离常态都可能构成对心理的正常与否产生重大影响。太矮的人为“低人一等”而苦恼；难看的人为“丑陋”而伤心，这些先天的素质因素都可以导致心理问题发生。诱发因素包括了营养不良、缺氧、睡眠不足等，这些可以直接导致性功能的障碍从而带来心理问题，或引起大脑结构的变化产生心理问题。

但是，如果着眼点仅限于此，把心理异常都归结于生物学基础，这种模式也有可能与早年占优势地位的纯生物学医学模式一样，陷入绝对化的境地。

二、精神分析理论

弗洛伊德，著名的心理学家，以精神分析应用研究著称。他认为心理问题的产生是由于心理动力问题，这是弗洛伊德与其他一些心理学家解释心理疾病产生的一种模式。所谓的心理动力，弗洛伊德的观点认为，心理障碍可能不是由于躯体疾病，而是由于心理和情绪紊乱的结果，特别强调动力因素的重要性。认为心理问题以及心理异常是意识与被压抑在潜意识里的本能、欲望等矛盾冲突的结果，即本能、欲望等在潜意识中，或者说是在现实社会中由于种种原因而得不到实现和满足的结果。

心理动力学观点强调儿童期和家庭经历是精神卫生和精神疾病的关键。在同情、支持与合理环境中抚养长大的儿童，心理方面常相对完好，而那些遭受到挫折、失败、专制、矛盾冲突以及父母与环境的应激压力过大的儿童，几乎都会产生心理障碍。

弗洛伊德将心理活动分为三个层次：意识、潜意识和前意识。

意识，是指当前能注意到的心理活动，即意识里的心理活动是能被人感知的，称之为意识活动。意识活动遵循“现实原则”，只有合乎社会规范，道德标准和法律准则的各种观念才能进入意识领域。

潜意识，是指不能被注意到的心理活动，又称无意识。正常人的大部分心理活动是在潜意识中进行的，因为一个人不能把生活中所有的信息和经验都保存在意识中，于是，那些为自己理智所不容的欲望、需求、观念、态度便被排挤到潜意识中。潜意识是人类心理的原动力。由于潜意识活动遵循“享乐原则”，因而其活动内容要进入意识，势必会受到社会规范、道德标准和法律准则的检验而遭到拒绝，但如不闯入意识领域，它就得不到满足，所以只能通过乔装打扮，变相出现而获得间接满足。例如：口误、笔误等，而心理异常也是这种间接满足的表现形式。

前意识，是指当前难以注意到，但一经被人提醒或自己努力集中注意力、努力进行回忆即可进入意识的心理活动，介于意识和潜意识之间。前意识的作用是保持对欲望、需求、观念和态度的控制，因为潜意识里的内容如要进入意识，首先要进入前意识，这样就能起到一个缓冲作用。

三、行为主义理论

不正确的学习带来了心理问题，似乎听到这样的观点可能会感到惊讶。学习怎么可能带来心理问题？但在我们生活的周围，的确发现过这样的事情。笔者曾经在一次“心理健康讲座”时，一位老大妈提问：“我是否是强迫症？”笔者反问“为什么你是强迫症？”老大妈讲述了曾经有过下楼之后，感到忘锁门又返回的经历。但次数显然不多，没有痛苦的感觉，只是听其他人说了这种情况属于强迫症。笔者接着向全体听讲座的人提问“有过老大妈这样经历的人请举手”，结果三分之二的人曾经有过这样的经历。接着问这三分之二的人，“你们认为自己是强迫症吗？”他们反过来问到“什么是强迫症？”“这是强迫症吗？”笔者转而回答老大妈，你不是强迫症，这样的情况在每个人都曾经有过，主要是人们没有强化学习而没有固化。老大妈一听不是强迫症，高兴地叫了起来“我不是强迫症，这下好了”。

这是一种行为模式的观点。这种模式认为心理异常是“不良学习”的结果。“不良学习”能导致异常行为，所有的异常行为除了由生理所决定的以外，都是通过条件反射即学习的过程而固定下来的。因此这种习得的异常行为也可以通过条件反射的方式即“学习”而予以“否定”，即所谓“矫正”。行为是心理的反映，只有行为才是可以测量记录的，引起行为反应的刺激也是可以观察描述的，而所谓潜意识甚至意识，都很难予以客观定量。

行为模式是根据美国行为主义学派创始人华生（Watson，J.B.）的理论而形成的。华生曾经让一幼儿每当伸手玩弄他所喜爱的小白鼠时，就在他背后猛击铁棍以发出强噪声，使之惊吓。这样结合数次之后，每当小白鼠一出现，幼儿就会惊吓、哭闹，之后甚至接近白色有毛的动物也觉得恐怖。华生认为人的一些心理病态体征就是通过建立类似的条件反射即“学习”过程而在行为上固定下来的。

四、社会模式理论

说一个放羊的孩子在回答“为什么放羊？”的循环问题的时候回答道，“放羊为了挣钱”“挣钱为了娶媳妇”“娶媳妇为了生娃”“生娃为了长大放羊”。瞧瞧，在放羊娃的生命里我们看不到忧愁和悲伤，看不到失落与无望。而在工业发达的城市里，我们听到的却是就业难、失业多，大学毕业找不到工作等，我们还从媒体上听到“抑郁”“焦虑”“自杀”等词，于是乎社会的发展与心理问题紧密的联系了起来。这正是一种社会因素导致心理问题发生的模式。这种模式强调社会因素在心理异常致病原因中的作用。社会心理因素的刺激可能来源于生活，包括失恋、家庭人际关系不良、生活困难、家庭生活不完美、家庭成员的生病、亡故，以及失业等导致的生活贫困都是造成心理疾患的重要社会因素。20世纪以来，在工业化和城市化的变迁过程中，城市人口密度剧增所导致的居住拥挤、交通事故、噪声干扰、职业污染、环境恶化、被迫迁移等问题日益严重，这些问题均可能给人们造成严重的心理负荷，超过人们的承受能力，使人们在生理、心理方面发生重大变化，甚至造成疾病。

社会模式由美国精神病先驱者之一的迈耶尔（Meyer，A.）所倡导。早在20世纪初，他从瑞士移居美国后就曾对患者进行“生活史表”的研究，并把重大的生活变动与心理疾病的症状联系起来。1973年美国华盛顿大学医学院精神医学专家霍尔姆斯对5000多人进行了调查，把人们在社会生活中所遭受的事件依据个体的心理承受力归纳并划分等级，以生活变化单位（LCU，life change units）为指针评分，编制了生活事件心理应激评定表。该量表可用于评估社会心理刺激的质和量。生活变化单位LCU与10年内重大健康变化有关。如果在一年内生活变化单位超过了200单位，则发生心身疾病的概率很高；如果LCU超过了300单位，来年生病的可能性达70%。

社会学模式不仅认为心理异常会对社会造成危害，而且认为社会本身也会对心理异常的发生产生重要的影响，显然，这是极有价值的。其局限在于有时也会模糊心理异常的判别界限。如同性恋，因社会背景不同，美国将其作为心理异常处理，但在许多国家和地区仍坚持认为属于犯法行为。

五、“多种因素整合”理论

其实，一些心理咨询工作者在现实中发现，许多心理问题的发生不是单一因素，而是“多因素整合”的结果。比如，同样训练环境和紧张工作，有人出现心理问题，有人不出现，单一的从“社会因素模式”就无法解释。因此要考虑生物学基础和成长过程，以及心理冲突的潜意识内容。

整体模式强调在分析心理异常的病因时，要全面考虑生物、心理、社会等因素的综合作用，而不能“只见树木，不见森林”，以偏概全。心理异常患者同任何正常人一样，都具有生物学、心理学和社会学的特性，不能人为地将其割裂开来。当然，心理异常的种类繁多，各种因素在不同的心理异常中所起的作用并不完全相同或相等，用单一的绝对模式去解释未必合适，但也不能否定某种因素在其中起主要作用甚至是决定的作用。然而，即使是由某种因素直接导致心理异常，也很难完全排除其他因素在这种心理异常发病过程中“助纣为虐”的作用。

整体模式目前已越来越为世界各国的学者所认可和接受。

六、“心理空间不足”解释

这是笔者的一个授课讲解简单实用模式，在实践工作中得到很好的应用。它的基本观点是把心理的空间比喻为气球，也就是说具有一定的容积。作为社会的人来自家庭、工作、人际等社会因素；来自疾病、生长等生物因素和来自地理、气候等外环境因素的影响，都可能作为一种刺激，直接引起心理反应。当这种刺激强度不大，心理反应依从有序变化，不会给个体造成心理上的伤害；如果刺激强度过大，则会引起过度的心理反应，使有限的心理空间张力加大，造成了“内部运转”发涩、停止运转，直至膨胀爆炸。大致经过以下几个阶段。

（一）心理反应阶段

凡是正常个体，任何外环境，包括自然的和社会的变化都可以作为一种刺激源，对个体的心理造成一种刺激，也必然造成个体心理上的内在“心理反应”。这种“心理反应”是正常反应，是人类适应社会发展、变化的心理过程，任何一个正常个体不能没有这种反应。在不断的接触外界的过程中，“心理反应”就会不断地进行，我们称之为“合适正常心理反应阶段”。

（二）心理反应的凝固阶段

在合适正常心理反应过程中，会有多余的副产品聚集，多了就会聚集而产生“能量”。如果在合适正常心理反应阶段的发展中，仍然没有建立“副产品聚集的能量”的释放渠道，便会导致个体内的心理有效反应空间不断缩小。此刻，“心理反应”即出现短暂的停顿，进入“心理反应凝固阶段”。凝固阶段的个体常常对各种活动表现为麻木、淡漠、抑郁、焦虑。这就是我们通常所说的一般心理问题人员共同存在的症状表现。

（三）心理反应的膨胀阶段

如果心理反应的凝固阶段继续发展，“心理反应”的凝固就会膨胀，就如同泛滥的洪水，寻找薄弱的堤坝，从而导致不良情绪的爆发，此刻是各类严重心理问题及心理疾病出现的时刻，是心理问题最多、程度加重的阶段。

简单地说，这种观点认为个体对外界刺激形成的“心理反应”是在有效空间进行的。正常的“心理反应”不会出现问题，这是因为“心理反应”是有序的、有释放“心理反应”所形成的“副产品聚集的能量”的通道。如果这种释放的通道堵塞会使反应达到一定程度的情况下发生凝固，反应暂停。不能对外界做出适度反应，即出现绝对、静止、片面看待问题，同时出现情绪障碍等一般心理问题。

这种短暂的通道堵塞后出现的“反应凝固”，随着时间继续反应，使得“心理反应”出现迅速的膨胀，这时即出现严重心理问题，乃至心理疾病、心身疾病，甚至精神障碍问题的发生。整个过程犹如小孩玩的那种吹着的气球一般。

笔者认为心理问题的发生遵循“反应—凝固—膨胀”三个阶段进行，所有的心理问题的发生，都是由于没有建立有效通道，心理反应能量没有释放渠道，维持了三个阶段的发展。

心理问题的发生，一方面建立在个体自身素质的先天不良。另一方面，也是社会发展带给个体的必然反应。军人在训练及生活适应中，常常由于传统的自我意识观念阻塞了个体心理反应能量的释放而造成了心理问题的发生。

第六节　正常与异常心理的判别标准

一、辨别正常与异常的重要性

什么是正常心理活动，什么是异常心理活动，在军人心理调节工作中显得尤为重要。基本问题搞不清就会盲目判断问题，盲目调节问题，有时会给求助者制造心理问题。

对于求助者，或者例行心理检查中首先要搞清楚我们面对对象的问题的性质，是一般问题，还是严重心理问题；是可疑神经症，还是神经症；是心理疾病还是精神疾病；是心理疾病还是身体疾病。我们既不能盲目地把一切问题归结至心理问题，也不能把心理问题归结为思想问题，或者是品德问题。心理是否异常，应该遵循的是心理异常的判别标准。标准的内涵搞清楚了，自然就可能准确地判断清楚在军事训练和军事生活中我们身边的同事所出现的是哪类的问题。

其实，在心理上的异常与生理上的异常的判别有很大的区别。生理上的异常通常通过物理的、化学的检查基本可以判定问题的实质。比如，我们咳嗽、胸痛，只要到医院进行 X 片检查、化验血象，一般的医生就可基本判断病情。但是，心理上出了问题，却很难有物理的，或化学的检查方法加以判断。当然，身体疾病所使用的物理和化学的检测方法是依照严格实验的基础上制定的“标准”而进行的。心理异常同样也有自己的标准，所不同的是心理异常的标准不是物理的、化学的，是根据心理异常的判别原则来判定的。

二、正常与异常心理判别标准

我们也应该知道，心理异常与心理正常之间很难确定一个绝对界线，即很难确定一个固定不变的绝对标准，因为心理异常的判别常常会随着时代的变迁、环境的变动和社会文化、风俗习惯、道德标准的差异而有所变化。严格地讲，只有把一个人的心理状态和行为表现放到当时的时代氛围、客观环境和社会时代背景中去加以考察，通过和社会认可的心理行为常模进行比较，以及和其本人一贯的心理行为进行比较，才有可能判别是否具有心理异常。

（一）主观经验标准

主观经验有两种含义：一是指被判别者的主观体验和感受。如被判别者自己感到有不明原因的内心恐慌、不安，莫名其妙的担忧，以及对生活和未来失去信心，什么都没意思，感到紧张、恐惧等，且又难以控制和摆脱，则被视为心理异常。二是指判别者的主观临床经验。即判别者根据以往的实践经验，结合被判别者的心理状态和行为表现来判别心理异常与否。尽管判别者因经验不同有各自的判别标准，但判别者一般都受过专业教育和有相当的经验积累因而判别标准大致相近，不会相差甚远。因此，在军人心理健康维护工作中，固定的专职人员对心理异常的判别则可能会更准确。

主观经验标准是最简便也是最直接的心理异常判别标准，目前在心理咨询的普及活动中运用最广泛。但这种判别标准的主观随意性太大，稍不谨慎，就有可能造成失误。例如，有人因受亲人丧亡等重大精神刺激而没有明显诸如悲哀、焦虑、失落感等情绪和行为表现，就不能因其没有主观体验和感受而判别其心理异常。至于严重的精神病患者，由于自知力严重缺乏，往往不承认自己有病，没有感到有心理不正常的种种主观体验和感受，就更不能以此而判别其心理正常。此外，由于判别者的经验难以进行质的把握，因而其判别的精确性也常常成为问题。

（二）医学标准

这种标准是将心理障碍当作躯体疾病一样看待。如果一个人的某种心理或行为被疑为有病，就必须找到它的病理解剖或病理生理变化的根据，在此基础上认定此人有精神疾病或心理障碍。其心理或行为表现，则被视为疾病的症状，其产生原因则归结为脑功能失调。这一标准为临床医师们广泛采用。他们深信，有心理障碍的人，他们的脑部应当有病理过程存在。有些目前未能发现明显病理改变的心理障碍，可能在将来会发现，他们的大脑中，已发生了精细的分子水平上的变化，而这种病理变化，才是区分心理正常与异常的可靠根据。医学标准将心理障碍纳入了医学范畴，这种做法，对心理障碍的研究，曾经做出过重大贡献。

任何心理异常都有致病原因和症状表现，发现被判别者存在这些致病原因和症状表现，就可判别为心理异常。如被判别者有痴呆表现且在其脑部发现梅毒螺旋体，则可以确定为麻痹性痴呆。这种标准尤其重视生物学方面的病因，认为心理异常者的脑部必定有明显病理性改变。当然，这种标准也重视源于心理和社会文化方面的病因。

病因症状标准由于比较强调可观察的心理症状及其产生的生物学与心理、社会文化等方面的原因，且又可以通过物理、化学与生理心理测定来加以判别，因而比较客观也比较可靠。但这种标准在实际运用时适应证的范围常会受到限制，有的心理异常如人格障碍，其病因和症状并不十分清晰和确定；有的心理异常如神经症，其病因和症状也不是单一的，特别是心理异常与否，或正处于临界状态（边缘状态）等，就很难用这种标准做出明确的判别。

（三）统计学标准

在普通人群中，人们的心理特征，在统计学上显示常态分布。在常态曲线上，居中的大多数人属于心理正常范围，而远离中间的两端则被视为

"异常"。因此，一个人的心理正常或异常，就以其偏离平均值的程度来决定。显然这里"心理异常"是相对的，它是一个连续的变量。偏离平均值的程度越大，则越不正常。以统计数据为依据，确定正常与异常的界限，这种判定方法多以心理测验法为工具。

统计学标准提供了心理特征的数量资料，比较客观，也便于比较，操作也简便易行，因此，受到很多人欢迎。但这种标准也存在一些明显的缺陷。例如，智力超常或有非凡创造力的人在人群中是极少数，但很少被人认为是病态。再者，有些心理特征和行为也不一定成常态分布，而且心理测量的内容同样受社会文化制约。所以，统计学标准的普遍性也只是相对的。

（四）内省经验标准

这里的内省经验涵盖两个方面，其一是指患者的内省经验，如患者自己觉得有焦虑、抑郁或说不出明显原因的不舒适感，自己觉得不能控制自己的行为，等等。其二就是观察者的内省经验，如观察者把被观察的行为与自己以往经验相比较，从而对被观察者做出心理正常还是异常的判断。当然这种判断具有很大的主观性，不同的观察者有各自的经验，所以评定行为的标准也就各不相同。当然，如果观察者接受同一种专业训练，那么，对同一个行为，观察者们也能形成大致相近的看法，甚至对许多心理障碍仍可取得共识，但对某些少见的行为，仍可能有分歧，甚至意见截然相反。

（五）社会适应标准

在正常情况下，人能够维持生理和心理活动的稳定状态，能依照社会生活的需要，适应环境和改造环境。因此，正常人的行为符合社会的准则，能根据社会要求和道德规范行事，这时，我们说他的行为是一种社会适应性行为。如果由于器质或功能的缺陷，使得某个人的社会行为能力受损，不能按照社会认可的方式行事，那么，我们就认为此人有心理障碍。这一判断，是将此人的行为与社会行为常模相比较之后得出的。

（六）心理测量标准

是以心理测量学的原理进行的一种判别方法，基本与统计标准相同。事实上许多心理测量都可以归属到统计分析标准的范畴，但并不是所有的心理测量都可以囊括在统计分析标准之内的。

心理测量标准是在标准的情景下，取出被判别者行为样本来予以数量化或进行划分范畴的描述并加以分析，以判别心理异常与否。例如智力测验、人格测验、投射测验以及包括由积木图案测验、视觉保持测验、图案记忆测验、运动损害测验等组成的各种神经心理测验等。

心理测验标准由于要受到标准化样本、标准量数的常模、信度、效度以及标准化方法等的制约，因而具有较强的科学性。但操作具有相当难度，只有受过专门训练的人才能熟练地掌握；同时由于标准化量表难以制定，信度也未必达到要求，因而效度就有可能不好。

三、正常与异常心理判别原则

郭念锋（1986、1995）根据心理学对心理活动的定义，即“心理是客观现实的反映，是脑的机能”，提出以下三条原则，作为确定心理正常与异常的依据（以下摘自心理咨询师教材）。

（一）主观世界与客观世界的统一性原则

因为心理是客观现实的反映，所以任何正常心理活动或行为，必须就形式和内容上与客观环境保持一致性。不管是谁也不管是在怎样的社会历史条件和文化背景中，如果一个人说他看到或听到了什么，而客观世界中，当时并不存在引起他这种知觉的刺激物，那么，我们必须肯定，这个人的精神活动不正常了，他产生了幻觉。另外，一个人的思维内容脱离现实，或思维逻辑背离客观事物的规定性，这时，我们便说，他产生了妄想。这些都是我们观察和评价人的精神与行为的关键，我们称它为统一性（或同一性）标准。人的精神或行为只要与外界环境失去同一性，必然不能被人理解。

在精神科临床上，常把有无“自知力”作为判断精神病的指标，其实这一指标已涵盖在上述标准之中。所谓“无自知力”或“自知力不完整”，是患者对自身状态的反应错误，或者说是“自我认知”与“自我现实”的统一性的丧失。

在精神科临床上，还把有无“现实检验能力”作为鉴别心理正常与异常的指标，其实，这一点也包含在上述标准之中。因为若要以客观现实来检验自己的感知和观念，必须以认知与客观现实一致性为前提。

上述标准，对鉴别精神分裂症的幻觉、妄想等症状很有效。

（二）心理活动的内在协调性原则

人类的精神活动虽然可以被分为认知、情绪情感、意志行为等部分，但它自身确实是一个完整的统一体，各种心理过程之间具有协调一致的关系，这种协调一致性，保证人在反映客观世界过程中的高度准确和有效。比如一个人遇到一件令人愉快的事，会产生愉快的情绪，手舞足蹈，欢快地向别人述说自己内心的体验。这样，我们就可以说他有正常的精神与行为。如果不是这样，一边用低沉的语调，向别人述说令人愉快的事；或者对痛苦的事，做出快乐的反应，我们就可以说他的心理过程失去了协调一致性，称为异常状态。

典型的强迫性神经症，也可以表现出认知与意志行为的不协调性。

（三）人格的相对稳定性原则

每个人在长期的生活道路上，都会形成自己独特的人格心理特征。这种人格特征一旦形成，便有相对的稳定性；在没有重大外界变革的情况下，一般是不易改变的。如在没有明显外部原因的情况下，一个人的个性相对稳定性出现问题，我们也要怀疑这个人的心理活动出现了异常。这就是说，我们可以把人格的相对稳定性作为区分心理活动正常与异常的标准之一。比如一个用钱很节约的人，突然挥金如土，或者一个待人接物很热情的人，突然变得很冷淡；如果我们在他的生活环境中，找不到足以促使他发生改变的原因，那么，我们就可以说，他的精神活动已经偏离了正常轨道。

第七章　军人常见心理问题及调节

第一节　军人常见的一般心理问题

常见心理问题是指在军事环境训练、日常生活中遇到并导致心理适应不良的问题。归纳起来有以下几种。

一、适应障碍问题

（一）适应及适应障碍的定义

军事环境适应是军人走向军旅生涯的第一适应要素，也是持续军人生涯中不断适应的过程。适应一般是指个体与生存环境、社会环境的关系，既包括个体根据环境的要求改变自己，也包括个体作用于环境并改造环境。适应障碍通常是指个体在与自己以往不同的生存环境中对未知因素的不正确反应，以及遭受一种或多种心理社会紧张刺激的适应不良反应或应激反应。表现为主观上困惑和情绪紊乱状态，常常妨碍个体的社会功能和社会活动。通常在刺激性事件和生活变迁后 1 ~ 3 个月发病，症状很少持续 6 个月以上。

军人的适应问题贯穿整个服役期。从踏入军营起到转业那天，经常要面对新的情况，扮演新的角色，执行新的任务，适应新的环境。在适应变化的过程中，往往会带来许多心理问题。包括入伍新兵训练期对部队生活的心理适应、入营后角色变化的心理适应、任务转化中的心理适应、对社会环境的心理适应、退役时的心理适应等问题。

（二）适应障碍的临床特征

适应障碍属于环境改变、地位改变、突发事件等情况下，个体不能适应新的情况而出现的心理障碍，表现以情绪障碍为主，也可能伴有行为障碍或生理功能障碍。临床上常有以下几种表现形式：

1. 以情绪障碍为突出表现的适应性障碍。表现为情绪低落、沮丧、失望，对一切失去兴趣，也有以紧张不安、心悸、呼吸不畅等为主。

2. 以行为障碍为突出表现的适应性障碍。表现为侵犯他人的权利或违反社会道德规范的行为。

3. 以躯体不适为突出表现的适应性障碍。常以疼痛、胃肠道症状或其他不适为突出表现，而检查又未发现躯体特定的疾病，症状持续不超过半年。

4. 以工作、学习能力下降为突出表现的适应性障碍。原来工作学习能力良好，但出现工作能力下降，学习困难的情况。

5. 以社会退缩为主的适应性障碍。表现为不愿参加社交活动，不愿参加学习和工作或闭门不出，但不伴有抑郁或焦虑。

这几种类型可能单独出现在个体身上，也可能以几种混合的表现集中在个体身上。

（三）适应障碍的类型

通常有两种，一种是以焦虑为主的适应障碍，一种是以抑郁为主的适应障碍。它不仅表现为情绪上的反应和过度行为反应，同时存在行为能力的损害以及突然发生的严重心理病理症状。但是，这些问题往往在去除应激或者自身达到一个新的适应水平时即可缓解。

如何确诊为适应障碍，应该考虑几种因素：①刺激性事件和生活危机是否明确存在且足够强烈。②既往史和人格。③心理社会紧张因素严重程度的评定。④症状的形成、内容和严重程度。目前，适应障碍已经成为心理咨询师咨询过程中常见的心理问题。

（四）适应障碍调节方法

适应障碍对工作、学习和生活都有一定的影响，虽然这种不良影响一般不持久（不超过半年），但是如果没有得到及时的调节，则有可能转化为较严重的心理障碍，可能对今后的一生都会产生不良影响。

1. 分析问题，提出指导意见

为调节对象分析问题发生的原因，发生适应障碍的可能因素是什么，从环境、角色变换、突发事件中找出原因。如果是自身所处环境发生变化，就要求个体在各个有关方面做出相应的改变。部队的环境显然与地方不同、军事训练的环境与平时的环境也不相同，这就更需要自身对环境建立心理准备机制，在不同的方面调整自己予以准备和应对。如果是自身角色方面的问题，就必须积极地转变角色，确立新的自我。往往存在这样的适应障碍，在其职务的变化或工作任务变化之后，缺乏良好自我意识的官兵，常常出现自我角色定位偏移的问题，最终导致人际关系问题的适应障碍。因此，帮助适应障碍者准确评价自己，确立好角色非常重要。

2. 针对问题，建立适应机制

对适应障碍者主要是帮助他们建立适应的机制。如对环境适应障碍的调节，主要是帮助问题者着重建立自己“理想的环境”和“现实的环境”相结合的适应机制。理想环境是一种期望，它越高，对新环境的适应不良时的挫折感和失落感就越强烈。既然环境已发生了变化，自己已处于新的环境里，就不能用过去的、旧的标准来要求自己和对待新的现实，而应该客观地认清这一改变，并使自己逐渐适应新的环境。如果环境改变了，自己却仍然停留在原来的水平，那就很容易出现各种各样的问题。

3. 面对问题，调整自我心态

学会真诚、学会欣赏。只有真诚和欣赏才是打开人际交往的金钥匙。当学会欣赏他人时，自己才能有更大的发展，才能在陌生的环境中很快建立起良好的人际关系，从而帮助自己很快克服环境变化带来的一些不适应。

培养乐观的生活态度。乐观者善于从多种角度去观察事物，防止思想方法的片面性，能从黑暗中看到光明、从失败中看到成功、从消极现象中看到其积极意义。乐观的态度能够帮助人们努力采取适当的方法去适应或改变现实。

4. 严重问题，不要忘记找心理医生

对严重适应障碍者，千万不要忘记找心理医生，通过心理治疗方法和药物疗法予以解决。

二、军人职业生涯的心理问题

军人职业生涯的心理问题是指军人在成长进步过程中所遇到的导致生理、心理变化的问题。包括自我意识的问题、人际关系的问题和挫折问题。

（一）自我意识问题

1. 自我意识问题

所谓自我意识，就是对自我的心理活动及行为的意识，其核心是自知。人贵有自知之明。能做到自知是不容易的，需要自我观察，自我评价，自我体检，自我监督和自我控制。不能自知的人，自我意识不是过强就是过弱。过强者自不量力，承担非力所能及的任务，既影响工作效率，又可能由于过度疲劳和心理压力而致病。过弱者，唯唯诺诺，随波逐流，自暴自弃。严重的自卑，往往缺乏自制能力，甚至失去生活信心。没有信心是什么也干不成的。自信以自知为基础，而增进自知，具有良好的自我意识，非一朝一夕之功。人随着社会阅历加深而增添生活经验，如果缺乏心理保健意识，良好的自我意识也难以随岁月的增长而自然养成。

青年军人自我意识问题主要表现为以下相互矛盾的倾向：过度的自我接受与过度的自我拒绝；过强的自尊心与过度的自卑感；自我中心与盲目从众；过分的独立意识与过分的逆反心理。

2. 军人自我意识问题的形成

一个人的青年期正处于自我意识的发展中，主要表现在“理想我”与“现实我”以及“个体我”与“社会我”的差距上。当“现实我”存在许多缺陷和弱点，不符合“理想我”的形象以及“个体我”没有得到别人的理解和尊重，与“社会我”不一致时，就会陷入痛苦之中，感到烦恼、不安和压抑。少数人面对自我矛盾，不能正确对待，自我否定，产生严重的自卑心理。

自卑是一种负性的自我情绪体验，是个体由于某种生理和心理上的缺陷或其他原因所产生的对自己的能力或品质评价过低，担心失去他人尊重的心理状态。一些自卑者的主要表现是极端的轻视自己，与同龄人比较认为自己的职业低人一等，不如他人。严重的由于某一方面引起的自卑，可以泛化到其他方面，觉得自己方方面面都不如别人。具有自卑感的人往往对别人的评价很敏感，常把别人的言行与自己的不足联系起来，看作是对自己的轻视。极力掩饰或否认自己的缺陷，在人际交往中缺乏自信，孤立、离群。自卑心理严重影响人的自信心和荣誉感的发展，抑制人的能力的发挥和潜能的挖掘。如果自卑心理以嫉妒、暴怒、自欺欺人的方式表现出来，会对自己、他人和社会造成一定的危害。

3. 自我意识问题的调节

可采用团体与个别调节方式对自我意识问题进行系统的心理调节。前者方便规范模式的应用，后者易于深入个别分析，了解个体深层次的内容。

（1）对自我意识过弱者

采取团体方式进行调节。应用比较优势理论对个体进行分析。按照这种优势的比较，确认自己在 A 方面比别人有强势之处，而别人在 B 方面却比自己有强势之处。如在军事训练中的某些科目进行具体的比较，确认不同个体之间均存在相互的绝对优势，从而指导被调节者寻找并发挥自己的比较优势。

（2）对自我意识过强者

由于他们往往不能正确评价自己，因此也就不会认识到给自己带来的人际关系问题。对这些人的调节，应用“碰钉子”方法巧妙施加影响。对自我意识过强者，施行“钉子”予以敲打的同时赞扬其团队中其他成员的各种表现，如“角色”位置合理，自我控制力强等。团体训练中的认识自我、探索自我、扮演角色等训练都可以达到好的效果。

（二）军人人际关系问题

军人人际关系的和谐直接关系到团队建设和团队合作，它是军事生活领域非常重要的因素。

所谓团队，是指两个或更多人的一种特殊组合。这些人为了一个共同的目标 / 目的 / 任务而进行动态的、相互依存的和产生更强适应性的互动，每一个人都被赋予特定的角色并在团队中发挥各自的作用。他们的组合关系被限制在一定的时间范围内。从这个定义中我们看得出：第一，团队成员之间要相互依存。这就是说没有哪一个团队成员能够单独完成团队的任务和目标。同时，团队成员之间彼此都相互依赖。例如军事飞行机组团队在正常情况下，机组成员中的驾驶员驾驶飞机，副驾驶员关注无线电以及飞机的各种系统。然而，其中任何一个人遇到麻烦，或者遇到确实需要相互配合才能解决的问题时，正副驾驶员就必须协调合作。第二，团队涉及的是“共同的、有价值的目标”。要成为一个团队，所有成员必须为了共同的目标而工作，而且必须使最终的结果有价值。第三，团队还有一个重要的特点是它能够比个体更容易并且更有效地适应新的环境。这是因为团队集中了每个成员的才能，因此它能够非常好地适应各种任务。

从以上我们对团队的分析理解，在军事群体中，每个成员团队的意识应该更为强烈，人际关系的和谐常常是制约团队的建设和发展的首要因素。

军人人际关系，即指军人个体之间的关系。是在军事训练和军事生活中，个体之间相互接触、交往中发生、发展和建立起来的人与人之间的直接的心理关系。包括战友之间的关系、上下级之间的关系。还有团队之外的关系，即军人与亲人之间的关系、同学之间的关系。深厚而有意义的人际关系是人们得到欢乐的最主要的源头，也是团队建设的必要保证。有人做过调查，在问到什么是生活中最珍贵的东西时，良好的人际关系排在职业、个人成就、物质条件之前位居第一位。可见交往需要及和谐的人际关系在人的需要结构中占有多么重要的位置。

1. 人际关系问题

人际关系障碍的一般表现是：缺乏自信、胆小害羞、担心别人不愿意、不喜欢社交活动等。通常缺乏人际沟通，知心朋友不多，公共情感成分过多，社会距离过强以及社交恐惧问题。

人际关系失调是引发人类心理障碍的主要原因。良好的人际关系能产生安全感和愉快感，易于形成感情的满足，使人感受到生活的乐趣，促进心理健康，人际关系紧张使人感到压抑，缺乏安全感，影响情感的满足，并可导致性格发育不健全，甚至可致心身疾病。

2. 军人人际关系问题的形成

军人人际关系问题主要是人际认知、情绪和情感、人格特点等因素形成交往障碍。

（1）人际认知形成交往障碍的原因。一是“晕轮效应产生的认识偏差”，也就是说你对某个人的整体印象直接影响到对此人的具体特征的一种认识评价的心理现象。当你对某人印象不好时，就会觉得什么都不顺眼，他就会被消极否定的光环所笼罩，被认为是具有所有的坏品质。这种认知的偏差直接导致了不良的人际关系。二是刻板印象所产生的理解障碍，总是以过去形成的观点来评价现存的客体。部队成员来自五湖四海，南方北方人员对对方的刻板印象，往往导致了人际交往障碍。三是第一印象所致的认知障碍。一般讲，人际交往总是通过第一印象进行的，彼此会根据对方的外貌、表情、姿态、谈吐、衣着等做出一个初步判断与评价，形成某种印象，这就容易使认知具有表面性和片面性，从而出现人际交往的障碍。

（2）情绪、情感形成交往障碍的原因。一是愤怒所导致的交往障碍。这是由于在冲动的情绪状态下，人的意识范围缩小，对自身行为控制的能力降低，常会做出不明智的举动，从而影响了人际交往。二是自卑所导致的人际障碍。由于缺乏自信，自惭形秽，行动总是退缩不前，难以主动与人交往。其实自卑者并不一定能力低下，而是凡事期望过高，不切实际，在交往中总想使自己的形象理想完美；惧怕丢丑、受挫或遭到他人的拒绝与耻笑而无地自容。这种心境使自卑者在交往中常感到不安，因而常缩小自己的交往范围。另外，缺乏交往经验和技巧，不知如何和人交往，以及在交往过程中碰过钉子也会导致交往障碍。三是自负所导致的交往障碍。自负在人际交往中表现出傲气轻狂，居高临下，自夸自大，过于相信自己而不相信他人，只关心自己的需要，强调自己的感受而忽视他人。自负者常做出力所不能及的事，最终受挫丧失自信，导致自卑。外在的自负却隐含着内在的自卑，两个极端导致了人际交往障碍。

（3）人格特点形成交往障碍的原因。人格既是一个人在各种心理过程中经常地、稳定地表现出来的心理特点，也是一个人的心理面貌。调查发现，性格差异和人格不健全直接导致了人际之间的交往障碍。第一，在性格差异方面。外向性格的人往往表现为根据外界的客观情况来决定自己的情感和行为，关心现实，活泼好动，乐观开朗，善于谈吐，感情易变，性情急躁。内向性格的人表现出对周围的事不太关心，以自己的感情和感念等主观因素决定行为，注重内心体验，不喜欢与人交往，与亲人以外的其他人保持一定的距离。观察发现，类似性格的人，由于有共同的弱点，会难以相处。第二，人格不健全方面。这也是在人际交往障碍中常被人忽视的，但却是十分重要的方面。比如，偏执型人格、戏剧化人格、强迫型人格都是导致人际关系障碍的主要问题。偏执型人格总自我评价很高，常把自己不能实现的东西归因于他人或推诿客观。对他人则特别嫉妒，总在怀疑别人的动机，怀疑别人存心不良。这种人固执、敏感、多疑、狭隘，交往过程中常令人敬而远之，易与周围人发生摩擦。戏剧化人格的人，情绪反应浓厚而强烈，行为做作，夸张，喜欢引起他人的注意和关心，常把自己的感觉和情感加以夸大，爱虚荣，易兴奋，喜欢变化，真情少，要求别人多。因此这种人也难与人形成良好的、深沉的人际关系。强迫型人格一般过分自我约束和自制，对人对事死板、不灵活，谨小慎微、顾虑多端，墨守成规，也要求别人与自己一样行事，干涉他人自由，使人难以接受。

总之，人格不健全者都有难以相处的人际关系，特别需要心理调节加以纠正。

3. 人际关系问题的调节

（1）指导掌握人际交往的技巧

首先要认识到第一印象对良好的人际关系建立的重要性。第一印象来源于人的外部特征，如仪表、言谈、举止等，人们习惯上将这些特征与一个人的身份、修养、道德连在一起，所以注意自己仪表风度，展现自己的军姿，适应不同的场合，不同的文化氛围。再次，对自己的言谈要注意语言水平，内容要丰富，克服语言的“俗”与“平”，“轻”与“粗”。要有诚恳的谈话态度，既体现出对对方的尊重，又能使交往在友好的气氛中进行。其次，懂得“交往距离与人际吸引”的基本原理。人们都说远亲不如近邻，就是指交往距离是形成密切的人际关系的重要因素。同时，交往中合适的人际称呼能够建立良好的心理气氛，获得各自的心理满足，称呼要有一个适度。记住，和人谈话眼睛要正视对方，积极倾听双方的谈话内容。如果在听别人讲话时，东张西望，心不在焉，就不能达到人际的吸引，也是一种不礼貌的行为。特别忌讳的是谈话时的一些小动作，如搔头、挖鼻孔、剔牙等，既让人感到不文明又不雅观，又会让人感觉到不耐烦。还有注意的是说话用词要通俗准确，忌讳使用专业性太强的名词，也忌讳轻易打断对方的谈话。会使人感到不礼貌、缺乏修养。

（2）建议保持自己完整的人格，正确评价自己

保持完整的人格，优化个性品质是改进人际交往的很重要的方面。每个人都有其独特的人格特点，有其独特的行为模式，但都应是完整的体系，即一个人必须坚守自己的原则，坚持自己处事的立场和一贯性，不可见风使舵，人格完整才能获得别人的尊敬。通常人们在交往过程中所在乎的是一个真实的对方，而不喜欢和一个虚假的人打交道。古人所讲“以诚感人者，人亦诚而应”。如果能做到以真诚对待他人，他人亦必定会以真诚回报你，即“你敬我一尺，我敬你一丈”。人之相交贵在知心。在和人交往过程中实话实说，切忌说假话。说一次假话要为这一句假话去圆场，露馅是早晚的事，一旦别人意识到你有说过假话，你在别人心目中的地位就接近末端了。

正确评价自己，才可能保持完整的自我。一个人自卑、缺乏自信往往与对自己没有形成正确的认识和评价有十分紧密的联系，对自己价值的了解是通过与他人的能力和条件进行比较而实现的。俗话说“天生我才必有用”，多角度评价和比较自己必定会提升自己的信心。

（三）军人心理挫折

1. 心理挫折

所谓挫折，就是俗话所讲的“碰钉子”。凡是碰到自己不如意的事情，或与自己想象相反的事情都可能具有挫折的感觉。准确地说，挫折是指人们在有目的的活动中，遇到了无法克服或自以为是无法克服的障碍和干扰，使其需要或动机不能获得满足时所产生的消极的情绪反应。

2. 心理挫折的类型

（1）一般性挫折和严重性挫折。一般性挫折是指日常训练和生活中的一些不太重要的事情上遇到的挫折，它只引起人们心理上的不快，但对人的影响比较小，持续时间也不太长；严重性挫折是指军人在某些与自己关系密切，或意义重大的事情上遭受的挫折。它对人的内心会产生巨大的震荡，引起强烈的情绪反应。

（2）意料中挫折和意料外挫折。意料中挫折是指人们已有察觉，或已有了一定戒备后遇到的挫折。意料外挫折则是指毫无准备的状况下，突然遭遇到的挫折，防不及防。意料外的挫折给予个体的压力和打击要严重得多，军人意料外的挫折远比意料中的挫折要多得多。

（3）实质性挫折和想象性挫折。实质性挫折指已成为事实，是实实在在的挫折。想象性挫折是指挫折并未降临，而是当事人对未来可能受到的挫折的预测，以及对未来受挫情境、后果的想象。这种挫折可能带给人们很大的消极影响，一旦当事人把受挫折的情境和后果想象得过于严重，如临其境，如闻其声，令人感到可怕可畏，就会感到心神不安，极度紧张而导致行为紊乱甚至精神崩溃。想象性挫折多发生在性格不健全，心理健康水平低的人员。

（4）军事训练、学习和生活中的挫折。也是常见挫折，可以分为理想挫折、工作挫折、婚恋挫折、家庭挫折、交往挫折、学习挫折、健康挫折等。按挫折的概念，以上挫折都是由于自己的理想、需要或目的行动遇到了障碍和干扰，从而使自己产生了消极的情绪反应。

3. 心理挫折的表现

依据挫折反应一般有三方面：一是受到挫折后伴随着强烈的情绪活动所产生的反应，称为情绪性反应。情绪性反应可能仅仅表现为强烈的内心体验，也可以表现为特定的行为反应，其表现形式一般有攻击、冷漠、退化、固执、幻想、逃避等。二是在理智的控制下所做出的反应，称为理智性反应，一般有坚持目标，继续努力；降低目标，改变行为；改变目标，取而代之等反应表现。三是由于受到挫折的长久影响或特别严重的挫折的影响而导致人在某些方面发生的重大变化，称为个性的变化。

4. 心理挫折的调节

（1）调节步骤

一般分 4 步进行：一是对问题的确认和分析。调节者对受挫者进行调节时，首先面临的问题就是对受挫者所遇到的问题进行确认和分析。了解受挫者一般情况、挫折情境、受挫的目标和动机、受挫的反应。二是明确调节目标，要达到的目标是具体的，而不是抽象的，应是现实可行的。三是劝导帮助，通过领悟、支持、解释等方法进行劝导。四是检查巩固。

（2）调节方法

可采用团体方式和个别方式进行。具体方法是：宣泄调节法、心理置换法、代偿迁移法、矛盾意向法等。

① 宣泄调节法：其主要是将受挫者遭受挫折后产生和积累的过多消极情绪宣泄出去，以维持其生理、心理的平衡和心理健康，形成对挫折的积极适应。可采用爆发宣泄、倾诉宣泄进行调节，而不易采用破坏宣泄方式进行。所谓爆发宣泄是指通过自己的行为加语言，或单用语言进行快速地宣泄，比如，正性情绪的载歌载舞，“乐得跳起来”；负性情绪的发火、跺脚，以及痛哭都是常见的爆发性宣泄。所谓倾诉宣泄是用语言将自己的情绪向别人表述的一种宣泄方式。有了倾诉对象，就可能终止破坏性宣泄，也是日常生活中保持心理平衡，促进良好适应的好办法。能否在调节工作中有效使用好宣泄方法，主要看调节者是否能够成为受挫者真正的朋友。我们可回忆一个例子说明倾诉宣泄的效果。大家看过《第一滴血》电影，影片里的兰博在最后与曾经浴血战斗过的上校见面后，一股脑儿将积蓄于心里的所有痛苦、委屈与愤慨都向上校倾诉了出来。由于有了倾诉的对象，便终止了破坏性宣泄。

② 心理置换法：是调节者直接对受挫者进行挫折调节时所用的一种方法。其特点是调节者在对受挫者进行调节时，要设法使双方在心理上调换一下位置，即调节者要设身处地为受挫者着想，耐心听取受挫者的愤愤之言。一个人受挫后，往往会产生强烈的情绪反应，形成对挫折的片面看法和不合理的认识，并会感到有苦无处诉。一旦遇到了机会认为可以诉说时，发出的怨言多是激烈的，会伴随着个人情绪，说出平时不敢说的带攻击性的、不合理的，甚至是自相矛盾的言辞。对此，调节者必须采取谅解的态度，耐心地听他讲完，从中分析出哪些是合理的，哪些是不合理的，进而帮助受挫者摆脱困境重新发展。

③ 代偿迁移法：指一个人不能达到确定的目标而受到挫折时，可以用另一种目标代替，或通过另一种活动，来弥补心理的创伤，驱散内心的忧愁、痛苦，增强前进的信心和勇气。这就是代偿迁移法的作用。这里有两种具体的方法：一是目标代替。原定的目标不能实现，可以重新设定一个目标来替代。这要在稳定受挫者情绪的基础上，帮助他们分析现实，重新审定目标。二是情境转移。人在受挫之后，必然产生相应的情绪反应。为了摆脱不良情绪的困扰和挫折情境的纠缠，可以去参加使自己愉快的活动，或暂时避开挫折情境，从而把注意力从引起不良情绪反应的刺激情境上转移到其他事物上。

④ 矛盾意向法：我们曾经都有过这样的经历，在临近考试，或其他重大军事训练考核的一段时间，总是担心某种可能使自己感到焦虑的挫折处境发生。因而会变得万分恐怖，以至于不由自主地被引入这一境地。这种情况就叫“期待性焦虑”，它常常使人变得无能为力。一个人对某种处境的恐惧，以及他对这些恐惧的害怕，使他陷入恶性循环。越是想摆脱，越是焦虑，结果最终被焦虑压倒了。那么矛盾意向法的使用就是努力去做他最害怕发生挫折的那些事情，或盼望挫折发生。这样焦虑感和恐惧感就会为相反的愿望所取代。这一方法以先发制人的方式，克服对挫折的期待焦虑，使人松弛，以便从容镇静地对付所面临的局面。

（四）性心理问题

军人常见的性心理问题包括性行为心理困扰和性意识困扰等。

性行为心理困扰是指性行为活动在事发当时或事隔多年之后，对一部分人构成了心理困扰，并给其带来了不良的影响。比如，手淫是青春期比较普遍的一种自慰行为。据统计，我国有 80% 的青少年发生过手淫。医学研究证明，适度的手淫对身心健康无任何影响，且与道德无关。但基于心理原因，常造成青年的性心理困扰，产生恐惧自卑、懊悔、内疚和负罪感。

常见的性意识困扰有常想到性问题、性幻想及性梦等表现。“常想到性问题”是指在遇到有吸引力的异性时想到与对方有关的性意念、裸体表象、性感部位及体验到自身性冲动等，或是在阅读与性有关的书刊时，产生对性的臆想等。“性幻想”通常表现为在某特定因素诱导下，产生与异性交往内容有关的联想。性幻想可导致生理上的性兴奋、性器官充血，也可偶尔出现性高潮。“性梦”，是进入青春期以后在睡梦中出现与异性谈情说爱，甚至发生性关系的梦境。性梦是一种正常现象，一般认为与性激素达到一定水平和睡眠中性器官受内外刺激及潜意识的性本能活动有关。性梦中可以伴有男性遗精、女性性兴奋等。以上三种情况是性冲动的间接发泄形式，是青春期心理、生理发育导致的自然现象。但由于认识的偏差，常常造成青年人的性意识困扰，出现不同程度的心理冲突，表现有焦虑、厌恶及内心不安、恐惧、自责等。严重的可出现失眠、注意力不集中、情绪抑郁、不与人（尤其是异性）交往，并常陷入焦虑、矛盾、困惑和苦闷之中，从而影响其日常工作和生活，甚至干扰自我的正常发展。

第二节 军人伤病问题的心理调节

一、伤病问题的表现

伤病改变了一个人的正常生活状态，生活节律的破坏加之对病痛的体验，往往使患者产生一系列的心理改变。引起消极的心理反应，如负性情绪反应、情绪不稳定、恐惧情绪、适应性降低、焦虑、紧张、愤怒，以及悲观绝望等。如不能有效地自我调适，又缺乏及时的心理调节，对伤病军人的心理会产生严重的影响，甚至导致心理障碍和行为失控。

二、伤病的心理调节

（一）及时调整心态，保持乐观的情绪

面对疾病，承认现实，及时调整心态，积极配合治疗，接受疾病的挑

战，保持乐观的生活态度，树立战胜伤病的信心。实践证明，乐观的情绪和积极心态会使人的生理、心理处于最佳的状态，变得精神舒畅，心身健康，有利于身体康复，甚至可以出现奇迹。有很多患了绝症的患者，因为他们能够保持乐观的心态和战胜疾病的信心，从绝症中重新获得新生。常有的误区是明明自己不懂医学，在得病以后“深入研究”医学，结果一知半解的知识恰恰限制了正确思考与分析，最后导致对疾病不正确的评价延误了治疗。

（二）利用社会支持系统，获得心理帮助

伤病后依赖性和心理孤独感增强，担心别人远离自己，常常希望周围的人关心自己，帮助自己。应充分理解伤病者的心理变化，了解他们的心理需求，充分利用社会支持网络，给他们必要的心理支持。及时地到医院或住处探望，在得病期间通过书信、电话表达领导和同事的关心之情，询问病情，帮助联系最好的治疗机构、治疗方法都会使他们从集体的温暖和支持中获得战胜伤病的力量，起到无形的促进疾病康复的作用。

（三）加强心理调节，宣泄不良情绪

遭遇伤病的军人产生不良情绪，这是人之常情，如不能及时加以排解，就会对身体造成伤害。要及时开展心理调节工作，耐心倾听伤病人员倾诉，引导他们合理宣泄不良情绪，如痛哭一场、大吼几声、向知心朋友倾诉、合理化等，及时缓解心理紧张，待情绪稳定之后，再做深入细致的工作。

第八章　心理疾病和精神疾病的识别

前章已述，心理疾病可分为轻性心理疾病和重性心理疾病。轻性心理疾病是比较严重的心理问题，一般是指非精神性的精神障碍。我们平常所指的心理疾病实际上就是指的轻性心理疾病，包括神经症、人格障碍、性变态等。重性心理疾病是严重的心理异常，一般是指精神病性的精神障碍，即精神病。其中包括器质性精神病和功能性精神病。正确的判断是心理疾病还是精神病，对早期问题解决具有十分重要的意义。

一般地讲，心理疾病患者常存在各种心理冲突，焦虑、抑郁等不愉快的内心体验和躯体不适，但与现实环境仍有较好的接触，多主动求医，迫切要求治疗，是没有任何可证实的器质性基础的精神障碍。患者对病有相当的自知力，并且现实检验能力没有损害，这表现在其通常不把病态主观体验和幻想跟外在现实混淆起来。行为可以大受影响，但影响仍保持在社会所能接受的限度之内，人格也没有瓦解。

精神病其最大的特征是心理活动和行为的紊乱，心理功能削弱或发育不全，人格病态发展，对自己的异常心理和处境缺乏自知力，因而不能正确处理人际关系或与周围环境关系产生失调，不能适应工作和社会生活，甚至给社会造成危害。通常我们所述的精神病，指的是“精神功能受损程度已达到自知力严重缺失，不能应付日常生活要求或不能保持对现实恰当接触”的状态。

通过以上所述，简单的判断是心理疾病还是精神病，可以依据两者主要特征，即自知力的问题予以判断。凡自我感觉心理上存在问题，有“痛苦”感觉的个体，要多考虑发生了心理疾病。凡自我否认心理上存在问题，无“痛苦”感觉的个体，要多考虑出现了精神病的问题。心理疾病和精神病是心理疾病的两大类型，也是一个连续发展的过程。但也要考虑，精神病的遗传因素更多于心理疾病。下面我们分别讨论常见心理疾病和精神病的特征，以便正确地判断这些问题。

第一节　心理疾病

既然心理疾病是由于心理的、社会的、生理的或药物的原因所造成的无法有效适应生活的异常现象，那么存在心理疾病问题就并不可怕，可怕的是我们对心理疾病的认识。一般心理问题不同于严重心理疾病，有人形象的描述心理问题就像感冒发烧一样，是每一个人都可能发生的问题。有人患感冒很快就好了，一是自身抵抗力强，二是及时用药。患了心理疾病也是一样，一是要有健康的心理，二是要及时咨询及时治疗。

一、神经症概述

神经症这个词在今天我们似乎已经司空见惯，一些人有正确的认识与理解，一些人仍然理解错误，这里有必要澄清概念，以减轻我们对该症的恐惧。

（一）神经症的定义

按照我国《中国精神障碍分类与诊断标准（第三版）》（CCMD-3）中对神经症的描述是："神经症是一组主要表现为焦虑、抑郁、恐惧、强迫、疑病症状，或神经衰弱症状的精神障碍。本障碍有一定的人格基础，起病常受心理社会（环境）因素影响。症状没有可证实的器质性病变作基础，与患者的现实处境不相称，但患者对存在的症状感到痛苦和无能为力，自知力完整或基本完整，病程多迁延"。具有这类症状患者总是在医院的各科检查中没有问题，但自身感觉存在问题严重。

（二）神经症的临床表现

神经症表现的症状，既有躯体症状，又有心理症状。尽管每一个具有神经症者的临床特征有所不同，但神经症者有其相类似的共同特征。

1. 焦虑情绪。是神经症者十分常见的主观体验。

2. 防御性行为。是患者常常采取的应付环境变化的一种行为模式，不能面对现实，躲避或否认困难的存在。

3. 自我为中心及适应不良。由于神经症患者过分要求别人，自我为中心以及适应不良，因此人际关系冲突比较明显。

4. 深感不幸。绝大多数神经症者都认为自己是一个不幸的人，他们常认为自己“满身是病”，这种躯体不适感亦是神经症者的共同特征。

5. 起病有因。起病可与心理应激或心理社会因素有关；无任何可证实的器质性基础。

6. 主动就医。患者对自己的病况有相当的自知力，一般均能主动求治。

7. 有人格基础，无精神病性症状。患者病前多有一定的素质与人格基础；无精神病性的症状；一般社会适应能力良好。

8. 主要表现。有焦虑、惊恐发作、抑郁、恐惧、强迫、疑病和神经衰弱等症状。

（三）神经症的诊断

按照 CCMD–3 的标准，神经症的诊断至少有下列 1 项：①恐惧；②强迫症状；③惊恐发作；④焦虑；⑤躯体形式症状；⑥躯体化症状；⑦疑病症状；⑧神经衰弱症状。社会功能受损或无法摆脱的心理痛苦，促使其主动求医。病程至少已 3 个月，且可明确排除器质性精神障碍、精神活性物质与非成瘾物质所致精神障碍及其他各种精神病性障碍。

二、神经症的类型

按照我国学者许又新的分类，神经症包括神经衰弱、焦虑性神经症、恐怖性神经症、强迫性神经症、疑病性神经症、抑郁性神经症、人格解体神经症、其他神经症、无法分型的神经症。以下介绍常见的前六种。

（一）神经衰弱

1. 神经衰弱特征

按照 CCMD–3（2001）的标准，它是一种以脑和躯体功能衰弱为主的神经症，其主要特征是精神易兴奋和脑力易疲乏，常伴有情绪烦恼、易激惹、睡眠障碍、头痛及多种躯体不适等症状，且这些躯体不适不能以躯体疾病来解释，也不是其他任何心理障碍的一部分。多缓慢起病，就诊时往往已有数月的病程，并可追溯到导致长期精神紧张、疲劳的应激因素。病程持续或时轻时重。

2. 诊断标准

（1）符合神经症的诊断标准。

（2）以脑和躯体功能衰弱症状为主，特征是持续和令人苦恼的脑力易疲劳（如感到没有精神，自感脑子迟钝，注意力不集中或不持久，记忆差，思考效率下降）和体力易疲劳，经过休息或娱乐不能恢复，并至少有下列2项：①情感症状，如烦恼、心情紧张、易激惹等，常与现实生活中的各种矛盾有关，感到困难重重，难以应付。可有焦虑或抑郁，但不占主导地位。②兴奋症状，如感到精神易兴奋（如回忆和联想增多，主要是对指向性思维感到费力，而非指向性思维却很活跃，因难以控制而感到痛苦和不快），但无言语运动增多。有时对声光很敏感。③肌肉紧张性疼痛（如紧张性头痛、肢体肌肉酸痛）或头晕。④睡眠障碍，如入睡困难、多梦、醒后感到不解乏、睡眠感丧失、睡眠觉醒节律紊乱。⑤其他心理生理障碍，如头晕眼花、耳鸣、心慌、胸闷、腹胀、消化不良、尿频、多汗、阳痿、早泄，或月经紊乱等。

病程要符合以上标准至少已3个月。

（二）焦虑性神经症

焦虑性神经症是以突如其来的和反复出现的莫名恐惧和焦虑不安为特点的一种神经症。分为急性焦虑性神经症（又称惊恐障碍）和广泛性焦虑性神经症（又称慢性焦虑症）两种形式。焦虑性神经症患者大约是心理咨询人群的12%，18 ~ 40岁是本病的多发阶段。

1. 焦虑性神经症的类别

（1）急性焦虑性神经症。多在精神创伤后突然发病，出现大祸临头感或死亡来临感，驱使他们尖叫、逃离或躲藏起来，但说不清究竟怕什么。发作时间长短不等，一般反复发作，少数可自行缓解。

（2）广泛性焦虑性神经症。症状复杂多样，一般躯体症状和精神症状同时存在，并和长期紧张，家庭不和与工作压力有直接关系。常有恐惧性的预感，终日紧张，心烦意乱，坐卧不宁，预感到自己和他人的不幸。

2. 焦虑症的心理特征

这些人经常感到一种说不出来的内心紧张。心理性焦虑，经常感到恐惧和难以忍受的不适感。似乎预感到某种不幸，好像马上面临死亡和发疯似的。同时感到“心脏要跳出来”，胸痛或不适，有“喉咙堵塞”或“透不过气”马上就要死亡窒息之感。慢性焦虑性神经症者常有恐惧性的预感，终日紧张，心烦意乱，坐卧不宁，预感自己和他人的不幸，对任何事物失去兴趣，对自己的健康忧虑重重，对躯体微小的不适都过分敏感，因而产生疑病观念，注意力难以集中以致工作困难。

3. 急性焦虑症的诊断标准

（1）符合神经症的诊断标准。

（2）惊恐发作需符合以下 4 项：①发作无明显诱因，无相关的特定情境，发作不可预测。②在发作间歇期，除害怕再发作外，无明显症状。③发作时表现强烈的恐惧、焦虑，及明显的自主神经症状，并常有人格解体、现实解体、濒死恐惧，或失控感等痛苦体验。④发作突然开始，迅速达到高峰，发作时意识清晰，事后能回忆。

（3）严重程度标准：患者因难以忍受又无法解脱，而感到痛苦。

（4）病程标准：在 1 个月内至少有 3 次惊恐发作，或在首次发作后继发害怕再发作的焦虑持续 1 个月。

4. 广泛性焦虑的诊断标准

（1）症状标准：①符合神经症的诊断标准。②以持续的原发性焦虑症状为主，并符合下列 2 项：a. 经常或持续的无明确对象和固定内容的恐惧或提心吊胆；b. 伴自主神经症状或运动性不安。

（2）严重标准：社会功能受损，患者因难以忍受又无法解脱，而感到痛苦。

（3）病程标准：符合症状标准至少已 6 个月。

（三）恐怖性神经症（恐惧性神经症）

恐怖性神经症，又称恐惧性神经症。是对某一特定的物体、活动或处境产生持续的和不必要的恐惧，不得不采取回避行为特点的一种神经症。弗洛伊德（S.Freud）把恐怖症分为两类。一类是普通恐怖症，如害怕死亡、黑暗、蛇等，这些东西是大多数人都多少有些害怕的。另一类是特殊恐怖症，例如上街，这是大多数人并不害怕的事。

1. 恐怖症特征

公认的有三种恐怖症：聚会恐怖症、社交恐怖症和动物恐怖症。如果出现以下情形，应该考虑具有恐怖神经症：①害怕与处境不相称。所谓不相称是相对于大多数人在相同或类似处境下害怕的程度而言。换言之，恐怖症患者的害怕是异常的。②患者感到很痛苦，往往伴有显著的自主功能障碍。③对所怕处境的回避，直接造成社会功能受损害。

2. 健康人与恐怖症患者区别

健康人和恐怖症患者最重要的区别是，健康人能面对现实，恐怖症患者回避现实。恐怖症患者很少主动求助，他们有强烈的回避行为。三种恐怖症中，官兵中又以社交恐怖症最为常见，通常症状只出现在和别人在一起的时候而独处时则没有恐怖症状。产生的原因与传统教育方式和家庭教育方式有关。独生子女的封闭成长也带来成人之后的交往困难。

3. 恐怖性神经症的诊断标准

（1）符合神经症的诊断标准。

（2）以恐惧为主，需符合以下 4 项：①对某些客体或处境有强烈恐惧，恐惧的程度与实际危险不相称。②发作时有焦虑和自主神经症状。③有反复或持续的回避行为。④知道恐惧过分、不合理，或不必要，但无法控制。

（3）对恐惧情景和事物的回避必须是或曾经是突出症状。

（4）排除焦虑症、分裂症、疑病症。

（四）强迫性神经症

强迫性神经症，简称强迫症。其基本症状是强迫观念，包括强迫思维、强迫情绪和强迫意向，以及强迫动作或行为；可以一种为主，或几种兼而有之。强迫症状是指一种明知不必要，但又无法摆脱，反复呈现的观念、情绪和行为。

1. 强迫症的特征

我们主要注意两种强迫症的特征，一是强迫观念，包括了强迫性怀疑、强迫性穷思竭虑、对立观念等。总怀疑自己说错了或做错了，在相当长的时间里老是固定在一件事情或某一个问题上，也可以遇到什么思考什么，他们的痛苦不是来自思考本身，而是自己非想不可。二是强迫动作和行为，包括屈从性强迫动作和对抗性强迫动作。屈从性动作和观念在内容上是一致的。比如，强迫怀疑引起反复的检查核对行为。污染的强迫观念导致反复洗涤，都是典型而常见的。对抗性强迫动作主要表现是为了对抗自己出现的强迫观念而发生的动作，一出现这样的观念就做一种自己认为可以减少这种观念出现的动作，于是形成了这种动作的强迫性。

临床上常见的强迫症大致有三种类型：一是洗涤者，反复洗东西，特别“讲卫生”。二是检查者，对门窗、电水等反复检查，唯恐做不好。三是没有强迫动作的强迫症患者，他们可以是反复出现毫无意义的强迫观念，也可以是带有明显性欲或攻击内容的观念。

出现强迫症的人员，内心是非常痛苦的，整日强迫自己做自己也意识到不该做的事情。因此，发现这类人群之后，要理解，同时要积极帮助他们尽快找到心理医生予以治疗。

2. 强迫症的诊断标准（CCMD-3）

（1）符合神经症的诊断标准，并以强迫症状为主，至少有下列 1 项：①以强迫思想为主，包括强迫观念、回忆或表象，强迫性对立观念、穷思竭虑、害怕丧失自控能力等；②以强迫行为（动作）为主，包括反复洗涤、核对、检查，或询问等；③上述的混合形式。

（2）患者称强迫症状起源于自己内心，不是被别人或外界影响强加的。

（3）强迫症状反复出现，患者认为没有意义，并感到不快，甚至痛苦，因此试图抵抗，但不能奏效。

（4）严重标准：社会功能受损。

（5）病程标准：符合症状标准至少已 3 个月。

（五）疑病性神经症

1. 疑病性神经症的特征

通常这类人对自身的健康状况或身体的某一部分功能过分关注，怀疑患了某种疾病，或认为自己已经患了严重疾病，感到十分烦恼。其烦恼的严重程度与患者的实际健康状况很不相称。这类人对自己身体的变化特别警觉，身体功能任何微小变化如心跳、腹胀等都会引起患者注意。而这些在正常人看来微不足道的变化，却使患者特别关注，不自觉地加以夸大曲解，成为患了严重疾病的证据。患者往往对检查结果的可靠性持怀疑态度，对医生的解释感到失望，仍坚持自己的疾病观念，继续到各医院反复要求检查或治疗。

由于患者的注意全部或大部分集中于健康问题，以至于学习、工作、日常生活和人际交往受到明显影响。对官兵中出现的这些问题，重要的首先是先理解他们，然后请心理医生为他们治疗。单纯的生物治疗方法不能解决他们的问题。

2. 疑病性神经症的诊断标准（CCMD-3）

（1）符合神经症的诊断标准。

（2）以疑病症状为主，至少有下列 1 项：①对躯体疾病过分担心，其严重程度与实际情况明显不相称；②对健康状况，如通常出现的生理现象和异常感觉做出疑病性解释，但不是妄想；③牢固的疑病观念，缺乏根据，但不是妄想。

（3）反复就医或要求医学检查，但检查结果阴性和医生的合理解释，均不能打消其疑虑。

（4）严重标准：社会功能受损。

（5）病程标准：符合症状标准至少已 3 个月。

（六）抑郁性神经症

1. 抑郁性神经症的概念

以持久的心境低落状态为特征的神经症性障碍，常伴有焦虑、躯体不适感和睡眠障碍。患者有治疗要求，但无明显的运动性抑制或精神病性症状，生活能力不受影响。

2. 抑郁性神经症类别的发展

神经症性抑郁症作为精神疾病的类别首次出现于 1934 年美国精神病学会的分类。该分类把反应性抑郁症（reactive-depression）列入精神神经症项下，神经症性抑郁症则与躁狂抑郁症联系在一起。1952 年美国精神病学会的 DSM-I，把神经症性抑郁反应（neurotic-depressive reaction）作为反应性抑郁症的同义语，与精神病性抑郁反应（psychotic-depressive reaction）区别开来。1968 年 ICD-9 和 DSM-II 把神经症性抑郁反应改称抑郁性神经症（depressive Neurosis）列为神经症的类型之一。ICD-9（1978）在神经症项下列有神经症性抑郁症这一类型，并把焦虑性抑郁症（anxiety depression）和反应性抑郁症包括在内。之后有人研究发现由于有许多诊断为神经症性或反应性抑郁症的病例后来发展为重型抑郁症，且神经症性与精神病性抑郁症两者之间缺乏明确分界，提示二者并非两个完全独立的疾病单元，而是同一疾病不同严重程度的表现；是否存在应激因素也不能作为抑郁症分型的指标。于是，DSM-III（1980）和 ICD-10（1992）都相继把神经症性抑郁症纳入心境障碍（mood disorder）这一大类之中，改称心境恶劣（dysthemia）。在我国的 CCDM-2（1989）中，本病仍称抑郁性神经症，继续留在神经症这一类别之内；而反应性抑郁症则归入反应性精神障碍一类。

3. 抑郁性神经症的诊断

经常感到心理压抑，郁闷或沮丧；十分难受，而又无法排遣。遇事总往坏处想；对生活失去信心，对日常活动缺乏兴趣。在聚会或热闹场合，尽可能回避。常夸大自己的缺点，自卑、自责，有内疚感。

对以下表现要考虑出现了抑郁症：①兴趣减退甚至丧失；②对前途悲观失望；③无助感，对处境毫无办法，对自己的不幸和苦痛无能为力；④感到精神疲惫，似乎精力已经耗尽，想振作也振作不起来；⑤自我评价下降；⑥感到生活或生命本身没有意义，常有自杀念头，甚至有自杀行为，总是认为活着还不如死了的好。

上述是典型抑郁症的表现，注意对这类人群及时发现，以便尽快予以治疗。

4. 神经症性抑郁症与精神病性抑郁症的区别

神经症性抑郁症与精神病性抑郁症两者之间缺乏明确分界，两者并非是两个完全独立的疾病单元，而是同一种疾病不同严重程度的表现。当然区别神经症性抑郁症与精神病性抑郁症也非常重要，这是因为精神性抑郁症的危险性更大，更需要即刻得到妥善的治疗和安置。但是，两者的区别在实际中往往有一定的难度。一般来说，两者有以下区别。

神经症性抑郁症的特征：兴趣减退但不消失；对前途悲观但不绝望；自觉疲乏无力、精神不振但无精神运动性迟滞；自我评价下降但愿意接受鼓励或赞扬；不愿主动与人交往但无被动接触良好，且乐意别人给予真心实意的同情；有想死的念头但内心矛盾重重；自认病情严重但又希望能治好并且主动求治。

精神性抑郁症的特征：①以往有抑郁或躁狂的发作史；②明显的精神运动性迟滞；③早醒和症状早重晚轻；④严重的内疚甚至自罪；⑤持续的食欲减退或体重减轻但无躯体疾病；⑥不止一次自杀未遂；⑦生活不能自理；⑧幻觉或妄想；⑨自知力严重缺损等。有其中任何一条，就应视为精神性抑郁症，而不视为神经性抑郁症。

第二节　人格障碍与性变态

人格障碍作为一种心理疾病，早期也称为病态人格或异常人格。人格障碍是一种自幼年或青少年时出现，并在成年期持续少变的、持久的、根深蒂固的适应不良的行为模式，可以贯穿整个生命过程。通常表现为人格各成分之间的失衡或人格性质上的失常，有明显的社会功能障碍，常使自己和（或）社会蒙受损害，并影响正常的人际关系。

人格障碍分为反社会型，冲动型，偏执型，分裂样型，强迫型，表演型和其他等七种类型。

一、反社会型人格障碍

又称为无情型人格障碍或社会性病态,是对社会影响最为严重的类型。有这样一些特点：①具有高度攻击性。15 岁以前有暴力行为的人到成年较没有此类行为者易于发生暴力。②无羞愧感。缺乏与焦虑相关的自主神经反应。③行为无计划性。其行为大多受偶然动机，情绪冲动或本能愿望所驱使，缺乏计划性或预谋。④社会适应不良。对自己的人格缺陷缺乏自知力，不能从经验中取得教益，因此是一种持久和牢固的适应不良行为的模式。

二、冲动型人格障碍

是一种反复发生、违反社会规范、具有社会危害性冲动行为的人格障碍。它的表现主要是反复出现的、无法自制的习惯性冲动行为。它的特点一是冲动行为没有明确的动机，具有反复性、习惯性。二是冲动行为具有反社会性质，即不为社会所容，具有明显的社会危害性。三是冲动行为发生前夕有明显的紧张焦虑感或惧怕感，冲动行为实施过程中或实施后有轻松感和满足感。

三、偏执型人格障碍

是一种具有病理性固执信念、易走极端的人格障碍。它的表现主要是过敏多疑、固执己见和极端记恨。它的特点：一是走极端。有人附和自己、奉承自己，就会认为此人极好；有人欺骗自己，甚至是无意中得罪了自己，就会认为这人坏得不得了。因为人际交往中总会有矛盾，所以认为几乎人人都与其格格不入，常常搞得众叛亲离。二是有过分自我评价，体验到自己过分重要，拼命地维护自身的利益和权利，经常处于戒备和紧张状态，寻找多疑偏见的根据，对他人的中性或善意的动作歪曲而采取敌意和藐视，对事态的前后关系缺乏正确评价。

四、分裂样型人格障碍

又称关闭型人格或内向性。是一种具有精神分裂症样表现的人格障碍，但两者不是因果关系。分裂样型人格障碍属于素质性人格障碍，它的表现主要是个性孤僻、情感冷漠和富于幻想。这种人表现：①退缩，孤独，沉默，隐匿，不爱交往；②情绪缺乏和冷漠，不仅自己不能体验欢乐对人亦缺乏温暖，爱好不多；③过分敏感而且害羞，胆怯、怪癖，对表扬和批评均反应不良；未丧失认识现实的能力，但常表现孤立行动，趋向白日梦和内省性隐藏；④活动能力差，缺乏进取性，对人际关系采取不介入的态度；⑤缺乏性兴趣；⑥缺乏亲密和知心朋友。

五、强迫型人格障碍

是一种过分拘泥细节、刻意追求完美以至无法适应新情况的人格障碍。主要表现是墨守成规、过分疑虑和苛求完美。这类人的特征：一是以高标准要求自己，希望所做的事十全十美，事后反复检查，穷思细节。为此而感到焦虑，紧张和苦恼。二是他们过分自我克制，过分自我关注和责任感过强，平时拘谨，小心翼翼，对自身安全过分谨慎，思想得不到松弛；三是事先计划好所有动作，而且考虑过于详细；四是这些人虽然可以得到一个稳定的婚姻并在工作上取得成绩，仍然甚少挚友。

六、表演型人格障碍

多称癔症型人格障碍。是一种以自我为中心，过分寻求他人注意，具有某些癔症样表现的人格障碍。它的主要表现是过分情绪化、自以为是和追求他人关注。这类人的特点：一是人格不成熟，情绪不稳定，常以自我表演，过分的做作和夸张的行为引人注意；二是一切以自我为中心，只关心自己的兴趣和享受，对别人痛痒无动于衷，还特别喜欢指挥别人，稍不合意，便会给别人以难堪甚至耍赖发怒；三是高度的幻想性，往往把想象当成现实。

七、其他型

其他型是有待进一步研究尚未确定型，包括了不适当型人格障碍；依赖型人格障碍；被动－攻击型人格障碍；情绪不稳定型人格障碍等。

八、性变态

性变态即性变异。其特征是对常人不引起性兴奋的某些物体或情境有强烈的兴奋作用，或者采取与常人不同的异常行为方式满足性欲或变换自身性别的强烈欲望。不包括单纯表现为性欲减退或亢进和性生理功能方面的障碍。

性变态包括“同性恋”“恋物癖”“露阴癖”“窥淫癖”“异性装扮癖”“性摩擦癖”等。一般的讲，在我国由于某些变态性行为为传统社会文化所不齿，故悄然行事，他人难以得知，因而在我国军队暴露出来的问题不多。

第三节　精神病

精神病通常是指精神疾患中的一组重性精神病，不包括神经症、人格障碍和精神发育迟滞。依据世界卫生组织公布的《国际疾病分类》（第九版，1977），对精神病的定义是：“精神功能受损程度已达到自知力严重缺失，不能应付日常生活要求或保持对现实恰当接触。”

精神疾病与其他疾病的区别在于：①病情严重，影响到患者生活的各个方面。②不能保持正常的人际关系，丧失了对现实的检验能力，对环境产生歪曲的感知和认识。③情感反应与正常人有质的不同。④常出现幻觉妄想和思维障碍。⑤精神衰退现象。⑥自知力丧失，觉察不到自己的病态。传统上将精神病分为病因已明确的器质性精神病和病因不明的功能性精神病两大类。前者包括器质性精神病、症状性精神病和中毒性精神病；后者包括精神分裂症、躁狂、抑郁性精神病和偏执性精神病等。

针对部队常见的精神病问题，我们在这里主要介绍功能性精神病的基本症状，如精神分裂症、情感性精神障碍、偏执性精神病、反应性精神障碍。

一、精神分裂症

本病是一种常见病，多发在16岁和40岁之间，病情进行性缓慢发展，少有自发性缓解。主要表现以情感、思维与行为彼此分离不相协调为主。

（一）基本症状

1. 思维障碍

患者联想散漫，说话无中心，东一句西一句，使人难以理解。严重时思维破裂，讲话内容缺乏内在联系，单独每一句话听起来可以理解，但在整段谈话中，句与句之间不联系，只是片段词句的堆积，使人听起来不知所云。还可以感到自己的思想被广播出去了，或感到别人的思想插入了自己的脑子里，或感到自己的思想被抽走了。

2. 情感障碍

可表现为情感淡漠，情绪不高，待人冷淡，对周围的人和事物漠不关心，无动于衷，很孤僻。对亲人不远千里来访视若路人，也多见患者表现情感不协调、自笑、情感倒错，流着眼泪唱愉快的歌曲，亲人病故却欣喜不已。

3. 意志行为障碍

患者孤僻不合群，闭门幽居或生活疏懒，行为退缩，脱离现实。缺乏主动性，病情严重者完全沉湎于妄想与幻想之中，以妄想、幻想来代替现实生活。或有令人难以理解的离奇动作、作态或突如其来的冲动行为；动作可表现出无目的、单调、不协调。

（二）基本类型

精神分裂症包含了四种类型，即妄想型、单纯型、青春型、紧张型。

1. 妄想型

也称偏执型，是四种类型中最常见的类型。起病缓慢，病前个性多有多疑、敏感，遇到不如意的事常常藏在心里。妄想以关系妄想和被害妄想为多。

2. 单纯型

发生于青少年期，起病徐缓，得病初期可有头痛、失眠、注意力不集中、易疲乏等类似神经衰弱的症状。一般而言，神经衰弱的患者自知力完好，对自身疾病迫切要求治疗，性格无改变，能进行正常的社会活动。但本病患者逐渐表现情感淡漠，对家人、亲友逐渐疏远，生活懒散，缺乏进取心，不注意整洁，不修边幅，蓬头垢面，间有傻笑或无目的的到处漫游。

3. 青春型

发病在青春期，亚急性或急性发病，以思维破裂、言语动作增多等兴奋症状为主的表现。

患者的病前性格常乖戾，情绪易波动，敏感，多疑，富于幻想。病初起可有头痛、失眠、注意力不集中等症状，以后很快出现思维、情感与行为的紊乱，表现哭笑无常，或大发雷霆，情绪变幻莫测，情感的表现和患者的思维、行为很不一致。动作增加，行为幼稚、古怪，常作令人难以理解、毫无意义的动作。思维破裂，可有丰富多变的幻觉及幻视、幻听最常见。幻想荒蛮而不固定。症状有时可自动缓解，但常反复发作。本病恶化较快，容易产生衰退、痴呆。

4. 紧张型

多见青年人。发病较各型为急，木僵状态与躁动状态相交替是本型的主要特点。但此两种状态也可单独出现。木僵期是患者初期的表现，对周围事物缺乏兴趣，少动、少言，或出现刻板动作，模仿语言。以后逐渐不语、不食，整日卧床，面无表情，推之不动，呼之不应，针刺其皮肤也不躲避，而进入木僵状态。在躁动期木僵状态的患者可突然发生强烈的兴奋激动，语无伦次、毁物、自伤或攻击别人。兴奋躁动可持续数小时或数天，然后又进入木僵状态。患病初期木僵与躁动可交替出现，但以木僵状态较为常见，持续时间也较长。

二、情感性精神障碍

情感性精神障碍是指以情感的高涨或低落，伴有相应思维和行为改变的一类精神障碍。通常缓解期精神状态基本正常，往往有复发倾向，预后一般较好。它的表现有躁狂、抑郁性精神病和抑郁症的临床形式。

（一）抑郁状态

1. 心境

抑郁心境是主要症状，情感基调是低沉、灰暗，可从轻度心境不佳、心烦意乱、苦恼、忧伤到悲观、绝望。常主诉生活没意思，提不起精神，高兴不起来，心情沉重像乌云笼罩。整日忧心忡忡，抑郁寡欢、度日难熬、不能自拔。宽慰最多只暂时有效。少数患者由于种种原因不愿谈论自己压抑的心情，或极力否认、掩饰，甚至强装笑容（含笑的抑郁，至少短时间内如此），应引起注意。

2. 丧失兴趣

不能体验乐趣，常见并有特征性，患者丧失既往生活的热忱和乐趣，兴趣索然，越来越不愿意参加正常活动。开始仅对少数几件事，如食物、异性、社交活动，以后对一切活动，包括既往嗜好、娱乐活动和家人、孩子、亲友团聚均丧失乐趣。闭门独居、疏远亲友、回避社交。

3. 精力丧失

可能开始轻，主观感到精力不足、疲乏、无力，日常活动虽继续进行，但机械、被动。以后越来越无精打采，筋疲力尽。丧失积极性和主动性，工作拖拉、积压。严重时甚至连吃、喝、个人卫生都不顾。

4. 自我评价低

是一种加工症状，对过去和未来歪曲的认知，过分贬低自己，可与一般悲痛反应相区别。总以批判的眼光、消极否定的态度看待自己的现在、过去和未来。把自己说的一无是处，无用感、无价值感，强烈的内疚和自责。对前途感到暗淡无光，对自己的一生感到无助、无望。

5. 精神运动迟滞

半数以上患者有精神运动迟滞，是抑郁典型症状之一。患者整个精神活动呈显著、持久、普遍的抑制。注意力困难，记忆力减退，脑子迟钝，思路闭塞，联想困难。表现为言语少，声低简单，走路、行动缓慢。严重时不语、不动、不食可达木僵程度。

6. 自杀观念和行为

是抑郁症最危险的症状。自杀观念通常逐渐产生，轻者仅感到生活是负担，不值得留恋，逐渐萌发长眠不醒或突然死去的念头。随着症状加重，自杀念头日趋强烈，千方百计试图了结此生，以死求解脱。

7. 昼夜节律

指患者心境有昼重夜轻的变化，是抑郁症特别是内源性抑郁的典型症状。

8. 躯体或生物学症状

情绪反应不仅表现在心境上，并且总是伴有机体的某些变化，如口干、便秘、消化不良、胃肠功能减弱等。常见的是食欲减退、睡眠障碍，还有性欲减退。

（二）抑郁类型

依据程度和发病急缓分为以下几种类型：

1. 轻性抑郁

具有上述症状的一部分或全部，但严重程度相对较轻，常去门诊就诊。

2. 重症抑郁

具有上述全部症状，且程度较重，可出现幻觉和妄想，以妄想多见故又称妄想性抑郁症或精神病性抑郁。这种抑郁需要住院治疗和护理。

3. 急性抑郁

发病较急，症状往往也较重，应及时做出诊断并积极进行治疗。

4. 慢性抑郁

症状持续存在，无明显间隙期，病程长达两年以上者，多见于反复发病和年龄较大的患者。

三、偏执性精神障碍

亦称偏执状态。以妄想为主要特征，临床表现起病多徐缓，主要是妄想的发展。常见的妄想为被害、嫉妒、钟情、夸大、疑病等形式。妄想系统的结构不严密，牢固性不如偏执狂严重。妄想接近现实，往往涉及家里、邻里和单位成员，一般不泛化。多无幻想，很少衰退。病前人格特征不甚突出，起病多在一些事件后发生，预后较好。

四、反应性精神障碍

反应性精神障碍，又有称为反应性精神病。这是一类由相当强烈并持续一定时间的精神创伤性生活事件直接引起的精神障碍。

反应性精神病临床上可有三种类型，一是急性心因性反应；二是延迟性心因性反应；三是持久性心因性反应。

（一）急性心因性反应

由于急剧的精神刺激所引起。病者突然表现为意识模糊不清，定向力、判断力障碍以及出现原始防御反应，极度恐惧，盲目地逃跑，甚至从楼窗跳出，发生伤亡。还有的患者出现运动性抑制，严重时表现为木僵状态（反应性木僵），突然呆若木鸡，沉默不语，意识极度模糊，对别人的呼唤和危险的来临都不能给予相应的反应。反应性木僵一般历时短暂，经几分钟至几小时后意识恢复。

（二）延迟性心因反应

由应激性事件或处境而引起的延迟性反应，又称创伤后应激障碍。应激源往往具有异常惊恐或灾难性质，因而可能对患者导致深度的悲痛或忧伤，例如目睹飞行严重等级事故等。如果有诱发因素存在，像人格异常或有神经症病史，则可降低对应激源的防御力或加重疾病过程。这种类型从创伤到出现精神症状有一潜伏期，一般为几周到几个月，但很少超过6个月。

延迟性心因性反应的临床表现为反复重现创伤性体验，即对应激性事件重演的生动体验；反复出现创伤性梦境或噩梦；不与他人接触，对周围环境无任何反应；快感缺失；回避对既往创伤处境或活动的回忆，害怕和避免想起遭受创伤的心情也较常见。症状的另一个表现为自发性高度警觉状态，惊跳反应增高和失眠也不少见。此外，焦虑或抑郁情绪伴发以上症状出现。病程可有波动性，但大多数患者能恢复。少数可呈慢性病程，达数年之久。

（三）持久性心因反应

由于应激源长期存在或长时间处于困难环境中而诱发的反应，也可作为应激性体验后持久性不良的后果。

这一类型的临床表现以妄想常见，内容有被害妄想，被监视，对人不信任等。妄想的产生与精神创伤有密切的关系，具有现实性和容易暴露的特点。有的患者以生活习惯和行为模式改变为主要症状，如不注意整洁，不修边幅，生活规律紊乱等表现。上述各种症状皆可影响患者的社会功能，从而导致工作（或学习）、人际关系交往和社会活动方面的异常。这一类型的精神障碍持续至少 3 个月，有的可长达几年。

第九章　常规及应急心理评估

常规及应急心理评估，是将心理学的技术和方法应用于军人职业生涯的平、战时实践中，以评定军人个体的人格内涵、心理过程的障碍程度及心理活动的水平，从而确定其正常心理反应或心理异常的性质和量度，是明确心理问题性质的一种方法。进行心理评估，其对象可以是正常人，也可以是有心理障碍的患者。由于心理评估能够对官兵的心理健康水平做出全面的鉴定，因而在军事活动中具有重大的意义。

第一节　心理评估概述

一、心理评估的方法

常用的心理评估方法有：观察法、晤谈法、心理测验法。通过这些方法可以对心理状况进行系统的评估，以使我们能够更多、更准确地了解被评估者的心理特征，做好平战时官兵心理健康促进工作。

（一）观察法

在平时的日常军事训练和军事生活的条件下，对官兵表情、情绪、言谈和行动进行有目的、有计划的了解，是一种简易有效方法。

所谓观察，除了直接的视觉观察以外，常常通过谈话来进行。因为通过谈话可以使观察更有目的、有方向地进行，并可一步一步深入下去。在观察的基础上，分析、了解他们的心理活动及其规律，所得到的资料比较真实可靠。

观察法主要有自然观察和控制观察两种。所谓自然观察法，是在自然情景中对官兵个体的行为表现进行直接的观察分析。所谓控制观察法，则要在预先设计的特定情境（人为情境）中进行观察，比如我们让被试在团队训练或军事演习中，记录那些愉快心情和紧张情境下的情绪反应和行为表现的变化过程。

（二）晤谈法

是个性心理评估中最主要、最直接的手段，是官兵心理咨询与治疗中获取和收集资料必须掌握的一种技巧。有经验的心理咨询工作者，通过晤谈能够得到一个人完整资料并做出全面心理评估。通过晤谈，能很快与晤谈对象建立友善关系，成为知心朋友。它是一种技巧，是收集完整心理发展过程的最重要、最基本的手段，也是心理诊断和心理调节的基础。如果能做到这点，解决心理问题也就成功了一大半。

晤谈的技巧分为两大类：倾听技巧和影响技巧。倾听有参与、专心、注意之意，它不是单纯地听，包含着更多的反应。倾听的态度和习惯是非常重要的，事实上它比具体的技巧更为重要。“习惯于说而不习惯于听”对许多人而言习以为常，但在官兵的心理卫生保障工作中必须先予克服。让你的保障对象说话，发泄内心的情感，往往就是一种调节效果。影响是使调节者更积极主动地进入晤谈过程，需要不断地解释、指导、劝告、自我揭示和反馈。

（三）心理测验法

有些情况下，观察法和晤谈法无法对评估对象的个性心理特点做量化或做出最后的评估，通常采用心理测验法予以最后评估。所谓心理测验，是一种对人的心理和行为进行标准化测定技术的应用。具体地说，即根据一定的法则，用数字对人的心理和行为加以确定。这一技术的应用，大大提高了对人的心理现象的测量水平，使其更具科学性和实用性。目前使用的心理量表，如个性量表（MMPI、16PF、EPQ 等）、智力量表（WIS）、记忆量表等，就是心理测验法的具体工具。

二、心理评估的作用

1. 全面了解被评估对象的情况，以便做出切合实际的决定。准确的评估一个人的个性心理特征和临床心理问题，才能有效地选择好心理咨询的方法，对解决问题十分必要。

2. 获得信息，形成印象。通过评估能够对被评估者形成印象。印象的正确与否取决于评估时获得的信息量的大小。观察法和晤谈法可以对被评估者的各种心理问题做出定性的回答，而心理测量法能够做出定量的回答。

3. 核实假设，提出新假设。通过各种途径将各种渠道收集的信息综合为整体，形成一个初步的假设，再通过心理评估方法加以核实和修正，以便形成新的假设。例如，通过日常生活或训练中的观察和一般了解，认为某人可能存在心理问题。有了初步的假设，可进行心理测量法的MMPI测量，进行心理诊断。如测量结果不支持初步的假设，可结合测量结果进一步观察、晤谈，提出新的假设。

第二节 心理评估晤谈

心理评估中的晤谈，实质上是与评估对象之间的信息交流，实现对彼此的认知、情感和行为的了解和影响的过程。在许多文献中谈到晤谈法是“最普遍的行为评估手段”。晤谈可以帮助评估对象将所主诉的问题零散信息片段连接起来。晤谈无非是两件事情，一是接收、理解评估对象或有问题人的言语信息和非言语信息；二是要做出反应，即发出言语信息和非言语信息。

一、接收信息

评估需要获取求助者的当前问题或主诉有关的背景信息。背景信息本身并不是我们所要寻求的最后结果，这些信息只是整体评估过程的一部分，接受信息往往都是从晤谈开始的，它可以帮助评估者掌握更多的情况。

接受的信息尽管有各种各样，但最重要的有几个方面：①身份的信息；②总体外观形象和行为举止；③与现在有关的往事；④以往的心理咨询史；⑤教育和工作背景；⑥健康和医疗史；⑦社会成长史（文化背景、隶属系统、主要的价值观、过去问题的描述、主要成长事件、军队服役背景、社会和休闲活动、目前社会状况）；⑧家庭、婚姻、性历史；⑨对求助者沟通模式的评估；⑩精神（或大脑）状况。

对以上信息的获得顺序很重要，一般从容易回答的问题着手，将敏感的话题放在晤谈的末尾，那时双方已建立起更大的信任，被评估对象会更轻松地对一个完全陌生的人说出个人隐私。

二、接受信息的具体内容

1. 身份信息。姓名、单位、联系电话，紧急情况下可以联系的另一个人的姓名。年龄、性别、文化、民族、婚姻状况、职业。

2. 总体外观形象。大约体重、身高，求助者的衣着、修饰、举止。

3. 现在的问题。记录所有目前的主诉。什么时间发生的？同时还有什么其他事件发生？发生的频率高低？相关联的想法、感受和行为是什么？何时、何地最常发生？有什么事件或人物促成问题的出现？对日常工作和生活有什么影响？以前解决问题的方法或计划是什么？结果怎么样？这一次，是什么原因决定寻求帮助？

4. 以往的心理咨询和治疗史。治疗的类型，治疗的时间，治疗地点或人；当时的主诉；治疗结果和结束治疗的原因；以前的住院经历；因心理或情绪问题使用过的药物。

5. 教育和工作背景。整个受教育过程中的情况，如学业优、缺点，与老师及同学的关系；工作类型，工作时间，结束或换工作的原因，与同事的关系，为工作所进行的培训和教育，工作中的哪些方面最易产生压力和焦虑感，最轻松愉快的方面是什么？对现在工作的总体满意度。

6. 健康和医疗史。儿童期的疾病，以往的重病史、手术史；目前与健康有关的主诉或疾病，如头痛、高度紧张，针对现在的问题所接受的治疗，是哪种类型，由谁治疗，上一次体检的日期和结果；求助者家族中的重大健康问题（如父母、祖父母、兄弟姐妹）；求助者的睡眠状况，食欲，现在的用药情况（包括阿司匹林、维生素、避孕药、保健药）；药物或非药物性过敏情况；求助者的典型日常饮食（包括含有咖啡因的饮料、食物和含酒精的饮料）；身体锻炼的情况。

7. 社会或成长史。现时生活状况，居住条件，职业和经济状况，与他人的关系，社交和休闲时间的活动和爱好；宗教信仰，军队服役背景，价值观，偏爱和信仰，求助者提到的以时间为顺序的重要事件，早期的回忆。在下列发展阶段发生的重大事件：学龄前（0 ~ 6）岁，儿童时期（6 ~ 13 岁），青春期（13 ~ 21 岁），青年时代（21 ~ 30 岁），中年（30 ~ 65 岁），老年（65 岁以后）。

8. 家庭、婚姻和性历史。①父母的情况：母亲奖励和惩罚的方式，父亲的方式；是否受父母、兄弟姐妹或其他人的身体和心理虐待；与母亲相处时的典型活动，与父亲相处时的典型活动；父母之间的关系。②兄弟姐妹的情况（包括求助者在家庭中的排行顺序及地位）；兄弟姐妹中，哪一个最像求助者，哪一个最不像求助者，哪一个最受宠于父亲及母亲，父亲及母亲最不受欢迎哪一个，哪一个与求助者最融洽，哪一个最不融洽？③直系亲属中有无患精神病者及有过住院史；直系亲属中有无药物滥用者。④是否结婚，有几个孩子，年龄大小。⑤其他与求助者在一块住的人或经常来往的人的情况。⑥描述以前的性经历，包括第一次（注明是异性、同性或双性）经历，现在的性生活情况、手淫、性交等，注明频率，对现在性态度或性行为的想法及困惑。现在的性倾向。⑦女性求助者：取得月经行经史（初潮、现在的月经周期、在行经前和行经过程中的紧张情绪和舒适程度）。⑧与父母、兄弟姐妹或其他人的性接触，或受到性虐待的情况。

三、接受信息的方式

接受信息有两种方式可以被传递，一是言语，二是非言语。后者是指通过姿势、面部表情、目光、语调等传递的信息。一般而论，语言性的传递可以较准确的传递认知性信息。比如说，经历过什么事，有什么情感或行为上改变，他的看法、评价及应对方式、后果等，即事实内容。而非言语性传递，对事实内容的传递不是很准确，但对表达情感方面更真切，更生动。

接受信息准确与否，关键在于对晤谈技巧掌握的程度。前节所述“倾听”是最关键的技巧，应该在倾听技巧方面多下功夫。

第三节　对求助者问题的评估内容

评估晤谈的技巧还在于能全面、准确评估求助者的问题，这是我们进行晤谈的起点。一是要对求助者解释晤谈评估的目的，告诉他们进行晤谈评估的理由；二是必须花费一定的时间帮助他们找出其所有的相关问题，并对这些问题进行排序，以便按问题的重要性及其严重程度进行咨询和治疗工作。参照谢里（Sherry）和比尔（Bill）介绍的有关资料和以往实践经验，我们对问题的晤谈评估作如下总结。

一、解释晤谈评估的目的

我们解释清楚评估的目的，给被评估者一个“定势”或期望非常重要。有利于认识在晤谈中将会发生什么，以及进行晤谈评估对咨询双方都很重要。我们可以采用这样一种方式进行，比如说“我们今天讨论最困扰你的问题。为了准确地分析你的问题，我会问你一些具体内容，以便帮助我们两人都明确你来咨询的目的。你觉得怎样？”在阐述上述理由后，要观察来访者是否理解了进行晤谈评估的重要性。如果不同意或仍不理解，还需进一步的解释。在晤谈的最初阶段，激起求助者的期望和信心是很重要的。对于属于“心理问题”范畴的求助者来说（属于精神疾患的人除外）大多数求助者过于关注自己的痛苦，以至于他们无法去看、去听或注意本身痛苦以外的事情。所以咨询师不仅要关心他们的痛苦，还要触及他们的潜力、他们的可能性以及他们的未来。

二、明确心理问题的范围

（一）开放式询问的方式

来访者在开始的时候，往往所描述的是一个问题，常使我们无法掌握他确切的问题的实质。因此，要想分辨出他们生活、训练中的主要困惑问题，需用开放式的引导语逐渐随时间询问和讨论。我们会发现除了开始所描述的那一个问题外，他还会有一大堆问题，其中一些可能比刚开始求助的问题更严重、更紧张，意义也更为重大。使用开放式询问的导语，进一步明确求助者的心理问题的范围。例如：

“目前你生活中关心的问题是什么？”

“你能描述一下那些困扰着你的事情吗？”

“对你的生活中存在哪些现实的压力？”

“你现在还有什么其他关心的事情吗？”

（二）给出同心圆确认层次方式

在不断询问的过程中，心理咨询师要注意观察，在这些回答中是否有令人头痛或难以解决的一般性问题或事情。我们还可以在这些不能肯定的回答中，使用不同于语言提问的方式引导求助者的问题。比如，使用拉扎勒斯（Lazarus）所建议的同心圆方法，即给出一个同心圆，不同层次为问题的不同深度，越是靠外的层次，为可以公开的问题，越是靠内的层次为自己更加不愿揭开的心理，如有关性的想法、敌对情绪、婚姻等隐私问题。我们可以将同心圆的层次自圆心到外分别定义为A、B、C、E等。我们可以向求助者强调说，好的治疗效果多与圆圈A或B的问题有关；也可以提示说，“我觉得我们仍在圆圈C里”或“你认为可以让我进入圆圈A或圆圈B吗？”有时我们可以让求助者背对咨询师闭目讲述自己发生问题的情境，有助于我们获取更多的具体描述。

三、找出先解决的问题

对求助者所述的许多问题往往会发现不是单一的问题，在讲述睡眠问题的原因时会阐述其人际关系障碍问题，在回忆成长史中会揭示出自卑问题。总而言之，一系列的问题中，我们应该从中选择最需要解决的问题是什么，其次是什么。逐一将要解决的问题进行排序。这也是我们进行评估和建立咨询目标的重要组成部分。找出先解决的问题，可以从能帮助确定最初或当前问题的引导语开始。比如说：

“哪一个问题最能代表你来这儿的理由？”

“在你所提到的所有问题中，哪一个是你感到最需要帮助解决的？”

“在所有这些问题中，哪一个令你感到最有压力、痛苦最大？”

“根据自己的判断，将你的问题从最重要到最不重要进行排序。”

“如果你不能解决这个问题，你将会有多伤心和多失望？”

“在所有问题中，你认为解决哪个问题能对其余问题产生最大的影响。”

在这样的一些引导语后，根据求助者的回答做出判断，并得到认可，以确定优先解决的问题是什么。

四、明确问题的实质

确定入手点后，就意味着进入了良好的开始。接着我们所需要的是明确这些问题的实质。问题是什么，目标是什么，非常重要。在解决这些问题的时候，特别注意要了解来访者的以下问题：在工作中的感受（情感）、躯体感觉（躯体现象）、行为（外显行为）、思维和信念（认知）。同时也要了解有这些问题的感受、感觉、行动及思维，是与所有同事接触时产生，还是只与部分人接触时才产生；是只在工作情境中存在，还是在其他场合也存在；产生的时间、条件以及伴随的事件怎样。必须对这些问题进行深入地了解才能将问题归纳确定其实质。对这些问题的深入探索，我们可以认为是在探索求助者的“现在时”的问题，同时，还不能忘记对问题发生的“先前时”即先前事件、“后继时”即问题的后继事件进行探索。

（一）问题的“现在时”

1. 情感的问题

情感是行为、生理和认知系统相互之间复杂作用的结果，而不是单一经历过程的结果，因此它的产生极其复杂。求助者一般常因情感问题而寻求心理辅导，即感觉不好、紧张、伤心、愤怒、困惑等，并希望尽快消除这些感觉。对这样的问题一般的引导语是：

“你对此感觉如何？”

“你体会到什么感觉？”

“当你受到别人的批评后，你似乎都感到头痛。这种头痛后面掩饰着何种感受？”

2. 躯体的问题

躯体感觉与情感紧密相关。一些求助者内在感受很敏感，另一些可能不以为然。临床上发现，一些具有心理问题的人，往往躯体上会出现反应，并先以躯体疾病面目就诊。由于心理上的问题没有纠正往往躯体疾病疗效不佳。而另一些有心理问题的人，往往可能是躯体问题产生之后所带来的心理问题。了解问题行为躯体感觉的引导语包括：

“当你做这件事或此事发生时，你的身体内有什么变化？”

“当这件事发生时，你的身体是有什么感觉？”

“当这件事发生时，你意识到什么？”

3. 行为的问题

每一个问题的背后都会有具体的行为，往往求助者所急于表达的是自己行为的结果。也即“我与同事相处不好”，没有讲自己做什么了。对其行为表现我们要注重是否过分或不足。过分指做的太多、太频繁或太极端。不足的行为指发生频率极少，或在某些情境中应出现而没有出现的行为。以下引导语可以帮助了解行为方面的问题：

“描述一下在这种情况下发生了什么？”

“当这种情况发生时，你在做什么？”

“如果说我正在摄下当时的情境，那么我的相机可能会拍下什么行为或对话？”

4. 认知的问题

认知过程在求助者的问题中对恶化和改善求助者问题非常重要。同样一件事情，不同的认知方式和信念会得到不同的结果。例如，某位未婚求助者在咨询的过程中讲述了一件这样的事情：自己内向性格，偶然一次他注意到一个女同事看他，他很不自在。结果再次碰到这位女同事的时候，自己的走路很不自在，样子也感到很难看，从此在任何场合总怕别人看自己，造成了内心的烦恼前来求助。对他出现的问题，心理咨询师认为是认知问题导致了这样的结果。同样的事件，不同的人会有不同的认知。如果认为女同事是爱的信号的传递呢？可能内心的体验会截然不同。因此，探索求助者不合理以及合理的信念和想象在心理辅导工作中非常重要。最具破坏性的信念是认为自己、他人、与他人的关系及工作等“应该如何如何”；认为那些不如自己所愿的事情“糟糕透了”“可怕极了”。

评估心理问题认知成分的引导语包括：

“你的意念中有哪些与问题有关？它们使问题恶化，还是使问题缓和？”

“你有什么依据来支持你的这些想法和设想吗？”

“你能描述一下当这件事发生时，你脑子中有什么想法或画面闪现吗？”

“请完成这些句子——我应该……；人们应该……。”

5. 情境的问题

大多数问题的发生是和特定的情境有关的。因此我们在评估与问题有关的情境因素时，注意了解文化背景，以及相应的价值观；问题常发生情境和地点，及不常发生问题的情境；问题经常发生的时间和不常发生的时间；问题发生时所伴随的其他事件。这些内容对判断问题的性质是十分重要的。

在评估这些问题时可以用以下的引导语：

“你的价值观如何影响你的看法？”

“问题是在什么情况下发生的？什么时间？地点？伴随什么情况？

“你是否注意到问题发生时还有没有其他情况的发生？”

6. 人际关系的问题

人际关系问题是色彩关联较大的一个方面。良好的人际关系可以减少或降低对问题的感觉，而不良的人际关系可以引起或加重问题的存在。人际关系问题的产生可能是由于在求助者生活中缺乏关系亲密的人，由于与人交往的方式，或者由于关系密切的人对他反应的方式所形成的。有些学者指出，没有安全归属感的人与有安全感的人相比，会表现出较低的职业成熟度，更多的抑郁症状及饮食障碍，心理压力更大，对工作及相关情境的满意度更低。

评估人际关系问题可以采用以下引导语：

“目前生活中你有多少与你关系密切的人或朋友？”

“关系亲密的人对你的问题有什么影响？”

“在你目前的生活中，谁对你有最积极的影响？谁对你有消极的影响？”

“你对自己的人际关系感觉如何？”

（二）问题的既往情况

我们知道问题的出现不可能没有先前事件的影响。人们并不是先天就有抑郁、焦虑，或认为自己什么都不行。了解问题的既往事件要注意以下几点：

一是在问题出现前存在什么事件使得问题更可能发生；二是存在什么事件使得问题不可能发生；三是以前事件中哪些仍然影响着目前的问题。对既往问题仍然从可能来源的六个方面探索，也就是情感的、躯体的、行为的、认知的、情境的、人际关系方面等六方面。

（三）问题的发展情况

发展情况是指维持某些心理问题继续的存在，或使其加重或减轻的外在或内在事件。发展情况出现于心理问题之后，与问题本身所带来的影响和结果是有区别的。主要在于后继事件通过某种方式来加重、维持或削弱心理问题，从而直接影响心理问题。后继事件的探索既要注意那些使问题持续存在或加重的内在或外在事件，也要注意那些使问题减轻或削弱的事件。同样，从上述六个方面探索。

五、以前解决问题的方法

评估晤谈中，了解求助者以往解决问题的方式对评估晤谈十分重要，是一项重要的晤谈内容。这样做既可以避免咨询师向来访者推荐“和以往差不多”的解决方案，又可以防止求助者过去所尝试过的解决方法会带来新的问题，或者会使现有的问题更趋严重。这是因为在心理咨询过程中，一些求助者所遇到的麻烦可能有两个条件演变成心理问题，一是对这种麻烦处理不当，二是在麻烦还没有解决时，更多的同样“方法”又被用来“解决”这种麻烦，显然不能有效地解决问题。而开始的麻烦可能通过恶性循环升级成为另一个新的心理问题，而与开始的问题没有任何相同之处。因此了解求助者以往的解决问题方式就可以避免这种情况的出现。可以用这样的引导语询问：

“你以前是如何处理这个问题或其他问题的？效果如何？”

六、了解求助者应对方式和心理能量

对求助者应对问题的方式应该予以了解。大多有问题的人，往往在阐述自己问题的时候，只关注自己的痛苦，而忽略自己内在的潜能。因此，找出求助者身上至少一件可值得尊敬的事情和他们对问题的应对技巧，并给予积极的认同，这实际上给予了求助者一个积极的信息，也就是使他们领悟到尽管自己心理上有痛苦，但自己的确拥有产生一个完全不同结果的内在力量；同时还会使求助者领悟到自己的身上原来并不只有“问题”，还有值得咨询师“夸奖”的潜能。

七、了解问题的发生频率、持续时间和严重程度

了解求助者对自己心理问题的知觉和问题的发生频率、持续时间，以及严重程度有利于我们对求助者问题做出恰当的判断。这些信息是掌握情况和决定解决问题方式的重要因素。

第四节　常用心理测验简介

一、心理测验的种类

目前，世界各国发表的测验已达5000余种。我国常用的测验有以下几种，且对这些测验均已予以修订。

1. 智力测验：如常用的有“比奈 - 西蒙量表”“韦克斯勒幼儿、儿童、成人智力量表”。

2. 人格测验：常用的有“明尼苏达多相个性调查表”“艾森克人格问卷”“卡特尔 16 种个性因素测验”“罗夏墨迹测验”“主题统觉测验”等。

3. 临床测验: 如“H－R 神经心理成套测验”“焦虑、抑郁测验”“Scl–90 精神卫生自评量表”。

4. 特殊能力测验: 如运动能力、机械能力、美术能力、飞行能力测验等。我国应用在招飞选拔上的测验也属于这类测验。

二、心理测验的有效性

（一）心理测验的信度、效度

首先取决于测验本身是否具有较高的效度、信度和较好的标准化。所谓效度是指测验结果的真实程度，即有效性。所谓信度是指同一受试者在不同时间用同一测验（或用另一套相等的测验）重复测验，所得结果的一致性程度。标准化的含义有二：一是测验必须有常模；二是有一定的测验程序，即固定的实施方法、标准的指导语、统一的内容和答案及计分标准。

（二）心理测验主试的要求

测验实施者本身应具备相关的知识和技能，即接受过相应的心理测验的教育或培训，具有一定的测验操作经验。此外，主试与被试之间，一定要保持友好和信任的关系。如果没有取得受试者的信任，便不能合作，最终将无法进行测验或测的结果不准。在与被试者建立友好、信任的关系中，主试者应起主导作用。要根据受试者的年龄、性格、性别、经历以及所患疾病的性质调整自己的交往方式。

三、常用的心理测验方法

（一）军事飞行员心理健康量表

军事飞行员心理健康量表（mental health inventory of Chinese pilot，MHI）是宋华森等（1990）自行编制的用于航空心理领域的第一份飞行员心理个性及心理健康评定的量表。该量表由与飞行活动业绩和躯体健康有关的因素及条目构成，共 12 个因素、196 题。量表的编制还采用了因素分析的方法，确定了量表的四个维度构成，既符合实际情况，又反映了构成与健康有关的根源特质的多项性特点。通过该量表的测量可以反映飞行员的心理个性特征及与健康、飞行有关的行为倾向；可以通过不同维度结构，判定他们的心理健康状况和性格特征，以及对飞行绩效和躯体健康的作用。还可以对官兵的行为特征与飞行职业相符性的关系进行研究。为飞行员心理个性评定及心理健康水平的鉴别、判定提供了检测的方法和手段。

1. 量表的功能

（1）用于飞行员心理个性评定及心理健康鉴定。是从心理角度鉴定是否健康的方便又可靠的工具。它可以在飞行员年度体检中，在短时间内对飞行员的人格特征有较全面和客观的了解，从而判断其心理状况是否正常，有无偏态心理，并做出鉴定结论。即心理健康；心理健康状况良好；心理健康状况一般；轻度心理障碍；严重心理障碍。目前空军特勤疗养中心在飞行员年度大体检时均使用 MHI 作为心理评定工具。

（2）用于心理障碍、心身疾病的预防、诊断、治疗。MHI 是了解心理障碍的人格因素、心身疾病的性质及程度的重要方法之一。通过该测验，可以明确其心理障碍的不同表现，从而有针对性地根据不同的方法予以治疗。

（3）用于培养、训练优秀飞行员。根据量表对绩效成就因子的测量，可以反映其个性与成就的关系。进而根据不同特征，为研究预测职业的相符性、职业的效能，提供帮助。

2. 量表的内容及实施方法

（1）量表的内容。MHI 包括 196 个问题，由 12 个因素和 1 个外加因子组成，每个因素均由 10 个之上的同质性条目组成，每个条目只对一种因素发挥作用。这些条目直接取自于飞行实践及日常生活。

MHI 的 12 个因素具体的内容是：

①自信性（Assertive）or（Self-confident）A

②充沛性（Plentiful or Abundant）P

③性格倾向性（Character）C

④进取性（Enterprising）E

⑤敢为性（Dare to）D

⑥律己性（Discipline oneself or self-restraint）Di

⑦过度自我关心（Ego concert or Self-concert）Ego

⑧情绪稳定性（Emotion stabilize）Em

⑨焦虑性（Anxiety）An

⑩乐观性（Optimistic）O

⑪ 敏感性（Sensitive）S

⑫ 紧张性（Nervous）N

外加因子：（Lie）L

通过因素分析确定的 4 个维度是：①心理健康状况特征因子；②外显行为特征因子；③自我肯定特征因子；④业绩成就特征因子。

（2）实施方法。团体测验，采用计算机方式进行。目前已经有多种版本的测验程序，及多种模式的测验方法，尤其是由宋华淼总监制的“心理评估系统”具备测试功能、档案存储功能、查询功能、打印功能，以及统计数据功能。个人测验，根据测验指导语和题目手册，被试者自行根据题目在答卷纸上做出反应。或在计算机上使用程序进行。

3. 测验主试者的条件

应由经过心理咨询师培训的技术人员实施，主试者必须注意自己的态度和所说的每句话，切勿因自己的疏忽而影响测验结果。

在测验之前，一定要让受试者知道这个测验的重要性以及对他的好处，以便得到他的合作。

4. 问卷题目示例

①在一般困难的情境中，我总能保持乐观。

A . 是的；　　C . 不是的；　　B . 不一定。

②当转场或出差的时候，我会心神不定。

A . 总是这样；　　C . 从不这样；　　B . 有时这样。

③无论飞何种科目我都能做到不粗心大意并注意细节。

A . 是的；　　C . 不是的；　　B . 介于A 、C之间。

④这一段的飞行训练，我总是无精打采。

A . 是的；　　C . 不是的；　　B . 一般。

⑤训练之余，我常常感到自己在为某些事担忧。

A . 是的；　　C . 不是的；　　B . 不一定。

⑥我的飞行能力及学习能力：

A . 和从前相同；　　C . 比从前差；　　B . 不确定。

⑦在获得战斗起飞信号后我总是力图保持平静。

A．是的；　　　　C．不是的；　　　　B．介于A、C之间。

5. MHI结果的解释

对MHI各因素得分高低的意义及重要性的解释，有赖于其他因素分数的高低或所有因素的组合方式，切忌孤立地、片面地看待每一个因素分数。

（1）4个应用维度。量表的4个维度及其反映的是：①心理健康状况特征因子，反映自我关心度、焦虑、紧张、冲突的内在活动程度；②外显行为特征因子，反映精力充沛度、好胜、好强及行为的进取度；③自我肯定因子，反映自信、独立、沉着的心理特征；④业绩成就特征因子，反映自律严谨、稳定成熟的内在因素。

4个维度的判断标准，具体分数如下：

心理健康状况特征因子：心理适应度好47分（包括47分）以上；心理适应度良好48 ~ 73分；心理适应度一般74 ~ 86分；心理适应度差87分以上。

外显行为特征因子的评定：内向性格特征36分（包括36分）以下；中间性格特征37 ~ 61分；外向性格特征62 ~ 74分；典型外向性格特征75分以上。

自我肯定特征因子：自信性强34分以下（包括34分）；一般自信性35 ~ 54分；自信不足55 ~ 64分；自信性差65分以上。

业绩成就特征因子：32分以下者成就指数较低；33 ~ 64分成就指数在一般范围；65 ~ 80分者成就指数较高；81分以上者具有稳定成熟的个性。

（2）12人格因素。MHI的测试结果根据转化后的标准九分数，分为高分特征和低分特征。6分以上为高分特征，8 ~ 9分者为典型高分特征；4分以下为低分特征，1 ~ 2分为典型低分特征。

根据T分数的结果，判断被试程度上的区别。T分数为50分者为平均分数；高于60或低于40者为轻度表现；高于70或低于30者为中度表现；高于80或低于20者为重度表现。

MHI测试结果的评价，首先根据标准九予以判断。凡具有特征表现者，再依T分数判断其程度，也就是说采用了两种标准分数，一种用于评价等级，一种用于判断程度。

（二）明尼苏达多相人格调查表（MMPI）

20世纪40年代由美国明尼苏达大学教授哈撒韦和麦金利编制而成，是目前世界上用得最广泛的人格量表之一。我国于 1989 年由中国科学院心理所宋维真主持，制定了我国正常人常模。

MMPI 共有 14 个量表，全量表共 566 个自我陈述式项目，其中 16 个题是重复的。MMPI 分 10 个临床量表，4 个效度量表。

效度量表：①Q：表示受试者对问题没有做出回答的题数，如果在前 399 个题目中 Q＞30，测验无效；②L：说谎分（掩饰量表），表示被试者过分渲染自己，显示道德崇高，是一个虚假的自我形象；③F：诈病分（装坏量表），表示受试者故意装病或漫不经心地回答；④K：校正分（校正量表），提示受试者有敏感的防御反应及不愿讨论个人事情。F 得分与 K 得分的关系是被试者防卫态度好坏的指标。粗分 F－K 为正值或小于正值，提示是有意识地冒充坏。F－K 为负值及大于 12，则提示冒充好与否认情绪问题。

临床量表：① Hs：疑病症；② D：抑郁症；③ Hy：癔症；④ Pd：精神病态；⑤ Mf：男子气或女子气；⑥ Pa：妄想症；⑦ Pt：精神衰弱；⑧ Sc：精神分裂症；⑨ Ma：轻躁狂；⑩ Si：社会内向。

做 MMPI 测验，需要有“明尼苏达多相人格测验问卷”答卷纸、模板、剖析图纸、“MMPI 临床意义”等一套完整的工具材料。

目前，MMPI 不仅用于变态人格、精神病的诊断，还扩大到正常人，如人格类型的鉴定、心理健康状况的判别。以上 10 个临床量表虽冠之以各类精神疾病或变态人格的名称，但正常人在某个分量表上分数增高，并非一定说明其有精神病，只是说明该受试者有某种人格倾向。

（三）卡特尔 16 种个性因素问卷（16PF）

由卡特尔编制完成。他通过 30 多年的研究，从约 18000 个形容词中筛选出 4504 个进行研究，最后将这些描绘人格特质的词汇用因素分析法确定了 16 种人格特质，认为正是他们构成了个体人格之间的千差万别。16PF 可用于了解被试的个性特征以及心理障碍的个性原因，是心理障碍、心身疾病诊断的重要手段之一。

此外，还可根据有关公式，得出 8 个次级因素，其中 4 个为人格双重因素，如：①适应与焦虑型；②内向与外向型；③感情用事与安详机警型；④怯懦与果断型。其余 4 个为实际运用的人格因素，如：①心理健康者的人格因素；②从事专业而有成就者的人格因素；③创造力强者的人格因素；

④在新环境中有成长能力者的人格因素。

我国飞行员 16PF 测量的结果是高恃强性、低忧虑性、高兴奋性、低幻想性、低敏感性、高敢为性、高乐群性人格特征。与飞行成绩构成显著相关的是稳定性、恃强性、忧虑性、自律性、紧张性、敢为性等 6 种特征。

（四）艾森克人格问卷（EPQ）

英国伦敦大学艾森克领导编制的有关人格维度研究的测验。我国陈仲庚和龚跃先分别主持修订了这一量表。

该测验用 E、N、P、L 4 个量表分别计分。其中 E、N、P 分别代表了艾森克人格理论中关于人格结构的 3 个维度。①E：外向 – 内向；②N：情绪稳定性（神经质）；③P：精神病质；④L：掩饰性（说谎分）。

EPQ 具有题目少（88 题或 85 题）、测验时间短、简明易做等特点，因而用得较为广泛。

（五）韦克斯勒智力测验（WAIS）

美国韦克斯勒于1939年起开始主持编制系列智力测验量表，包括成人、儿童、学龄前儿童 3 套测验。韦氏智力测验除可以测验智力外，还可研究人格，而且也可以作为神经心理的主要测验量表。临床测验结果证明，韦氏智力量表可以检查人的大脑损伤情况，还可敏锐地发现物理仪器难以查出的轻微脑病变。

韦氏量表包括两部分测验，一是言语分测验，包括知识、领悟、算术、相似性、词汇、数字广度等 6 项；二是操作分测验，包括图画填充、图片排列、木块图、图形拼凑、数字符号等 5 项。

（六）康奈尔医学健康问卷（CMI）

1949 年美国康奈尔大学布朗等设计制作并首先用于军人的心身自觉症状的调查表。我国 1982 年从日本引进并予以修订。CMI 最主要的作用是用于帮助神经症的诊断并能做到一定程度的定量化。调查表明，健康疗养中被诊断为神经症（包括接近神经症、神经症）的为 11.04%，其心理自觉症状以紧张、社会不适应、易怒心理为主。

CMI 共 195 题，由躯体自觉症状和心理自觉状症问题两大部分组成。躯体自觉症状包括“A：眼和耳；B：呼吸系统；C：消化系统；E：肌肉骨骼系统；F：皮肤；G：神经系统；H：泌尿生殖系；I：疲劳度；J：对疾病的关心程度；K：既往病史；L：习惯”。心理自觉症状包括

“M：社会不适应性；N：抑郁；O：易怒；P：过敏；Q：易怒；R：紧张”。

CMI的各系统的症状按无症状、偶发症状、轻度症状、中度症状、重度症状5个等级予以评定。该量表是心理诊断最重要的辅助量表之一。

（七）中国飞行员明尼苏达多相个性调查表（CPMMPI）

宋华森（1989）报告了MMPI在航空军事飞行员中的应用，结果表明其信度系数在0.34 ~ 0.92之间，平均0.790。无疑，MMPI中国版同样适合我国飞行员应用。当然，在MMPI中国版的正常人常模取样中，未能包含中国飞行员群体，这就使得提高MMPI中国版在中国飞行员中的使用效度，一方面要建立中国版MMPI飞行员常模，以利于同一民族不同生活背景下人格的比较。另一方面，要对MMPI中国版予以进一步的修订，以便在群体内部建立更可靠、准确的中国飞行员MMPI量表。宋华森等（1993）对上述问题已经予以研究，建立了两种版本的MMPI量表，分别称为：MMPI中国飞行员常模版和中国飞行员MMPI修订版。其目的是更利于MMPI在中国飞行员临床诊断、飞行员医学鉴定评估飞行人格特征和心理健康状况评估中应用。同时，也提供一种研究业绩与人格、心理与生理之间的关系的可靠性工具。

1. MMPI中国飞行员常模版

在MMPI中国版1989年初正式应用之后，宋华森（1989）首先将该量表在218名飞行员被试中试用。试用报告表明，各量表与中国常模的比较，只有Pt无差异，其他各量表在均值上均低于常模。这种情况可能与飞行员经过特殊选拔以及均受过专科以上的文化教育、素质较高有关，从而既反映了量表的可用性，又显示了我国飞行员普遍的良好的心理素质。

在信度检验中，研究者选择被试15名，在相隔75天后进行复测信度的检验，其两次相关平均为$r = 0.79$，与宋维真（1983）报告的我国正常人MMPI信度基本一致。董效信（1989）还报告了对MMPI所进行的因素分析的结果，从结构效度上初步论证了MMPI在飞行员中应用效度。

通过因素分析检验结构效度，结果显示特征值在1以上有5个因素，构成了MMPI的5个主要结构。与第一主成分构成高负荷的量表是F、Pd、Pa、Pt、Sc、Ma；与第二主成分构成高负荷的量表是L、K、Hs、D、Hy；与第三主成分构成高负荷的量表是Si；与第四主成分构成高负荷的量表是Q；与第五主成分构成高负荷的量表是L、Mf。如果将不同主成分中都具有高负荷的某些量表依高值归类的话，L、K、Hs、D、Hy为一类；F、Pd、Pa、Pt、Sc、Ma为一类；Si为一类；L、Mf为一类（Q无意义舍去），共可分为四大类。

2. 中国飞行员MMPI修订版

从整个项目分析中，全部量表共有104个项目区分度低于0.20，占总体26%。尽管对飞行员的应用，从信度、效度检验中已经证实MMPI可以在飞行员中应用，但为了进一步提高MMPI的使用效度，研究者对MMPI予以修订，对104个低区分度的项目予以删除，构成了275题的问卷。经效度检验，275题问卷版本与原MMPI中国版两组分数高度相关，构成了新的量表，使用者可通过软件方式在微机上测验。

（八）中国飞行员卡特尔16种个性测验

中国飞行员卡特尔16种个性测验（cattle the sixteen personality factor test of Chinese pilot，CP16PF）由宋华淼等根据国内李绍衣修订版本主持修订。常模取样共计702名官兵，包括飞行各机种、各职务人员。该修订版本进行了项目分析并报告了信度、效度及使用情况。修订后的16PF版本共计175题，比原版本减少12题。

对16PF的修订，首先进行的是项目分析。以鉴别指数0.20为指标，低于此指标的项目共计12个项目。

信度检验采用了分半信度确定修订量表的信度水平。各因素随机折为相对等份的两半求得两半分数的相关系数，并根据“斯皮尔曼－布朗公式”加以校正。结果分半相关系数除Q1、I、N较低以外，其余在0.37～0.72之间，较好地反映了修订量表的信度水平。

效度检验的研究，采用了因素分析方法予以确定。以构成主成分中的第一因素每一项目的负荷量，作为测验的因素效度，负荷在0.20以上者视为显著因素。结果表明：16个因素中各因素只有极少数项目低于0.20，其他均超过0.20，最高负荷为0.57。同时进行了因素与因素之间的相关分析，结果也表明：除ON因素（忧虑性与紧张性）、CN因素（稳定性与紧张性）、HO因素（感为性与忧虑性），其相关系数分别为0.53、–0.55，–0.55外，各因素之间相关较低，表明了各因素的独立性。

（九）军人心理健康调查问卷

由解放军102医院等单位研制的军人心理健康量表为军人心理健康状

况的评估、心理障碍及精神疾病的筛查提供了有效手段。该量表共101题，其指导语是：用这份问卷来了解近1个月的心理健康状态，所列问题主要指你在平时的情况，请依次回答所列问题，回答不要写字，如情况符合，请在答卷该题目的“是”字下的方格内打勾；如情况不符合，请在答卷上该题目的“否”字下的方格内打勾。根据您的实际情况回答，每一条都要回答，这里不存在正确或错误的问题，将问题的意思看懂了就快点回答，不要花很多时间去想。根据被试者回答的“是”或“否”分别计1分或0分。T分计算方法：$T=50+10(X-X')/SD$（公式中X表示原始分数，X'表示平均分数，SD表示标准差）。最后以T分数作为划界，T分数$\leqslant 70$分提示正常，T分>70分说明有心理障碍。分值越高，说明心理障碍越重。

（十）军人适应不良自评量表

该量表由张理义等研制。研究证明，适量的刺激对于个体的生存和发展是有益的，但过多、过强、过长的心理压力或刺激可影响人的心身健康，如致心因性精神障碍、心身疾病、神经症以及诱发或加剧内因性精神病和躯体疾病。适应性障碍，就是指遭受日常生活的不良因素刺激，又由于具有易感个性，加之适应能力差，而导致的心理障碍，其主要表现为行为或生理功能的障碍，使学习、工作、生活及人际交往等受到一定程度的损害。

该量表适合于15岁以上，小学以上文化程度者应用。共由40个条目组成，主要内容包括：行为问题；情绪障碍；人际关系不良；社交不良。

（十一）焦虑自评量表（SAS）

适用于具有焦虑症状的成年人。它包含20个项目，是一般没有精神科知识的人易于理解的具体问题，而不是一些外延广泛的专门定义。SAS采用4级评分，主要评定项目的定义症状出现的频度，其标准是：①没有或很少时间；②小部分时间；③相当多时间；④绝大部分或全部时间。SAS应在开始治疗前、后各进行一次自评，通过总分的变化来分析自评者症状的变化情况。

（十二）症状自评量表（SCL-90）

是反映受试者心理症状及其严重程度和变化的实用、简便而有价值的量表。共90题，包括10个项目：躯体化、强迫、人际敏感、抑郁、焦虑、敌意、恐怖、妄想、精神病性以及附加量表。

（十三）军人心理健康筛选量表

发现并及时筛查心理疾病人员非常重要，采用心理健康筛选量表进行分类，有助于平战时心理评估。近些年来，由空军卫生局组织专家深化该量表的应用，在新兵入伍心理健康筛查时，采用了该量表实施筛查，取得很好的应用效果。

1. 量表构成

该量表的构成分为三大部分，第一部分为基本情况，包括官兵的姓名、性别、年龄、单位、联系方式等；第二部分为问卷本身，由 60 个项目构成，其中 4 个项目是测伪尺度，其余 56 个项目是反映官兵心理症状及与身体症状有关的问题；第三部分是附加题，主要是了解被试者对身体健康状况的总评价以及是否接受过心理咨询与治疗，有什么咨询要求。

2. 筛选标准

通过该量表可以进行分类筛选，确定其是否属于心理问题关注的对象。第一类筛选标准（即可能有心理问题者），满足下列条件之一：①总分在 25 分（包括 25 分）以上者；②第 25 题做肯定选择者；③辅助题中至少有两题做肯定选择者；④明确提出心理咨询要求且属于心理问题者。该类评估为 A 类，即需要进行心理咨询或心理治疗。第二类筛选标准，满足下列条件之一：①总分在 20 ~ 24 分之间者；② 8、16、26 题中有一题作肯定选择者；③辅助题中只有一题作肯定选择者。该类属于 B 类，即过一段时间再联系者。第三类筛选标准，不属于第一类和第二类者应属于第三类。评估为 C 类，即没有特殊的问题。

3. 记分方法

先计算总分。问卷共有 60 个问题，其中 4 个测伪题（第 5、20、35、50 题）。量表采用是非式选择，肯定选择的记 1 分，否定选择的记 0 分，其总分的计算规则是将除测伪题以外的其他 56 个题的得分求总和，所以，其总分最高分为 56 分，最低为 0 分。

如果不健康尺度上有许多是画了圈的，而健康尺度上也大多画了圈，说明没有真实地、认真地填写，所以这份问卷的可信度值得怀疑；同理亦然。一般来说，不健康项目上画圈多，健康项目上打叉，说明心理健康存在问题；否则说明心理健康状况比较好。

4. 项目组成

①关键项目(4 项)为第 8、16、25、26 题;②鉴别神经症有效的项目(18 项);③鉴别抑郁状态有效的项目(12 项);④鉴别精神分裂症倾向有效的项目(18 项)。

5. 对 A、B、C 分类的建议

A 类:各类神经症、有精神分裂症倾向、悲观厌世、心理矛盾冲突激烈,明显影响正常生活、学习者,这类人员可立即预约下次咨询时间,每周或隔周面谈一次,直至症状减轻。

B 类:存在一定心理问题,如人际关系不协调,新环境不适应等。这类人员有种种烦恼,但仍能够维持正常学习和生活。对他们提供帮助的方式是请他们有问题时,随时咨询。

C 类:通过面谈可以起到预防的作用。多数情况他们的症状不明显或已解决,告知他们以后出现症状,咨询机构可以提供帮助。

此外,对 A 类人员可以借助其他手段明确诊断。

对以上测验,实际操作有两种技术可以使用。一种是手工处理;另一种是计算机处理。目前大多采用计算机处理。

四、心理评估的作用

官兵个性心理评估方法和技术的应用,能够对他们的心身状况有更全面、更正确的认识。首先可以评价他们在学习和能力上的差异、人格特点以及相对长处和弱点。其次对心理障碍、神经症、心身疾病等,心理诊断有其实用价值。再次,对某些心身疾病的诊断,可以了解其人格特点,以确定心理防护的方案。此外,对官兵的心理诊断,可以筛查心理状况不良及心理障碍的人员,防止各类心理问题的发展。随着官兵个性心理评估方法的进一步发展和完善,它将在各项工作中起到更积极的作用。

第五节　新兵心理健康评估

为规范入伍新兵心理健康筛查工作,严把心理健康关,由有关行政部门制定方案实施的一项年度工作任务。按照心理健康线索调查、心理测评、临床结构式访谈和精神疾病会诊 4 个步骤实施。

一、任务目标

筛查具有严重心理疾患及精神障碍倾向者，根据三级筛查模式，确保早期发现、早期诊断，对心理异常者提交至具备精神疾病鉴定资质机构，进一步明确诊断并做出适当安排处理。

新兵心理健康筛查是一项非常重要的任务，关系到兵员质量和部队战斗力的提高，必须充分认识做好入伍新兵心理健康筛查工作的重要意义，做到思想高度重视，组织领导有力。科学制定实施方案，明确有关部门和人员的职责分工，加强科学统筹，才能确保心理健康筛查工作顺利实施。

二、工作内容及标准

主要内容是异常线索调查、心理健康信息采集、临床结构式访谈和精神心理专家会诊 4 个方面。

（一）异常线索调查

1. 调查目的

目的是通过采用他评的方法提交出存在心理问题的可疑人员。调查对象主要是与被调查对象训练或生活距离最近的带兵班长或工作生活密切接触的同寝室人员、同一单位人员。调查时间为新兵入营 30 天后。

2. 组织实施

由部队心理医生或精神科医生（可由结构式访谈人员兼任）集中组织新兵带兵班长讲解要求，然后以班为单位独立进行线索调查。新兵带兵班长对照《心理健康线索调查表》，结合本班新兵实际情况，对每名新兵逐条进行综合评估。如果有新兵的表现与调查表中所述的条目相符，请将其姓名、单位和符合条目的编号登记到《心理健康线索登记表》。

3. 评判标准

依据《心理健康线索登记表》中的项目，只要有一条被选中，则确定为线索调查不合格人员，进入访谈程序，自动判定进入待进行结构式访谈名单，标注为“重点观察对象”，由访谈专家现场访谈。

4. 注意事项

①新兵心理健康线索调查应在心理测评前实施。②线索调查前部队心理医生应对新兵班长进行培训和引导。③调查出可疑新兵的班，应登记 1 名

综合表现优秀的新兵一起安排结构式访谈，进一步补充线索中的条目的确认。④填报心理健康线索登记时注意指导语问题。引导语："班长您好！感谢您能来参加入伍新兵心理健康筛查，根据筛查程序，我们需要您提供本班新兵的心理健康线索资料。您提供资料对于我们提高新兵的心理健康水平和战斗力将提供重要的帮助。请您以高度负责的精神，客观的填写《心理健康线索登记表》。该表中的10个条目，在您班中如果有新兵符合其中任意一项，请在《心理健康登记表》的名单中认真登记该新兵的姓名、单位和所符合条目的编号（可以是多个条目）。内容中'经常'，指至少持续1周，且1周内有3天以上出现的情况。请您对本次调查严格保密，不得在调查后随意谈论本次调查结果。谢谢大家！"

5. 异常心理线索调查问题

（1）经常睡不着，醒得早，睡得不踏实。

（2）经常厌食，食欲下降或体重明显下降。

（3）经常闷闷不乐，对什么事情提不起兴趣，觉得活着没有意思。

（4）自言自语，傻笑，或言语行为怪异。

（5）经常无根据地认为别人的言行针对他，迫害他或紧张不安。

（6）听到别人听不到声音，看到别人看不到的东西，闻到别人闻不到的味道。

（7）至少有1天以上说话滔滔不绝，难以打断，不停忙碌，整天得意扬扬。

（8）经常身体不舒服，四处求医，反复检查或曾经不明原因突然晕倒。

（9）不明原因的自伤，伤人或毁物。

（10）长期服用药物。

（二）心理健康信息采集与评估

通过心理测评的手段采集心理健康信息，并通过宋华森团队研发的"漏斗型心理健康筛查系统"完成全部工作。

1. 测评目的

通过心理量表工具采集评估对象基本心理健康水平和异常心理问题的类别，进一步明确心理健康和精神异常状况，实现初步明确问题方向，为结构式访谈提供参考依据。

2. 方法步骤

应用漏斗型心理健康筛查系统，组织实施心理健康测评信息采集，该系统可通过手持平板电脑完成，每组可供 80 人同时测评。根据测评程序，依次按照心理评估问卷（60 题＋ 4 项辅助问题）、临床心理评估量表（60 题）和明尼苏达多相人格测验（399 题）的常模分数标准，逐项完成下一个测验量表。

3. 评判标准

分别按照所规定的测评量表标准衡量。①心理评估问卷评分标准。测查结果为第一类或第二类的为心理评估测查阳性。第一类问题可判断为有心理问题。第二类问题可判断为有抑郁问题。结果为第三类者，视为正常。②临床心理评估量表评分标准。效度题获 2 分，为有效卷。效度题得分≤ 1 分的为效度不合格，其中获 1 分，为可疑有效卷；获 0 分为无效卷。量表计分按照记分键统计各因子原始分，然后统计阳性项目数，总分大于 26 分以上为该量表测查阳性。③明尼苏达多相人格测验（MMPI）评分标准。L 分量表的得分≥ 10 分，则结果不可信，应考虑为无效量表。其他临床分量表 T 得分任意一项大于 60 分，则为量表测查阳性。

4. MMPI 评判注意事项

① MMPI 和临床心理评估量表的效度分不合格者，自动判定进入待进行结构式访谈名单，标注为“无效作答”，由访谈专家结合其他测评量表结果决定是否访谈。② MMPI 的以下八个分量表 Hs、D、Hy、Pd、Pa、Pt、Sc、Ma，各分量表得分在 60 ～ 70 分之间，心理评估问卷和临床心理评估两项量表都为阳性时，自动判定进入待进行结构式访谈名单，标注为“重点观察对象”，由访谈专家现场访谈。③ MMPI 以下八个分量表 Hs、D、Hy、Pd、Pa、Pt、Sc、Ma，任意一项得分大于 70，自动判定进入待进行结构式访谈名单，标注为“重点观察对象”，由访谈专家现场访谈。

（三）临床结构式访谈

1. 访谈目的

针对心理健康线索调查不合格者、心理健康信息采集与评估存在问题者，实施临床心理结构式访谈，筛选出疑似有精神障碍人员，提供专科医生会诊，为进一步提交至有资质机构鉴定退兵提供参考。

2. 方法步骤

在新兵心理测评全部结束后进行，准备安静的访谈等候室 1 间、访谈室不少于 3 间。访谈人员由心理医生或精神科医生担任，必须接受过“新兵结构式访谈”培训。访谈人员依照《结构式访谈记录表》中的提纲，结合新兵心理健康线索调查和心理测评结果，进行逐项访谈，发现可疑症状时应深入访谈，并在备注栏记录有关情况。根据访谈结果，在《结构式访谈记录表》中“得分”栏内登记分数，没有对应症状表现的计 0 分，可疑的计 1 分，确定的计 2 分。访谈结束后，访谈人员填写总分，做出是否合格的结论并签字。

3. 评判标准及处置

①得分≤ 1 为合格。②任一单项得 2 分或总分≥ 2 分为不合格，安排精神疾病专科会诊。

4. 注意事项

①对综合表现优秀的新兵进行结构式访谈的目的是降低其他新兵的心理应激水平，保护其他进行结构式访谈的新兵。②判断精神障碍存在困难时，可根据需要作房树人投射测验。发现有自杀意念的新兵，应作自杀预警评估。③结构式访谈结果不是临床诊断，仅代表疑似患病。④操作规程中注意“引导语”的使用：“很高兴有机会认识您，入伍以来感觉如何？为了了解新训期间新兵的身心适应情况，我们随机挑选一部分新兵进行访谈，希望您不要有任何顾虑，也不要紧张，好吗？”⑤正式访谈前填写一般资料。填写《结构式访谈记录表》中的一般资料时，要注意观察新兵的仪容和行为表现。

5. 正式访谈

结构式访谈主要涉及内容有：认知活动、情绪情感、意志行为三个方面。认知活动主要涉及“幻觉症状”“感知障碍”“思维障碍”问题；情绪情感主要涉及“抑郁”“自杀”“躁狂”问题；意志行为主要涉及“怪异行为”“活动减退”“活动增强”问题。

结构式访谈提纲在空军后勤部卫生局 2018 年版《入伍新兵心理健康筛查工作手册》中有详细论述。

（四）疑似精神疾病会诊及确诊

1. 会诊目的

针对结构式访谈不合格者，组织实施“疑似患精神疾病会诊”，提出初步诊断，并后送精神病专科医院进行确诊。

2. 方法步骤

在结构式访谈全部结束后进行，准备安静的候诊室、会诊室各 1 间，以及有关心理健康筛查资料。会诊应邀请军队医疗机构具有中级以上专业技术职务的精神科医师担任主检，部队心理医生或精神科医生等有关人员参加。依据应征公民体格检查标准，主检如提出送院确诊意见，部队应及时组织。新兵确诊后应及时退兵。

3. 注意事项

会诊和送院确诊要严密组织，注意保护新兵隐私，不得向无关人员泄露新兵会诊确诊有关信息。

三、工作流程

分为 6 个步骤。①筛查前教育动员；②心理疾患线索调查；③心理健康信息采集与评估；④临床结构式访谈；⑤疑似精神心理疾患会诊；⑥提出后送精神病专科医院进行确诊。

（一）测评教育与动员

心理筛查测评数据采集前，组织全体人员观看心理健康筛查工作宣传视频，明确目的、意义及重要性，部署日程安排，提出注意事项，安排好各关口人员负责事宜。

（二）心理疾患线索调查

组织会议部署线索调查事宜。明确由谁线索调查，为什么调查，如何调查三个问题。提供线索调查者，应是班长或非常熟悉被调查者的连队主官。目的是通过与被调查者的密切接触，对其生活与训练过程中出现的与其他人不同的异常行为状态，提交情况清单。依据《线索调查表》准确如实填写登记。填写完成表格后，提交心理筛查小组，由专业人员填入《军人心理信息采集分析平台》相关部分，程序自动统计处理。

（三）心理健康评估信息采集

集体组织实施，目的是通过心理健康和精神异常方面实施的评估，筛查疑点对象，初步归类问题性质。采用宋华森团队研发的“漏斗型心理健康筛查系统”，集体进行测评，由参加评估人员在“心理信息采集平台”平板自主完成测试，信息采集前集体宣讲指导语。个体手持操作分为两步进行：一是一般信息填写。在信息采集器上逐项填写；二是心理信息采集。实事求是对所有问题予以“是”或“否”的选择。

（四）临床结构式访谈

在线索调查和心理健康信息采集过程中，筛选出疑似心理障碍者，进入临床结构式访谈程序。主要是进一步为新兵鉴定退兵提供参考。临床访谈一般由受过医学专业训练且有心理咨询师资格者担任，以便能够准确识别症状。

（五）精神疾病会诊

临床结构式访谈发现问题者进入精神疾病会诊流程。参加人员主要是具有资质的精神科医师、具有丰富临床心理经验的医师，以及所属单位领导。对疑似的问题进一步临床咨询、检查评定，提出意见。

（六）提出后送精神病专科医院进行确诊

在经过第五步的会诊之后，高度疑似精神心理疾病患者，即送体系医院专科诊断、符合疾病诊断的按照相关规定要求处理。

第十章　军人个别心理辅导技术

第一节　概　述

个别心理辅导是指心理咨询师与求助者一对一探讨问题、解决问题过程。对军人的个别心理辅导是具备国家心理咨询师资格的人员通过个别方式帮助求助者解决个人的心理问题的辅导过程。尤其是军人是一个特殊的群体，是解决军事环境中军人成长发展的心理困惑，以及军人家庭生活中的心理困惑的过程。

一、个别心理辅导的原则

对军人心理辅导的原则从两方面考虑，一是基本原则，二是操作性原则。

（一）基本原则

基本原则包括了交友、教育、灵活和预防四个方面。

1. 交友原则

交友原则的运用，就是要和求助你的来访者交朋友。朋友才能无话不说，你不能成为他的朋友，就很难进入他的内心世界，也就深入不了访谈的内容。只是轻描淡写的东拉西扯毫无意义。一旦来访者成为你的朋友，你才能设身处地站在他的角度理解他，辅导才能有针对性。

2. 教育原则

教育原则的运用，是指心理辅导是一个循序渐进的过程，心理咨询师要将自己的角色扮演好，以一个循循善诱、诲人不倦的教师角色做好辅导的工作。耐心、细致、不厌其烦，而不是说教。做心理辅导工作最忌讳的是以“高姿态”在说教被辅导者，把自己摆在了极不正确的位置，用空洞的语言，口号般的“鸡汤”语言，滔滔不绝教育他人。求助者如果在这种情况下以无言的方式倾听，实际上已经是辅导的失败。

3. 灵活原则

灵活原则的运用有两个方面。一是指运用技术而言，二是指对来访者情况而言。

对运用技术而言是指心理咨询与心理治疗派别很多，主要看我们对掌握心理学知识功底的深浅的灵活运用。在辅导中可能某些问题采用某一理论就可以解决，则采用单一理论方法；如果一种理论无法解决问题，则可以灵活采用多种方法综合应用。

对来访者情况而言，指在不违背基本原则的基础上，因人因地因时因事而异。属于一般心理问题则采用一般辅导的方法解决；属于心理疾病则要在诊断明确的情况下灵活采用心理辅导技术，结合心理治疗，或协同心理医生一同解决；怀疑有精神方面的问题则慎重对待，与临床医生协同明确诊断后送院治疗。

4. 预防原则

预防原则的运用，是指部队的心理工作者在进行心理辅导过程中，不但注意解决问题，还要特别注意当发现来访者心理矛盾有可能向心理疾病方向发展时，必须及时加以预防。在群体范围内，有责任做好普及心理健康维护知识的工作。

（二）操作性原则

操作性原则涵盖有：尊重隐私、原理指导、变通操作、整体辅导和潜能发挥五大原则。这是心理咨询工作者在与来访者进行心理辅导互动时必须遵循的基本技术原则。

1. 尊重隐私

心理求助者往往特别注意自己隐私的保密性。特别是军人往往被称为“一代骄子”，更隐讳自己能有“心理问题”，事实上有些可能属于心理问题，或者有些根本不是心理问题，是自己将正常情况看作是“问题”了。而一些心理问题的发生的确是个人私生活，以及个人成长发展中产生的。公开或扩散这些问题将会直接导致更严重的问题发生，因此，作为一名辅导工作者必须尊重来访者的个人隐私，对其不愿公开的经历、现状等个人资料要绝对保密。

2. 原理指导

心理辅导过程是运用心理学原理的过程，而不是仅仅运用心理学术语的过程，也更不是大妈似的唠家常的过程。一些初学者，或者不具备扎实功底的人，还有一些根本就不了解心理咨询是有理论作为根基的人，在和来访者心理辅导中，漫无边际、口无遮拦、陈词滥调，有时可称为“一派谎言”在愚弄来访者。这里特别强调的就是心理辅导过程一定是按照原理指导的过程。

3. 变通操作

心理辅导不存在两种案例间可以完全照搬的固定操作模式。在医学上对一种疾病惯常采用一种已经熟悉的治疗方案，它针对的是疾病，而不是针对某个患病的人。而心理辅导则不然，即使来访者所患的心理问题（或心理疾病）是一个类型、一种诊断，但发生的原因可能截然不同，不一样的辅导模式可能完全没有效果，因此，既要按照经验视情采用，又要不断地变通操作寻求好的解决问题的方法。

4. 整体辅导

心理问题不同于生理疾病。生理疾病的发生往往以生物因素为主导，也就是说细菌和病毒成为危害人类健康的主要病源。但是心理问题，以及心理疾病的发生，从刺激源来讲并不一定是单一因素导致，或可能是生物因素，或可能是个人特质因素，或可能是社会因素，或可能是多重因素的整合结果。从发展过程来讲，并不像生理疾病的细菌或病毒是一个逐渐侵犯的过程，它是一个受到整体作用的结果。因此，辅导心理问题必须采用整体原则，医的是“心”，而不是“症”。心理辅导的成效往往决定于来访者人格系统的全面辅导以及个人与环境系统的全面辅导，而不是仅仅着眼于主诉问题的解决。

5. 潜能发挥

心理咨询工作者应当坚信每个人都有趋向完善的自我实现的潜能，心理辅导的重点是创造有助于个人成长的氛围和条件，而不是训导和治疗。之所以一些人不能在一定的时间、一定的空间内把属于自己的潜能爆发出来的根本原因是对自我的认知不够。俗话说“谁不了解我，难道我还不了解我？”，而实际上就如同没有经过系统体格检查不能盲目说自己身体健康一样，许多时候，确实自己不了解自己。因此，心理咨询工作者在辅导的过程中，要特别注意如何有助于来访者潜能的发现。“你怎么能这样的？”“你这样是不负责任”“你道德有问题”这样的语言千万不要出现在辅导过程中。

二、个别心理辅导的基本程序

心理辅导尽管可以设计出若干实施程序，并可在具体实施中灵活运用和调整，但基本程序和步骤是需要共同遵守的。心理辅导的基本程序如下：

（一）材料收集与判断

1. 收集来访者的资料

收集来访者的资料是心理辅导的开始阶段。主要任务是深入收集与来访者及其有关的资料。一般来说，我们收集的资料越多，对于下一阶段所要进行的心理诊断就越有力。收集资料主要有 4 个方面：①来访者的自我情况介绍（如个人基本情况、家庭背景、心理问题、童年经历以及人际交往情况、个性特长、生活事件等）；②辅导者对来访者的观察所得（如来访者的外表行为、认知情况、情绪状态、言语特点和能力结构等）；③心理测验的结果；④其他特殊检查。

2. 资料的分析和对来访者问题的判断

心理辅导的重要目的之一是拟定辅导方案，而资料的分析和对来访者问题的正确判断，直接影响到方案的制定和实施。具体分析和判断的过程包括：确定材料的真实性；资料的归纳和整理以及资料的诊断和结论等。其中对来访者问题的判定，不仅要确定主要问题，还要分析主要因素，界定问题的严重程度。

（二）确立目标与策略

1. 确立心理辅导的目标

确定目标不是辅导者一方的事情，一定要与来访者达成共识。这就需要双方深入探讨有关信息，充分发挥来访者的主观能动性，辅导者再结合自己的分析，最终确定方案。应避免一厢情愿，自己说了算。这样做的结果很可能是把来访者丢到一边，而由辅导者承担起改变的责任，这是不正确的，也是不可能的。因为要改变的毕竟是来访者自己。

2. 拟订心理辅导方案

拟订方案的基本原则，就是要通过心理辅导，改变来访者原来的认知结构和行为模式，建立新的认知结构和行为模式。拟订方案要充分考虑各方面的因素，抓住主要相关因素，对辅导的结果要有充分的准备，同时要随时了解来访者的看法，及时调整辅导对策，防止心理辅导的一般化和模式化。

（三）实施与追踪效果

1. 实施心理辅导方案

这是心理辅导的重要阶段，是转入实际解决问题的阶段。

2. 追踪和巩固辅导成效

这是辅导过程的最后一步，也是不可忽视的一步。

第二节 个别心理辅导的基本技术

个别心理辅导的基本技术包括“建立关系技术”“实施操作技术”“影响对方技术”三大方面。这些技术是确保建立心理咨询工作者与被辅导对象和谐关系的重要条件，也是心理辅导效果的重要保证。

这里引用《国家心理咨询师职业培训教材》所述内容，我们简要的勾画并按照三方面的基本技术作一介绍，以便我们在实践工作中能够掌握个别心理辅导的技巧。

一、建立关系技术

建立关系是指与来访者“建立和巩固良好的辅导关系”，这是心理辅导很关键的一步。尽管不同的心理咨询和治疗流派都有自己独特的理论体系，在实际咨询和治疗过程中所采用的方法也各不相同，但对建立和巩固良好的咨询或治疗的相互关系的重要性，认识却是一致的。它被认为是心理辅导、咨询和治疗的最重要的因素，是辅导工作成效的关键。

如何建立这一关系，在这一技术当中，包含了“尊重”“热情”“真诚”“共情”“积极关注”5个方面的要素，可以说是对来访者进行帮助并使之产生改变的充分必要条件，或者说建立关系所需的关键条件。

（一）尊重

1. 基本概念

所谓尊重，是在心理辅导中将来访者作为“有思想感情、内心体验、生活追求和独特性与自主性的活生生的人对待”。尽管他所具有的“症状”千奇百怪，有些超出了我们想象的空间，或者超出了我们原有认知的底线。

但是，这些问题对来访者来讲“具有的痛苦是你不能理解的”，他们常常面对不能理解与尊重而加剧自己的痛苦。

2 应用实践

尊重被辅导者，是作为心理咨询师职业道德的起码要求，也是助人的基本条件。尊重，应当体现为对求助者现状、价值观、人格和权益的接纳、关注和爱护。也就是如同罗杰斯所提出的“无条件尊重”。罗杰斯认为，为了得到帮助，求助者需要知道你是否能够理解他们的想法及感受，如何看待他们的现状及过去。根据双方接纳和了解的程度，求助者开始透露自己的情感及要求。如果求助者感觉到你要居高临下地改造他们，很可能因感到压力而拒绝你的帮助。

尊重意味着完整接纳；尊重意味着一视同仁，以礼待人；尊重意味着信任对方，保护隐私；尊重应以真诚为基础。虽然来访者存在着这样那样的心理问题，但在人性上双方是平等的。心理辅导过程中没有权利而且也绝不应该轻视对方，尤其是来访者在暴露了自身的问题，变得异常敏感的情况下。在工作中应该在非常平等的心态下，以尊重的态度来处理双方的关系。对他人的心理辅导不应以权威者的面目出现，要靠引导、说服。尊重意味着完整地接纳一个人，意味着彼此平等、信任对方和以真诚为基础。保护对方隐私也体现了对求助者的尊重。

（二）热情

1. 基本概念

热情，是对来访者的主观态度的体现，它不是能以语言来表达的，而是以某些人类交往中最基本的成分来表现的。与热情相对的是冷漠，冷漠的背后可能隐藏着对来访者的无意识的敌意和厌恶。热情是在真正关心来访者的命运，真正达到共情的境界时，自然流露出来的一种情感，它会使来访者感到自在而舒适，从而创造出一种有助于使来访者发生变化的气氛。只有热情，能够使得求助者感觉到与咨询师的有比较近的心理距离，才能够逐步进入充满浓厚感情色彩之中。仅有尊重而没有热情，双方会感到有些公事公办，有距离感。在辅导过程中体现尊重加热情，则能情理交融、感人至深。

2. 应用实践

如何把握热情呢？对于首次来访的求助者往往有一种错综复杂的心

态，怀疑心理咨询师是否理解自己，怀疑自己的问题是否能有效解决，怀疑自己的问题是否被“曝光”。因此，许多求助者是带着不安、疑虑、自卑、紧张和犹豫而来，有些人会表现出拘谨、手足无措。这时，咨询师的热情、友好对减弱求助者的不安心理非常重要。热情，需要注意的是认真“倾听”求助者的叙述，重视言语与非言语行为的表达，全神贯注地留心求助者的一言一行。耐心对待求助者的每一个问题。在咨询结束时应送别求助者。

（三）真诚

1. 基本概念

真诚，是指在辅导过程中，心理咨询师要以“真正的我”出现，要自然流露。既没有防御性的伪装，又不把自己藏在专业角色后面，带着假面具与来访者交流，这是切忌的事情。一些心理咨询师似乎将心理辅导角色摆在了高人一等的位置，掩饰自己、装扮自己，炫耀自己的知识渊博，或掩饰自己的在某方面的欠缺，刚开始与求助者心理辅导，就把自己是某某学校毕业，是什么什么学位，拿大话与来访者交流，认为只有这样才能“震得住”来访者。还有咨询师像是例行公事，而不是表里一致、真实可信地置身于与求助者的关系之中。这种不真诚的辅导方式，常引起来访者内心的反感。

2. 应用实践

如何做到真诚？真诚不是演戏，真诚不是装扮，真诚需要从骨子里迸发。真诚的表露要恰如其分，它贵在真和诚。当然，真诚不是想到什么就说什么，不是什么都可以随意地说出来。咨询师表达真诚应遵循一个基本原则，即对求助者负责，有助于求助者成长，这一原则适用于整个咨询过程。

真诚可信最简单的解释就是要开诚布公地与来访者交谈，直截了当地表达你的想法，而不要让来访者去猜测你谈话中的真实含义或去想象你所做的一切是否还提供了什么别的东西。军人心理工作者应该以真正的“我”出现，不要去扮演角色，没有防御性的伪装，表里如一，真实可信。这样做可以为你的来访者树立一个良好的榜样，激励他们以真实的态度对待咨询与治疗，促使他们不再去假装、掩饰、否认、隐藏他们的真实思想和感受。另一方面，可以为求助者提供一个安全自由的氛围。真诚可信包含了两方面的内容，一方面心理工作者要真实地对待自己；另一方面要真诚地对待来访者。真诚体现了一个人的处世态度。要想帮助别人真诚是必不可少的。

在心理辅导过程中，虽然来访者是前来寻求帮助的，但在一开始，来访者并不是把自己的所有方面全部暴露出来，仍有内心深处的东西不肯轻易示人，来访者也要看对方是否诚实可信。能否以真诚可信的态度获取来访者的信任，决定了双方的关系能否有效建立。即使在心理辅导过程中，这种态度也直接影响到心理辅导的效果，心理辅导者掩饰的态度，来访者会作出各种各样的猜测，这种态度反过来影响来访者，使心理辅导工作停留在表面上，无法深入。

（四）共情

1. 基本概念

共情，英文叫 empathy。是指能进入对方个人的精神领域，体验他人的内心精神世界，并能理解这个精神世界，就好像那是自身的精神世界一样的一种能力。按照心理学家罗杰斯的观点，它包括三方面的含义：①咨询师借助求助者的言行，深入对方内心去体验他的情感、思维；②咨询师借助于知识和经验，把握求助者的体验与他的经历和人格之间的联系，更好地理解问题的实质；③咨询师运用咨询技巧，把自己的共情传达给对方，以影响对方并取得反馈。共情，被认为是影响咨询进程和效果的最关键的咨询特质。此词也有译为“投情”“同感心”“同理心”“通情达理”“设身处地”等。简言之，共情实际上包含两方面的含义，一是指设身处地进入对方内心世界。二是把自己的关心理解反馈给对方并影响对方。共情是特殊的、个别的，而不是泛泛的、一般性的。是能够理解与分担对方精神世界的各种负荷的能力，而不是进行判断和支持对方的能力。

2. 共情水平

一般将共情分为“初级的共情”和“高级准确的共情”两种类型。在初级的共情水平上，心理辅导者认识到来访者又重新体验到了事情发生时的情绪，治疗者的反应是以其自身为参照系统，旨在与来访者交换自身体验的水平上进行。而在高级的准确地共情水平上，治疗者设身处地的表明了自己的态度，并进一步引导来访者，使对方的思维不停留在原水平之上。准确地共情应该包括治疗者从来访者内心的参照体系出发，设身处地地体验来访者的内心世界；并以言语准确的表达对来访者内心体验的理解；引导来访者对其感受作进一步的思考。

要做到共情，就应走出自己的参考框架而进入求助者的参考框架，对前来寻求帮助的每一个特殊的个体时刻保持敏感，变换自己的体验。要用“心”，真心实意帮助来访者，而不仅仅靠会谈技巧的运用。要适时适度，因人而异。在言语表达的同时，要注重非言语的运用。如此，才有可能达到共情的较高水平。

3. 共情效果

在心理辅导过程中缺乏共识，不能够体验来访者的内心世界，则无法走入他人的心理世界，就不能获得辅导的效果，会使辅导过程出现障碍。求助者往往出现的情况是：感到失望；感到受到伤害；打乱自我探索的步骤。他们会认为咨询师对自己不理解、不关心，进而感到失望，减少甚至停止自我表达。一些咨询师过多立足于自己，不能真正理解求助者的问题情况下，对求助者表现出不耐烦、反感甚至批评，这会使求助者感觉受到伤害。咨询师进入不了求助者的内心，往往对他们的自我探索不加注意，将直接影响求助者的自我了解和探索。

（五）积极关注

1. 基本概念

积极关注，英文叫 positive regard。是以积极的态度看待求助者，对他们的言语和行为的积极面予以关注，从而使求助者拥有正向价值观。

积极关注涉及对人的基本认识和基本情感。心理咨询师的心理辅导工作是一项助人工作。助人者也，则就必须抱有一种信念，即受助者是可以改变的。其实每个人身上总是由长处和短处构成的，所谓的短处是对某一环境和工作的不适应和不了解，或者说个人特质和岗位特质不匹配。而自身的许多潜力没有升华。每个人的身上既有潜力存在，又都存在着一种积极向上的成长动力。应该知道，一个人的成长是由“个人努力”和“外界帮助”两者结合而实现的。

2. 应用实践

积极关注首先要避免盲目乐观，不做空洞的、与来访者事情无关的形式和教条的反应，这样做实际上是淡化了问题本身，偏离了真正的问题。其次是避免过于悲观，只强调那些消极的方面，使对方陷入沮丧和困惑之中。正确的积极关注应立足实事求是，善于发现和发掘有利于来访者成长和改变的，并与来访者自身的事情有关的长处和积极方面。

相信求助者能够改变，相信每个人身上都存在向上成长的潜力，而且他现在自身已具有一些积极因素，这一基本认识，是心理辅导工作的支撑点和立足点。这就要求军人心理工作者去发现来访者的积极的方面，而且通过情感的反应和直接的个人反馈使那些积极的东西突出来。有心理困惑和问题的来访者，其意识范围变得狭窄，“一叶障目，不见泰山”，往往只看到自己的不足，看不到成绩和希望。要积极关注并帮助他们全面的认识自己，开阔其视野，看到希望，帮助他们树立起改变自己的信心。

二、实施操作技术

实施个别心理辅导的方案过程中，操作技术包括“参与性技术”和“影响性技术”两个不同而十分重要的内容。参与性技术包括倾听、提问；影响性技术指的是面质。

（一）倾听

1. 基本概念

倾听，就是我们通常说的听。属于参与性技术之一。“听”还有技术吗？谁不会听！没有人会说自己不会听。但是，就心理辅导这项工作来讲，许多初学者是不会听的。对来访者进行辅导中，往往忙于表述自己的“高见”。来访者想要述说的内心困惑或痛苦，还没说完就急于打断，“有板有眼”指出“应该是什么”。有时甚至是“高谈阔论”直至达到“声嘶力竭”表达自己的观点。其实，这种方式是一种失败。如果你是来访者你也不会接受这样的心理辅导，你甚至惊讶心理辅导难道就是这样吗？

学会倾听非常重要，倾听是心理辅导成功的第一步，是建立良好辅导关系的基本要求。倾听，既可以表达对求助者的尊重，同时也能使对方在比较宽松和信任的氛围下诉说自己的烦恼。

2. 倾听要求

第一，要认真。心理咨询师对来访者所表述的内容一定要认真、有兴趣、设身处地地听，不要带偏见，不要做价值评判。对求助者讲的任何内容不表现出惊讶、厌恶、奇怪、激动或气愤等神态，而是予以无条件的尊重和接纳。可以通过言语和非言语的方式来对求助者的倾诉做出反应，比如，“噢”“嗯”“是的”“然后呢”等，以及点头、目光注视、微笑等。有些人误认为心理咨询主要是咨询师“讲”，而不知道最重要的还是“听”，尤其在咨询的初期和中期。倾听不仅是为了清楚情况，也是为了建立咨询关系，同时还具有助人效果。

第二，要用心倾听。倾听的过程中，不仅仅是耳朵的听，更重要的是用心去听。来访者在表述自己的问题时，可能有省略的语句，可能言语中有没有表达出来的内容或隐含的意思，甚至是求助者自己都不知道的潜意识。有时求助者说的和实际的并不一致，自觉或不自觉地回避本质性的问题。心理咨询师就要听出这些话外所含的内容，要以共情的态度倾听。你必须深入到求助者的感受中去，细心地注意求助者的言行，注意对方如何表达问题，如何谈论自己及与他人的关系，以及如何对所遇问题做出反应。还要注意求助者在叙述时的犹豫停顿、语调变化以及伴随言语出现的各种表情、姿势、动作等，从而对言语做出更完整的判断。

第三，要善于倾听。倾听不仅在于听，还要有参与，有适当的反应。反应既可以是言语性的，也可以是非言语性的。反应的目的既是为了向求助者传达咨询师的倾听态度，鼓励求助者叙述，促进咨询关系。同时也是为了深入了解，澄清问题，促进咨询师对求助者的理解和求助者对自己的了解。倾听时给予适当的鼓励性回应，点头、目光注视，以及某些词的运用，如“是的”“噢”“确实”“真有意思”“说下去”“我明白了”“你再说得更详细些”等。这些简单的词、句子或动作的运用则可以鼓励求助者把会谈继续下去，这就是一种倾听的技巧。

当然，这种点头要适时适度，若点头非常机械，会激发来访者厌恶的感觉。一边点头一边东张西望或者翻看无关的东西，或者不该点头的时候点头，那么求助者很快就会发现咨询师心不在焉，从而会影响求助者的叙述，甚至对咨询师产生不良印象。

（二）提问

1. 开放式询问

会谈是以开放式询问开始的。使用“什么”“如何”“为什么”“能不能”“愿不愿意”等词来发问属于开放式询问。带“什么”的询问往往是需要获得一些事实、资料。如，“你为解决这个问题做了些什么呢？”。带“如何”的询问往往牵涉到某一件事的过程、次序或情绪性的事物，如：“你是如何看待这件事？”。而“为什么”的询问则可引出一些对原因的探讨，如：“你为什么不喜欢在寝室里了？”。有时用“愿不愿”“能不能”起始的询问句，以促进求助者作自我剖析，如“你能不能告诉我，你为什么这么害怕黑夜？”由此可见，不同的询问用词可导致不同的结果。

这种询问是需要求助者就有关问题、思想、情感给予详细的回答。求助者回答询问没有什么限制，按照自己的思路回答即可。开放式询问通常要求对方自然地谈出情况，而不是去回忆某些具体的细节。例如，“你怎么想到要来这里”“谈谈你的情况吧”等等。这样的问题不能用简单的一两个字如“是”或“不是”来回答，其回答的范围也很广。以开放式询问开始会谈，能使求助者有机会表述他们自认为重要的事情。让求助者就有关问题、思想、情感给予详细的说明。如果一开始就问一大堆封闭性的问题，情况就不会这样了。

需要注意的问题是，一些心理工作的新手，在使用开放式提问后，没有得到预想的结果，而是产生了“阻抗”。发生这样问题的原因是由于心理咨询师与来访者之间的关系还没有获得良好关系。求助者对这些问题有被“审问”“窥探”“剖析”的感觉。例如，某电视台主持人直播中咄咄逼人的提问方式，令听众难以接受，这种心理访谈节目自然不被欢迎。心理辅导本是解决问题的关系，如果产生阻抗，则无法使得辅导继续进行下去。尤其是涉及一些敏感的隐私问题。询问是咨询的需要，而不是为了满足好奇心或窥探隐私的欲望。

2. 封闭式询问

使用“是不是”“对不对”“要不要”“有没有”等词的提问，属于封闭式询问。对这样的询问，其回答也只有“是”“否”式的简单答案。这种询问常用来收集资料并加以条理化，澄清事实，获取重点，缩小讨论范围。在辅导过程中，如果过多使用封闭式询问，求助者总在被动回答之中，就会降低求助者自我表达的愿望，使之沉默甚至有压抑感和被讯问的感觉。心理辅导的过程应该使求助者能够充分表达自己，过多地使用封闭性询问则会剥夺求助者这种表达的机会。因此，要注意这样询问的时机和次数，与开放式询问结合使用则是获得效果最好的方式。

封闭式询问只要求求助者回忆某一特定的情况，这样的问题通常可以用一两个字来回答。例如，“训练有困难吗？”“来这里是因为训练问题吗？”“你与战友有矛盾吗？”或“你不喜欢部队吗？”对这些问题都可以用“是”或“不是”回答。这种询问常用来收集资料并加以条理化，澄清事实，获取重点，缩小讨论范围。在会谈开始阶段，应尽量不用封闭式询问，如果每次得到的回答都是“不”，就会使会谈对双方产生消极的影响，还往往会使会谈突然停止。同时过多地使用封闭式询问也是不妥的，这样会压制求助者自我表达的愿望和积极性。如果能与开放式询问结合起来使用，效果会更好。

有效会谈的关键技术之一，可能就是会谈者的谈话要直接与来访者刚刚讲过的内容相联系。这样的技巧包括鼓励和重复语句、说明语句、对情感的反应和总结。

（三）面质

属于影响性技术内容。面质，又称质疑、对质、对峙、对抗、正视现实等，英文为Confrontation。是指咨询师指出求助者身上存在的矛盾。当求助者所述说的内容中存在前后不一致等情况时，就要用面质的技术澄清这些问题。比如出现言行不一致问题，“你说当你和妻子分手时你很痛苦，可你在谈论这件事时却面带喜色”。对理想与现实前后言语不一致问题，如“你说你应该是个受人欢迎、尊重的人，可实际上别人常常疏远你，甚至歧视你”，对前后言语不一致问题，如“你上次说你很喜欢你的领导，现在你怎么又骂起他来了？”，等。

实际心理辅导中，需根据具体情境尤其是辅导关系建立的程度，而选择适当的用词、语气、态度，因为面质具有一定的威胁性，在使用时务必谨慎、适当。第一，要有足够的事实依据。事实不充分、不明显时都不宜采用面质。第二，不能把面质当作个人发泄的机会。面质是为了澄清问题，促进求助者成长，不可将面质变成咨询师发泄情绪乃至攻击对方的工具。第三，绝对要避免攻击性语言。一些人把面质当作表现自己智慧与能力的机会，所以不考虑求助者的感情，一味地、无情地使用面质，常使求助者无法招架，陷入尴尬、痛苦状态。第四，面质所涉及的问题对求助者来说有可能具有应激性，具有一定的威胁，有可能导致危机出现。因此，必须充分在“共情”“尊重”“真诚”等前提下才能使用。第五，在辅导关系没建立好的情况下避免面质，若不得不用，可应用一些尝试性的面质，如“我不知道我是否误会了你的意思，你上次似乎说你学习挺轻松，成绩亦好，可刚才你却说学得很累，老担心学习成绩，不知哪一种情况更确切？”在此运用了“似乎”这一不肯定的用词，而开始时又先说明自己可能误会了对方的意思，最后又用问题作结束，这样的面质就为求助者留有了余地。

（四）鼓励和重复技术

鼓励，指在与来访者进行心理辅导的过程中，直接重复求助者的话或仅以某些词语如“嗯”“讲下去”“还有吗”等，来强化求助者叙述的内容并鼓励其进一步讲下去。

鼓励很重要，由于求助者在咨谈的时候，不能抓住问题的实质，或者不知道从何说起，或者不知道自己谈什么才能把问题说清楚，或者内心的隐私不愿告知心理咨询师，或者自己表达方式问题等等。如果不采用鼓励的方式，可能会漫无边际的浪费很多时间做无效咨谈，更谈不上辅导效果了。采用鼓励，既促进交流继续，又能通过对求助者所述内容的某一点、某一方面作选择性关注而引导求助者的会谈朝着某一方向作进一步深入。鼓励不同的主题就可以引导求助者朝着不同的方向，达到不同的深度。因此，咨询师应把握求助者所谈的内容，根据经验并结合需要有选择性地给予鼓励。鼓励实质上也是一种主动、积极、参与式的倾听。

（五）释义

释义，英文叫 paraphrase，也称内容反映或说明语句。是指心理咨询师把求助者的主要言谈、思想加以综合整理，再反馈给求助者。不像鼓励和重复语句那样完全重复求助者的话，但与原话是可以互相代替的。求助者在辅导过程中，可能给我们的信息是凌乱的，一些想表达和表达出的意思有一些含糊不清，这时，心理咨询师就要选择求助者的实质性内容，用自己的语言将其表达出来，最好是引用求助者言谈中最有代表性、最敏感的、最重要的词语，这就是释义。释义使得求助者有机会再次剖析自己的困扰，重新组合那些零散的事件和关系，深化会谈的内容。

释义可以帮助求助者对问题进一步理解，能诱导其继续这一话题。因此它能使会谈延续下去，使求助者有机会重新解释自己思想，重新探索自己的问题，重新思考事物之间的关系，深化谈话内容。

（六）具体性

具体性，英文叫 concreteness。在辅导过程中，求助者会出现如“问题模糊”“过分概括”“概念不清”等情况。这些情况的出现显得辅导过程不清晰，现在的话叫“理一理”，把问题梳理清晰。也就是说心理咨询师协助求助者清楚、准确地表述他们的观点、所用的概念、所体验到的情感以及所经历的事件，这就是具体性。不少求助者所叙述的思想、情感、事件常常是模糊、混乱、矛盾、不合理的。这些常常是引起求助者困扰的重要原因之一，同时也使问题变得越来越复杂，纠缠不清。咨询师借助于具体性这一咨询特质，澄清求助者所表达的那些模糊不清的观念及问题，把握真实情况。同时，亦使求助者弄清自己的所思所感。没有具体性这一步，咨询师就难以有针对性地工作，因为把握的信息很可能是模糊的、错误的。这就是具体性的意义。

求助者出现如下情况，需要采取相应的“具体性”的对策。

（1）问题模糊。求助者用一些含糊的、笼统的字眼谈到自己的问题，比如“我烦死了”“我感到绝望”等，就会被自己所界定的这种情绪笼罩，陷入困扰之中。有时求助者表达不清楚自己想要表达的思想、情感和事情经过，或者自己也搞不清事情是怎样的，究竟怎么思考的，其体验到的感觉是不确定的、模糊的。心理咨询师的具体性就是要还其本来面目，并让求助者明白真相。

（2）过分概括。求助者以偏概全的思维方式使得自己感到困惑。比如，把对个别事件的意见上升为一般性的结论，把对事的看法发展到对人，把有时演变为经常，把过去扩大到现在和未来。这就需要咨询师一一予以澄清。

（3）概念不清。同样一句话、一个概念，一个词，其含义和程度会因人而异，有时甚至相差甚远。有位求助者叙述自己得了神经衰弱，担心会影响学习、损害健康，会休学，甚至发展为神经病（即精神病）。问：有何症状？答：睡不着。问：要过多少时间才能睡着？答：半小时左右。此外就没有其他的症状了。而神经衰弱是他自己加的，因为他听说睡不着就是神经衰弱。这些就属于概念不清问题，心理咨询师就要告诉他神经衰弱的概念。

三、影响对方技术

（一）解释

1. 基本概念

解释，英文叫 interpretaion。解释是最重要的影响技巧，解释能给来访者提供一种新的认识他们的问题和自身的方式。解释还可使来访者的世界观产生认知性的改变。咨询师在辅导过程中，将求助者所述问题，运用某一种理论、根据个人的经验、实践与观点对来访者的问题进行解释，来描述他的思想、情感和行为的原因、实质等。来访者对自身的问题感到难以解决、困难和苦恼，是由于他们从自己的参照系出发，站在自己的角度来看待自己、他人和世界的结果。通过解释技术，能够使求助者从一个新的、更全面的角度来重新面对困扰、周围环境及自己，并借助于新的观念和思想来加深了解自身的行为、思想和情感，产生领悟，提高认识，促进变化。

2. 应用实践

解释的运用好坏，存在一系列技术问题。对一些文化水平较高、有一定的心理学修养，领悟能力较强的求助者，解释时可以深些、系统些、全面些。当然，不能把解释强加给求助者，在求助者还没有心理准备的时候就匆忙地解释，往往会使求助者不知所措，难以接受。同时，不能把求助者不同意或有怀疑的解释加在他的身上。咨询师水平高低很大程度上取决于他理论功底是否深厚，以及联系实际能力的程度。要做出真正符合来访者的实际情况，而不是千篇一律、牵强附会的解释，需要掌握一种和几种理论模型，并在实践中不断地加以应用。要想做出创造性的解释，还需要心理工作者具有丰富的经验和对生活的深刻理解。

解释与释义的差别在于，释义是从求助者的参考框架来说明求助者表达的实质性内容，而解释则是在咨询师的参考框架上，运用自己的理论和人生经验来为求助者提供一种认识自身问题以及认识自己和周围关系的新思维、新理论、新方法。

（二）指导

1. 基本概念

指导技巧是影响力最明显的一种技巧，它主要是指心理咨询师直接地指示求助者做某件事、说某些话或以某种方式行动的方法。还可能引导来访者进行想象，进行放松训练，教以某些特定的行为方式或是来访者进行自由联想等。

2. 应用实践

不同的心理学派按照不同的方式予以指导，心理分析学派常指导求助者进行自由联想以寻找问题的根源；行为主义学派常指导求助者作各种训练，如系统脱敏法、满灌法、放松训练、自信训练等；人本主义中的完形学派习惯于作角色扮演指导，使求助者体验不同角色下的思想、情感、行为。

理性情绪学派则针对求助者的各种不合理观念予以指导，用合理的观念代替不合理的观念。

（三）忠告

治疗者借助为来访者提供建议，给予指导性的信息，或为其提供具有指导意义的思想观点等帮助来访者。为来访者提供信息和忠告，对来访者的思维与行动具有潜在的影响力。这在心理辅导工作中是非常有用的技巧。

需要注意的是，为来访者提供信息要完全以其利益为出发点，并且尽可能使对方了解你提出有关忠告的根据。在提出忠告的措辞方面也应注意，措辞生硬可能产生抵触情绪，而委婉的话语容易被对方接受。另外提出建议和忠告的数量和时间要把握得当。过多的建议和忠告可能会失效，主动的建议和忠告可能会无用。

（四）自我暴露

1. 基本概念

自我暴露，英文叫 self-disclosure。有经验的咨询师常常会就正在展开的某一个问题，表达自己的情感、自己的想法及以往经历同样事件的经验与来访者共享，这就是自我暴露。它是一种有助于与来访者建立相互信任和开诚布公的良好关系的影响技巧。心理咨询师把自己个人的有关信息讲出来，使别人知道这个过程。他的自我暴露行为可以使来访者的自我暴露增多。在会谈中会起到非常积极的作用，使来访者感到治疗者对他的吸引力增加了，也提高了来访者积极参与会谈的兴趣。自我暴露，既可以是向来访者表明自己对来访者言行问题的体验，也可以是告诉对方自己过去的一些有关的情绪体验及经历经验。这两种形式的自我暴露都有利于治疗关系的建立和巩固，一般来说，辅导者的自我暴露越多，来访者的相应行为也就越多，他越愿意谈他自己的所思所想所言所行。但自我暴露是有限度的，过多会使来访者在会谈中可以利用的时间减少，甚至会使来访者感到辅导者也不是一个心理健康的人，从而反过来关心起治疗者的问题了。

2. 应用实践

通常自我开放有两种形式，一是咨询师把自己对求助者的体验感受告诉求助者。一种感受是正信息，可以起到正强化的作用，使求助者愉悦和受到鼓励。另一种感受是负信息，这时要注意求助者的心情。二是咨询师暴露与求助者所谈的内容的个人经验。比如考核紧张问题，咨询师可以说自己也有这样的体验，每到考核之前就开始睡眠不好，将自己的经历可以简单地复述一下，这时，话题一转问道：但不知道你在这时候训练的效率如何？需要特别注意的是，这种自我开放一定要简洁，它目的不是谈论自己，重要的目的在于借自我开放表明自己理解并愿意分担求助者的情绪，促进其更多地自我开放。

自我开放一定要在恰当的问题、恰当的时机和恰当的会谈背景下运用。如果你滔滔不绝的自我开放，超出了求助者的心理准备，或者占用了求助者太多的时间，会得到相反的效果。

（五）非言语行为的运用

非语言行为是指在心理辅导中除了使用言语表达进行双方交流信息、沟通感情、建立关系之外的一种交流方式，也是咨询师帮助求助者的主要工具之一。非语言行为伴随言语内容一起出现，对言语内容是一种补充、修正，在辅导过程中起着非常重要的作用。非语言行为有以下几种表达形式：

1. 目光注视

眼睛可以传递最细微的感情。心理辅导中咨询师的眼睛应注视对方的哪些部位为好。一般来说，目光大体在对方的嘴、头顶和脸颊两侧这个范围活动为好，给对方一种舒适的、很有礼貌的感觉，并且表情要轻松自然。如果目光范围过小会使对方有压迫感，而目光范围过大则会显得太散漫、随便。

2. 面部表情

一个人内心的喜怒哀乐无不在脸上透露出来。观察一个人的非言语行为首先而且主要是集中在面部表情上。达尔文在他的著作《人和动物感情的表达》中，探讨“是否相同的表情和姿态，通用于人类的各个种族”。他对世界各地的观察材料进行分析，认为人类在面部表情的沟通上极为相似。也就是说，眼睛和嘴巴张大，眉毛上扬，是惊愕的表情；害羞会脸红；愤慨或挑衅时会皱眉头、昂首挺胸并紧握拳头；人在深思问题或竭力解开疑惑时会皱起眉头或眯起眼睛。就是说通过面部表情就可以知道对方的情绪状态，咨询师的面部表情也会给求助者传递对他关注的程度。在辅导过程中，咨询师要面带微笑，随着求助者的表述的内容做起伏性的动态变化，会添加求助者的信心。

3. 身体语言

身体、手势的运动和位置对辅导过程中相互的沟通起着重要作用。身体语言具有丰富的含义。一般低头表示陈述句的结束，抬头表示问句的结束，而较大幅度的体态改变表示相互关系的结束，表示思维过程或较长的表达的结束。如果体态的改变到了不再正视对方的地步，则表示不愿再交谈下去，想把注意力转移到其他对象上去。

一个人的心理过程影响着人体行为和人体功能，人的心理僵化通过姿势和动作也僵化着人的举止，因为一个始终感到不幸的人会终日皱眉，皱眉成了他固定的表情。一个好侵犯、好管闲事的人老是探头探脑。一个温和、慈祥的人常常面带微笑。有些学者认为，当人情绪低落时，仅仅以挺胸和挺直腰杆的动作，就可使自己由颓丧的感觉转变为充满信心。咨询中，那些较自信的求助者往往能正视咨询师，而且正视时间较长，而缺乏自信、心中不踏实者则相反。自信的人眨眼的次数亦少，那些非言语行为尤其是代表消极意义的非言语行为亦少，因此显得是更好的听众。

4. 声音特质

声音包括音质、音量和言语速度。声音的轻重缓急、语调、节奏的快慢，以及停顿等都自觉不自觉地表达自己错综复杂的思想和感情。

音调提高，表明强调所谈的内容的重要性，也表明某种激动和兴奋的情绪。音调降低，也可以是一种怀疑、回避，或者涉及了敏感、痛苦、伤心的事情。节奏加快表明紧张和激动，节奏变慢则有可能是因为冷漠、沮丧，或正在思考是不是要表述，如何表述。有人认为，一个人的个性可以透过声音外露出来。急性性格还是慢性性格、自信还是自卑、坦率还是躲闪，都能在声音上流露出来。心理咨询师不仅要善于判别求助者声音变化所表达的含义，还要善于运用声音的效果加强自己所表述内容的意义及情感。有经验的心理咨询师能够很好地把握声音特质，从而运用其他各种技巧。

5. 空间距离

指的是在辅导中咨询师与求助者双方的空间距离。空间距离也具有非言语行为的特征。心理辅导中空间距离如何把握？一般来说，在专用心理辅导室里，座位要相对固定，双方按各自位置就座即可。但座位的布置则应符合有助于辅导关系建立、彼此感到适宜的原则，距离以 1 米左右为好。为了避免一些求助者在面对面辅导时，感受到咨询师视觉目光的压力后会降低与咨询师深入访谈的动力。因此，选择成直角而坐，可以避免太多的目光接触，便于沟通。

双方距离也会因人因时因事而异。比如，双方同性别时，其间的距离会小于异性间的空间距离，而且两女性间的距离会小于两男性间的距离；青年或成年男性咨询师在面对年轻的女求助者时距离会大于面对儿童、少年时的距离；有些对此敏感、防御性强的求助者希望距离大些；有些希望寻求依靠、帮助的求助者则希望距离小些，以得到一种安慰。

如果面对的是危机咨询或寻求感情支持的求助者，则缩短距离可以最大限度地表示咨询师的关切，咨询师微微前倾的身姿能使求助者感到咨询师愿意接纳他、帮助他。

心理辅导的不同阶段，也会有不同的距离。初次见面一定要有一定的距离；随着辅导关系的建立，可以拉近彼此的间距；如果求助者不满意辅导效果或对咨询师不信任，他会不自觉的增大彼此的间隔；相反，他会缩短彼此距离。但是，无论如何，双方的关系始终是辅导关系，而不是朋友关系。一旦这种正常的关系破坏、距离拉近，辅导的效果也就不存在了。在辅导期间，以至结束辅导后相当一段时间，双方切忌存在请客吃饭的关系。

四、识别和处理阻抗

心理辅导如果不能正常的进行，求助者明明是来进行心理辅导的，但是却发生沉默、寡言，想说又不想说，吞吞吐吐，以及不能按规定时间来访，都可以认为出现了求助者对咨询师的“敌意”，这种“敌意”既是心理学中所讲的“阻抗”。在心理辅导中，“阻抗”经常可能发生，并且是心理辅导的绊脚石。识别与处理阻抗也成为我们辅导能否顺利进行的重要因素。

（一）阻抗的识别

1. 什么是阻抗

阻抗，英文为 resistance。它的概念最早由弗洛伊德提出，他将阻抗定义为求助者在心理治疗的自由联想过程中对于那些使人产生焦虑的记忆与认识的压抑。因此，阻抗的意义在于增强个体的自我防御。在传统的精神分析学说中，阻抗也是所有精神防御机制的总和。总之，弗洛伊德对阻抗的定义强调了潜意识对于个体自由联想活动的能动作用。而罗杰斯则将阻抗看作个体对于自我暴露及其情绪体验的抵抗，其目的在于不使个体的自我认识与自尊受到威胁。这一观点体现了个体的认知对于自我结构与发展的防护作用。此外，一些行为主义心理学家把阻抗理解为个体对于其行为矫正的不服从。它或由于个体对心理咨询心存疑虑，或由于个体缺乏其行为变化的环境条件，这一立场反映了个体行为变化与环境控制的相互依赖。所有这些理论均表明，阻抗对于心理咨询过程具有深刻的影响。人们只有加以积极的认识与控制，才能达到预期的效果。反之，如果对阻抗现象不加理会或处理不当，则心理咨询的进展与效果将受到阻挠。

2. 阻抗的表现形式

表现形式具有多种多样，可以是语言形式，也可以是非语言形式，还可能表现为个体对于某种心理咨询要求的回避与抵制，或个体对心理咨询师或其他人的某种敌对或依赖；还可以流露于个体的特定认知、情感方式，以及对心理咨询师的态度等。

（1）讲话程度上的阻抗。沉默、寡语和赘言都属于讲话程度上的阻抗，其中尤以沉默最多见。辅导过程中的沉默，可表现为求助者拒绝回答咨询师提出的问题，或有长时间的停顿。可以说是求助者对于心理咨询的最积极的、最主动的抵抗。笔者曾经接待一个来访者，每次都是主动约定访谈时间，但是在面对面时，却一言不发，这是一种典型的阻抗。出现这种情况时，需要咨询师通过耐心解说和真诚的态度才能消除，但也不能强求。同时，我们还要将阻抗性的沉默与反省性的沉默区分开来，前者是敌对的表现，而后者则是领悟的需要。少言寡语也是对心理辅导的抵抗。它通常以短语、简单句及口头禅（如嗯、噢、啊）等形式加以表现。它使得咨询师同样产生困惑及挫折感，而无法深入了解求助者的内心世界及对心理辅导的态度。赘言表现为来访者在心理辅导过程中滔滔不绝地讲话。它多是无意识的，在积极回答咨询师提问的表象后面隐藏了某种潜在动机，如减少咨询师讲话的机会，回避某些核心问题，转移其注意力等。

（2）讲话内容上的阻抗。第一，理论交谈。如在心理辅导中，求助者竭力使用心理学或医学上的术语与心理咨询师交谈，这就是一种阻抗，称为理论交谈。从表面上看，似乎可以更好地增进双方语言和思想上的交流，但实际上是求助者对心理咨询师的某种疑虑及其企图加以控制的欲望，是一种求助者进行自我保护的有效手段之一。第二，情绪发泄。如求助者对于某种访谈的议题有强烈的情绪反应，表现为大哭大闹、泪流不止，或不自然的大笑，这也是一种内容阻抗。这种表现实际上求助者在避开使自己感到焦虑和精神痛苦的意念，是一种精神防御表现。第三，谈论小事。有些求助者在心理辅导中，不是正面就求助问题而谈，而是对一些无关紧要的小事谈论不休，它的目的在于回避谈论核心问题，并转移咨询师的注意力。它往往是心理辅导中最轻微的也是最不易发现的阻抗表现。

以上这些内容阻抗，是指求助者在其对会谈内容的某种直接、间接控制，来表现他对心理咨询及其个人行为变化的阻抗为讲话内容上的阻抗。

（3）讲话方式上的阻抗。大致有心理外归因、健忘、顺从、控制话题和最终暴露等几种情况。第一，心理外归因。指求助者将其某种心理冲突与矛盾的原因完全归结于外界作用的结果，而回避从其自身的角度加以认识。它严重阻碍了个体的自我反省，使人将一切错误客观化，并将所有责任推到别人身上，而从不认识到个人的错误。从这层意义上讲，它也是自我中心主义的表现。比如一个易于生气的人常怪罪别人惹他生气，而不愿在自己身上寻找原因。第二，健忘。是指求助者在谈论感到焦虑和精神痛苦的议题时所表现出的健忘现象。它具有很大的任意性，实际上是求助者对于某种痛苦经历长期压抑的结果。特别是当咨询师竭力启发求助者去唤起某种痛苦记忆时，对方常会通过各种方式来表现遗忘。第三，顺从。指求助者对咨询师讲的每一句话都表示绝对赞同和服从，使咨询师无法深入了解其内心世界。因此，它同样可以使咨询师感到无所适从，无法为他提供真正有效的帮助。由于顺从所具有的隐蔽特点，常使人不易发觉对方潜在的阻抗作用。第四，控制话题。指求助者在会谈中一味要求咨询师讲自己感兴趣的话题，而回避自己不愿谈论的话题。这样做也是为了减轻其因谈论不愿谈论的问题而产生的焦虑。此外，控制话题还可以强化求助者在心理咨询过程中的自尊与地位。第五，最终暴露。指求助者故意在会谈的最后时刻才讲出某些重要事件，以使咨询师感到措手不及，借以表达他对心理辅导的某种抵抗。需要注意的是有时存在犹豫性的最终暴露，不能简单地将最终暴露都视作阻抗的表现。

以上这些是常见的讲话方式上的阻抗。它通过求助者言语交流中不同心理活动加以体现，形式多样，因人而异。

（4）辅导关系上的阻抗。不认真履行心理辅导时间安排、诱惑咨询师、请客送礼都称为辅导关系上的阻抗。第一，不认真履行心理辅导时间安排。心理辅导必须按照事前确定的约谈时间予以辅导。求助者不按时赴约，或借故迟到、早退，不认真完成咨询师安排的作业，不付或延付咨询费等。这些行为均对咨询的顺利进展带来阻碍，是求助者通过故意破坏心理辅导的一般安排与规定来实现其自我防御的目的。第二，诱惑。求助者通过引起咨询师注意其言行、装扮等来影响心理咨询的进程，并加强自己在心理咨询中的地位。如有的求助者对咨询师发生兴趣，则会通过自身刻意打扮，或大讲自己的有趣经历来试图引起对方对自己的兴趣。这种密切私人联系的做法，目的是为了达到控制咨询关系发展的目的。第三，请客送礼。一种辅导关系上的阻抗，是求助者的某种自我防御需要及其控制心理辅导关系的欲望。心理咨询师职业规定与来访者不能超越正常的咨询关系，一旦正常关系破坏则意味着双方关系的结束。请客送礼显然由于求助者试图控制双方的关系，以实现自我防御。

以上简述了阻抗的四类表现形式。它们可以表现为个体对某种行为变化的抵触，也可以表现为求助者对咨询师的某种敌对态度。但无论哪一种形式，都是对个体的自我保护及对其痛苦经历的精神防御。因此，它们对心理辅导的进展起着潜在的深刻的影响。及时发现阻抗并加以积极、有效地认识，是建立良好咨询关系，强化求助者自我暴露与自我变化的关键。事实上，在很多情况下，对于阻抗的认识往往是心理咨询突破的开端。

（二）阻抗的处理要点

1. 正确识别与分析阻抗

面对求助者讲话时的少言寡语，咨询师应该分析是否是由于求助者本身的某些人格特征带来的。如有些防御心理很强、退缩性等特征的人，不仅在平时的人际关系中是这样，也会反映到会谈之中。此时，要有足够的认识。还有，可能是由于负移情的结果。

2. 解除对阻抗的恐惧

不必把可能出现的阻抗看得过重，并不是所有人的心理辅导都会出现阻抗的。如果我们恐惧了阻抗，则会使我们缩手缩脚，直接影响了心理辅导。我们要把握两种情况，一是咨询师能够知道阻抗产生的原因有哪些，二是提高咨询师的技能和水平，即使出现阻抗也能够及时发现、及时处理。

3. 诚恳的态度对待阻抗

如果确认出现阻抗，应该诚恳的把这种信息反馈给求助者，让对方有一致的看法，以便了解阻力产生的原因，合理的予以解释。这样可以减轻求助者的紧张和焦虑，使访谈能够有良好的气氛，共同探讨阻力的问题。只要我们能够解释阻力、了解阻力产生的原因，最终超越阻力，就能使辅导取得进展。弗洛伊德认为，克服阻力，解释是重要的武器，要分析、解释阻力的表现和性质，向求助者说明无意义阻力的真实意义，反复进行长期的修通工作，直至使求助者达到真正的领悟为止。

五、识别和处理移情

了解什么是移情方能正确识别移情。什么是移情呢？这是指在心理辅导过程中求助者把对父母或对过去生活中某个重要人物的情感、态度和属性转移到了咨询师身上，并相应地对咨询师做出反应的过程。发生移情时，咨询师成了求助者某种情绪体验的替代对象，这样对有效心理辅导形成了一种障碍。

（一）移情的类型

1. 负移情

求助者把咨询师视为过去经历中某个给他带来挫折、不快、痛苦或压抑情绪的对象。在心理辅导情境中，原有的情绪转移到了咨询师身上，从而在行动上表现出不满、拒绝、敌对、被动、抵抗、不配合等。

2. 正移情

求助者把咨询师当作以往生活中某个重要的人物，他们逐渐对咨询师发生了浓厚的兴趣和强烈的感情，表现出十分友好、敬仰、爱慕甚至对异性咨询师表现出性爱的成分，对咨询师十分依恋、顺从。虽然病情有所好转但来诊的次数却越来越频繁，特别是生活中的大小事都要咨询师给他出主意，表现出无限信任，甚至关心咨询师的衣食住行和家庭生活。

移情有直接和间接两种形式，前者是直截了当地向咨询师表达自己的体验。后者则间接地表达自己的感受。咨询师要学会区别是否真是移情，不能将求助者表达自己的情感全部认为是移情。只有当求助者把自己以前的情感反应转移到咨询师身上，把后者作为过去情感对象的替代，对咨询师抱有超出心理咨询关系的幻想和情感时，才是移情的表现。

（二）识别和处理移情

心理咨询师要学会区别移情与依赖。正移情与依赖有相似之处，移情中多有依赖，但两者又有明显的区别。依赖主要是一种信任，而移情更是一种好感；依赖是寻求现实的帮助，而移情是弥补过去的感情；依赖者多在遇到困难时来寻求帮助，而移情者则时常想见到咨询师；依赖者寻求心理依靠，而移情者寻求感情依靠；依赖者的对象是现实的目标，而移情者是寻找替代物。相比之下，依赖者对咨询师的感情色彩淡，而移情者浓。咨询师要学会辨别两者，以便区别对待。

出现正移情时，咨询师应当婉转地向对方说明这是心理辅导过程中可能出现的现象，但不是现实中正常的、健康的爱。咨询师要有策略地（不要伤害求助者的自尊心）、果断地（让求助者知道咨询师明确、坚决的态度）进行处理，将其引向正常的辅导关系上来。

如果出现负移情或咨询师觉得自己难以处理的正移情现象，可以转介给别的咨询师。

第三节　个别心理辅导的经典理论或常用的方法

一、精神分析疗法

这是由弗洛伊德创建的理论流派。它既是一种人格理论，又是一种心理治疗的方法，在西方占有重要地位。经典的精神分析理论认为症状是未经解决的无意识冲突，所以精神分析疗法特别注重寻找症状背后的无意识动机，重视早期生活经验对人心理造成的影响。主要通过自由联想、对梦的解析来深入挖掘深藏在内心深处的无意识冲突，并通过解释、领悟等方法使无意识的心理过程转变为意识的心理过程。即通过“意识化”的治疗，使症状消失。所采用的方法还有催眠、宣泄、移情、迁移等。精神分析治疗的适宜对象是癔症、强迫症和恐怖症患者。该疗法需时较长，治疗结果难于重复，治疗者也须经过严格的专业培训。

二、个人中心疗法

这一流派理论认为，人有自我成长和自我实现的潜能，人是积极主动的、自我实现和自我指导的。只要提供真诚、关注、理解的适宜气氛，人的潜能就可以发挥出来。个人中心疗法就是通过提供一种安全的气氛，引导来访者探索自己的内心世界，以提高自我觉知的能力，达到自我的协调发展。他们在咨询中往往给来访者以最大的信任，依靠动员来访者自身的潜力来治愈自身的障碍。个人中心疗法的治疗过程分为12个步骤，包括来访者前来求助，治疗者向来访者说明咨询或治疗情况，鼓励来访者情感的自由表达，治疗者接受、认识、澄清来访者的消极情感，来访者成长的萌动，接受和认识来访者的积极情感，来访者开始接受真实的自我，帮助来访者澄清可能的决定及应采取的行动，疗效的产生，进一步扩大疗效，来访者全面成长和治疗结束。该疗法认为治疗者应以真诚、无条件积极关注和共情的态度对待来访者，这比治疗技术的应用更有效。

三、行为疗法

行为疗法是建立在行为主义理论基础上的一种心理治疗方法。该理论认为：人的行为，不管是好的还是不良的行为，都是通过后天的学习而获得的。对于不适行为，可以通过再学习、再训练而矫正过来。行为治疗的常用技术有放松训练、系统脱敏法和强化的方法等。系统脱敏法是行为治疗的一项基本技术，主要治疗恐怖症、强迫症等神经症。它利用的是交互抑制的原理，用肌肉放松拮抗由恐惧或焦虑所引起的生理变化。放松状态多次与引起患者的焦虑和恐怖反应的刺激物结合，即可消除恐惧或焦虑的反应。治疗一般分为三个步骤，首先在医生的指导下，患者学会肌肉放松，然后建立焦虑层次，接着让患者在肌肉松弛的情况下，从最低层次开始想象产生焦虑的情景，如果仍能保持松弛就可以进一步想象较高的焦虑层次，逐步增强直到完全消除恐惧和焦虑。成功的关键是患者从想象情境到现实情境的转移，仍能保持放松状态。强化的方法是建立在操作性条件作用原理上的。例如，某一行为得到奖赏，以后这个行为重复出现的频率就会增加；反之，某一行为得到惩罚，这一行为出现的次数就会减少。强化的方法就是系统地应用强化手段去增进某些适应性行为，减少或消除某些不适应行为的方法。强化的类型有正强化和负强化。

四、合理情绪疗法

合理情绪疗法是基于认知理论的一种心理治疗方法。这种理论认为，人的情绪反应不是直接由诱发性事件引起的，而是由人们对于事件的解释、评价和看法即信念系统所引起的。在人们的信念系统中，有些信念是合乎理性的，而有些信念则是非理性。如果我们对一件事情给予了合理的解释、评价和看法，那么这一事件所诱发的情绪反应就会是恰当的、适度的，而不合理的信念则会导致不适当的情绪反应。人们所持有的不合理信念有三个特征，这就是绝对化、过分概括化和糟糕之极。钱铭怡教授曾经举过这样一个例子：两个人一起走在路上，迎面碰到一个认识他俩的人，但对方没与他们打招呼，径直走过去了。这两个人中的一个对此是这样想的："他可能正在想事情，没注意到我们，就算是看到我们而没理我们，也可能有什么特殊的原因"；而另一个人却可能有不同的想法："他可能是故意这样做的，就是不想理我，就是看不起我。他凭什么这样对待我？！"这样，他们两个人的情绪和行为反应就会不同，前者可能觉得无所谓，该干什么还继续干什么；而后者则可能怒气冲冲，以至于无法平静下来做自己该做的事情了。合理情绪疗法的治疗过程就是以理性代替非理性。在实际治疗过程中，要帮助来访者分析其问题，指出他的问题与不合理信念有关，并找出不合理信念，利用与不合理信念辩论的技术、合理的情绪想象技术、认知家庭作业等治疗方法，改变来访者的思考方式，帮助其放弃不合理信念。

五、森田疗法

是日本森田正马创用的一种治疗方法。森田正马认为神经症的发生基础是共同的素质倾向，又称疑病素质。其表现为精神内向，内省力强，对自己心身的活动状态及异常都很敏感，被自我内省所束缚，总是担心自己的健康。他们经常把人们司空见惯了的正常生理反应视为病态，疑神疑鬼，忧心忡忡，久而久之导致疾病，并且身心之间造成恶性循环，使病症愈演愈烈。因此，森田正马认为可以通过"听其自然"的方法切断心身之间的恶性循环，直至病愈。森田疗法住院治疗分四期进行：第一期为绝对卧床期，4 ~ 7天，禁止会客、谈话、读书、吸烟等，除进食排便外绝对卧床。

第二期为轻工作期，3 ~ 7 天，仍禁止读书、交际，晚间卧床 7 ~ 8 小时，白天到户外干轻活。第三期为重工作期，7 天左右，进行稍重一些的劳动。在与病友愉快的劳动中可以不多想病，而是心向朝外，心情愉快。第四期为出院准备期，为 1 ~ 2 周的生活训练，可外出工作，晚上回院居住，每天写日记，记述自己的病情变化和治疗体会。

六、心理剧疗法

心理剧又称社会剧，是集体心理治疗的一种方式，是一种参与意识较强的心理活动方式。其治疗不以谈话为主，而以某种心理冲突情境下的自发表演为主。它通过特殊的戏剧化形式，使参演人的人格结构、人际关系、心理冲突和情绪问题在戏剧活动中逐步呈现于舞台上，以达到精神发泄、消除思想上的压力和自卑感。参演时激情的影响，可产生自居作用，并能诱导出参演者的自发性，增强其适应环境和克服危机的能力，从而使自我实现成为可能。

七、音乐疗法

是以音乐和音乐活动形式帮助来访者达到心理和身体健康的恢复、维持和改善的一种疗法。将音乐用于治疗，始于 18 世纪 40 年代。它是利用音乐对人的情绪和行为的影响而达到治疗目的，音乐可以辅导情绪，并借助中枢神经系统的作用来改善器官功能状况。音乐可以用来治疗孤独症、抑郁症和躁狂症，减轻疼痛，消除各种紧张。

八、放松疗法

是行为疗法的一种具体方法，以肌肉和精神得到放松为目的。目前广泛用于治疗焦虑症、恐怖症、紧张性头痛、入睡困难、高血压病等。放松训练很多，其中主要的有渐进性放松、自生训练、瑜伽功、意向控制放松、生物反馈训练等。渐进性放松已被广泛应用，是辅导精神疲劳，缓解紧张状态的有效方法。

九、生物反馈疗法

是利用电子仪器将人体通常情况下不能意识到的心理变化信号加以处

理，通过视觉或听觉方式显示给人，使人学会随意控制和自我辅导生理活动的一种行为治疗方法。生物反馈治疗常用的生理学指标有反映肌肉紧张度的肌电值、皮肤温度、脑电、皮肤电反应、血压、心律等。生物反馈治疗的适应症包括焦虑症、抑郁性神经症、恐惧症等心理疾病、心身疾病，失眠、书写痉挛、癔症性瘫痪、痉挛性斜颈等多种疾病。

十、认知领悟心理疗法

是我国学者钟友彬根据心理动力学理论，结合中国的具体情况和多年的临床实践于70年代末提出来的。他是从心理分析和心理动力学疗法派生的。他保留了有关潜意识和心理防卫机制的理论，承认幼年期的生活经历，尤其是创伤体验对个性形成的影响，并可成为成年后心理疾病的根源，不同意把各种心理疾病的根源都归于幼年“性”心理症结。治疗时要用符合患者“生活经验的解释使患者理解、认识并相信他的症状和病态行为的幼稚性、荒谬性和不符合成年人逻辑的特点”，这样可使患者达到真正的领悟，从而使症状消失。

第四节 个别心理辅导的阶段小结、结束与效果评估

心理辅导工作通常不可能一次完成，因此，每次进行之后，围绕辅导目标进行小结。在基本实现辅导目标之后，可以结束继续发展，并终止辅导，同时注意掌握评估辅导的效果和方法。

一、阶段小结

阶段小结包含了三个层次的小结。第一层次是心理辅导工作者的小结，分析自己所采用的方法是否得当合理，是否需要哪些改进等。第二层次是被辅导对象的自我小结，评价自己在整个辅导过程中是否能进入辅导者的程序中，如果面对一个同心圆，解决的问题在圆的外围还是圆内，还是在圆心。通过心理辅导自己有哪些方面得到的新的变化和改进。第三层次是双方共同小结，将彼此的小结交流分享，商定下次辅导的内容。共同小结时，辅导者要尽力肯定辅导对象在整个辅导过程中的积极表现，鼓励被辅导者积极参与而获得收获的每一滴进步。

在阶段小结中，有两方面的工作需要注意：一是商讨再次辅导进行的内容；二是布置作业。

一是依据所制定的辅导目标，在每次的辅导结束后要分析哪些目标已经达到，梳理之后，明确哪些达到了，哪些没有达到，其原因是什么？从而提出下次心理辅导时的任务和需要改进的措施。

二是辅导外的消化吸收很重要。辅导进程是达到目标的过程，但是课外的消化吸收是被辅导对象领悟的过程。因此，布置家庭作业，是进一步巩固和扩大辅导效果的重要内容。作业的内容可以多种多样，如辅导过程的体会与收获，自我的剖析，辅导效果的自我评估，有哪些进步和问题等等都可以是作业的内容。

二、辅导结束

心理辅导的结束往往也是一个艰难的过程。在心理辅导中，信任、依赖恰恰导致了被辅导者不愿意将心理辅导结束。因此，辅导者要注意的问题是如何确定结束的时间，如何让求助者接受离别。

第一，辅导目标的实现，就可以视为辅导阶段的结束。每进行一段辅导后，明确是否达到了已制定的辅导目标。一般来讲，所谓的基本达到辅导目标，是指双方都认为可以结束为宜。正常的心理辅导程序首先要做的是制定目标，只要制定了目标心理辅导才能有序进行，才能逐步深入。没有目标的心理辅导还不能认为属于规范的心理辅导。

第二，让被辅导者接受离别。往往经过一个阶段的心理辅导，双方在感情上有了依赖，结束辅导也是一件比较痛苦的事情。因此，帮助求助者在未来如何应用所学的方法和经验非常重要。准确地告诉被辅导者，只要能把在辅导过程中掌握的方法和收获在以后不需要心理咨询师的搀扶，就意味着已经走向了成熟，走向了健康。

三、辅导效果的评估

辅导效果如何需要进行评估。什么时候进行评估，评估哪些维度呢？

一般来说，心理辅导的效果评估并不是一定要在结束的时候才评估，在辅导的过程中，只要感觉（或被辅导者主诉）有变化，就可以进行评估；或者感觉没有变化也可以进行评估。在过程中的评估，其主要目的是为了及时调整辅导的方法，在结束的时候评估是为了评价辅导的目标是否实现，是否有一个好的效果。

辅导效果评估一般从以下几个维度进行：①求助者的自我评估。②工作情况的评定。是否能够恢复到先前的工作状态之中。③人际情况的评定。求助者周围熟悉他的人是否感觉到已经改善以往的状态。④心理测量结果的评定。和原来测量结果比较有什么改变。⑤心理咨询师的评定。依据辅导过程中的观察，对求助者的情绪、认知和独立性等方面是否有进步进行评定。

需要指出的是，一个完整的心理辅导过程是由一系列步骤、若干次会谈所组成的。如何使每次单独的心理辅导既有独立性又有连续性，达到步步提高的效果，这里需要强调的是如何将每次心理辅导成为一个相对完整的过程。这个相对完整的过程的基本要素包括“目标”“进入”“高潮”“收尾”。形成一个相对独立单元。这就需要每次都要有一定的效果，切忌把辅导的效果寄托在最后的收尾阶段。每次的独立单元的效果累计叠加就是我们整体需要达到的目标。

四、效果评估的客观性问题

这里举例说明一个问题。某部一个抑郁症患者求助于心理咨询师。心理咨询师请示上级咨询师予以明确治疗方案，上级咨询师依据基本情况判断该求助者的治疗应以药物疗法为主，配合心理辅导。一个富有经验的心理咨询师应该知道抑郁症的成病原因，尽管医学界与心理学界还没有准确的肯定说法。但是，普遍认同的观点认为与神经递质的代谢有很大关系，一些研究发现抑郁症患者神经递质的量存在问题，药物疗法可以纠正神经递质代谢问题，从而减轻或消除抑郁症状。每一个心理咨询师不仅知道心理疾病的症状、表现，更重要的是懂得发病的基本原理。

该求助者在某治疗机构的药物疗法中，辅以心理辅导配合药物治疗。求助者的症状逐渐转归，自我感觉一天天从“痛苦的黑暗之中走了出来”，并且正常了。求助者归因于心理咨询师的作用，心理咨询师更是将患者恢复的效果完全归于自己心理辅导的结果。

这里必须指出如此接受求助者将“康复”归结为咨询师的辅导效果带来的后果是直接扼杀了求助者的正确评估，而抑郁药物恰恰是需要疗程和逐渐减药。如果判断错误，求助者下一步的做法是私自停药。一旦出现反弹，对求助者来说未来的症状会更重，治疗将更加艰难。

心理咨询师“贪天功为己有”，既是一个效果评价的客观性问题，也是一个心理咨询师职业道德问题。决不能为了显示自己的“功绩”而带给求助者终身的遗憾。

第五节　心理辅导案例记录与心理档案建立

军人心理辅导进行记录，其目的是规范辅导的流程，为临床和法律服务。一些当事者寻求心理辅导时，往往视心理咨询为“有病”才找心理咨询师，这样就妨碍了心理咨询与辅导的本质。特别是目前情况下，军人对心理咨询与辅导工作认识程度还不够，势必在寻求辅导过程中会对心理辅导的记录有回避行为。因此，与求助者说清楚非常重要。对任何一个求助者，从开始晤谈时起，就要求都要予以记录，记录的全过程就是心理档案的建立。军人心理档案要求及时、准确记录。其意义有两个方面：一是平时所建立的心理档案，有利于军人心理咨询与治疗过程的深入心理分析，以便找到问题解决的最佳途径。二是平时所建立的心理档案，有利于突发事件，以及战时状态下能够即刻调出、依据既往心理特征提供的心理数据便于心理干预方案的实施，提升应急状态下心理问题解决的有效性。

一、心理档案记录的内容

心理档案包含三方面的内容：一是基本情况；二是心理辅导目标和心理干预方案的制定及实施；三是求助者的自我监测评估。

1. 求助者的基本情况

包括来访者的一般情况，晤谈所采集的内容，对来访者问题的印象。晤谈所采集的内容在另页中要详细记录。

2. 辅导的目标以及干预方案的制订和实施

军人心理辅导目标有两方面的含义，一方面是指求助者所描述和期待的结果；另一方面是指心理辅导工作者对求助者辅导所期待的结果。有了辅导的目标就直接为辅导工作指明了方向，也反映了求助者问题的关键，同时这种目标可澄清求助者的最初期望，更重要的是能够更明确地预知通过辅导能达到什么目的，以及不能够达到什么目的，这对辅导评价具有十分重要的作用。

干预方案的制订和实施是心理辅导者对来访者的基本情况了解和晤谈采集之后所要进行的关键性的工作。干预方案的制订是基础，方案的实施是关键，在辅导过程中应详细予以记录。

3. 求助者的自我监测评估

求助者的自我监测是指求助者观察自己的行为、自己与他人及环境互动关系中特殊事例的过程。要求求助者将观察的结果以书面形式予以记录，可以是日记格式，也可以是日志表格。自我监测的目的就是帮助辅导者和求助者，获得求助者在现实生活中问题行为的信息目的是补充晤谈所获取的信息。同时通过这样的方式确认求助者在晤谈过程中口头报告的准确程度，进而可以加快对求助者的辅导过程，增进其改变自我的期望。

二、规范档案的格式

1. 来访者心理辅导报告

包括心理评估和心理辅导计划两部分（见附表 1）。

2. 来访者心理辅导记录

包括一般情况、咨询目的、个人情况及自我评估、心理测验、咨询记录及咨询小结（见附表 2）。

3. 来访者自我监测日志

包含内容有问题行为、日期、时间、地点、先前事件、后继事件几项内容（见附表 3）。

三、心理档案的保存

依据“军人心理治疗与心理咨询工作者道德准则”规定要求，心理治疗与心理咨询工作中的有关信息，包括个案记录、测验资料、信件、录音、录像和其他资料，均属于专业信息，应在严格保密的情况下进行保存，不得列入医院或单位的病历和其他资料之中。因此，对任何有关的心理辅导记录和信息，必须注意严格保密条件下的保存管理。

附表 1

来访者心理辅导报告

求助者姓名：____________出生日期__________年龄_________性别_________

一、评估

1. 目前的问题：____

2. 咨询的原因：____

3. 相关的医疗史（药物、毒品、疾病、伤残、手术）：____________

4. 以前的精神 / 心理状况及治疗：____________________________

5. 其他相关史（职业 / 训练，人际关系 / 性关系，社会 / 法律，等等）：

6. 简要心理状态评估（在项目上打勾）：

外表 / 衣饰	智力	判断力	幻觉 / 幻想	思维混乱	近期记忆	远期记忆
适当	高	良好	没有	没有	完整	完整
不适当	中	缺失	有	有	缺失	缺失
没有评估	低	没有评估	没有评估	没有评估	没有评估	没有评估

7. 心境 / 情感（描述）：________________________________

8. 自杀评估（危险、计划）：____________________________

9. 临床诊断：______________________________________

二、治疗计划

1. 目标行为和可测量目标（强调当前的问题）：

2. 治疗类型：认知 / 行为疗法，人际关系 / 顿悟 / 情感疗法，意识疗法

其他：________

3. 治疗时间长短：

4. 状态：

	问题	目标	成功的标准	干预措施
①	________	________	________	________
②	________	________	________	________
③	________	________	________	________

心理咨询师签名：__________时间：_________电话：_______________

三、求助者评语

____

____

____

附表 2

来访者心理辅导记录

姓名	年龄	性别	民族	职业	婚姻
文化	邮编	电话		工作时间	
联系地址			工作单位		
咨询目标:					
个人情况及自我评价（情感的、行为的、人际关系的、婚恋及性心理问题）					
心理测验结果:					
初步印象:			最终诊断:		
咨询小结:					
主任签名:			心理咨询师签名:		

附表 3

来访者自我监测日志

问题行为的观察	日期	时间	地点	先前事件	后继事件

第十一章　军人团队心理辅导技术

第一节　军人团队心理辅导概述

一、团队心理辅导的概念

按照“团队”这一术语的定义，是指两个或更多人的一种特殊组合。这些人为了一个共同的目标 / 目的 / 任务而进行动态的、相互依存的和产生更强适应性的互动，每一个人都被赋予特定的角色并在团体中发挥各自的作用。团队心理辅导，顾名思义是在团体情境下提供心理帮助与指导的一种辅导形式，由心理工作者依据团队目标组成辅导小组，通过共同商讨、训练、引导，解决团队成员共同问题。

军人团队心理辅导，是在军人特定团体情境下进行的一种非军事活动的团体心理训练和团体心理咨询形式。也是达到军队官兵成员之间认识自我、探讨自我，彼此接纳、认同，实现归属感，提升团队凝聚力的一种有效方式。

二、团队心理辅导的组织方式

由受过专业培训的 1 ~ 2 名心理咨询师组织进行。通常由一位主持，另一位作为助手协助。团队的规模因制定的辅导目标不同而不等，少则 3 ~ 5 人，多则十几人，甚至几十人。通过几次或十几次团体聚会、活动，在交往和共同讨论大家关心的问题中彼此启发、相互反应、支持鼓励，使成员了解自己的心理，了解他人的心理，以便改善人际关系，增加社会适应性，促进人格成长。

三、团队心理辅导的目标

一般情况下团队心理辅导有如下目标：

（1）通过自我探索的过程，帮助成员认识自己、了解自己、接纳自己，使他们能够对自我有更适当的看法；

（2）通过与其他成员沟通交流，学习社交技巧和发展人际关系的能力，学会信任他人；

（3）帮助成员培养责任感，关心而敏锐地觉察他人的感受和需要，更善于理解他人；

（4）培养成员的归属感与被接纳感，从而更有安全感，更有信心面对生活中的挑战；

（5）增强成员的独立自主、自己解决问题和抉择的能力，探索和发现一些可行而有效的途径来处理生活中一般发展性问题，解决冲突矛盾。可以增进成员的心理健康，帮助成员澄清个人的价值观，协助他们做出评估，并修正与改进。

四、团队心理辅导的特性

心理学研究证明，人类的生活方式离不开团体。在日常生活中，每个人随时都要与各种人打交道，建立各种形态的人际关系。而人的心理适应主要是人际关系的适应。许多心理问题往往根源于不良的人际关系。我国军人的管理体制是团体管理制度，训练、生活、学习均处于集体生活之中，因此，团队的构建尤其重要。

第一，团队心理辅导提供了适当的情境，成员在共同的活动中彼此进行交往、相互作用，并由此产生了一系列诸如人际关系、暗示、模仿、气氛、感染、社会知觉等社会心理现象，使成员能通过一系列心理互动的过程，探讨自我，尝试改变行为，学习新的行为方式，改善人际关系，解决生活中的问题。

第二，团队心理辅导在军人群体中应用范围广泛，它既被广泛适用于健康的正常人，以发展为目标，使人的潜能得到开发，又可以用以治疗各种适应不良、人际关系障碍及心理疾病。团队心理辅导的过程就是帮助指导每一个成员成长进步的过程、不断学习的过程、改变自我的过程。

第三，团队心理辅导的特色在于培养团队成员之间的信任感和归属感，由对团队成员的信任到信任周围的其他人，由对团队的归属扩大到对部队、社会以及国家的认同感和归属感。其最终达到自信心的激发，集体观念的增强，团队凝聚力的提高，对促进军人心理健康成长十分有益。

五、团队心理辅导比较个别心理辅导的优势

团队心理辅导比较个别心理辅导具有其独特之处，集中表现在以下四个方面：

（一）团队心理辅导感染力强，影响广泛

团队心理辅导是多向沟通过程。每一个参加的成员都能获得多个影响源，每个成员不仅自己接受他人的帮助，也可以帮助其他成员。在团体情境下，可以同时学习模仿多个团体成员的适应行为，从多个角度洞察自己。在团体互动过程中，成员之间互相支持、集思广益，共同探寻解决问题的办法，减少对辅导者的依赖。

（二）团队心理辅导效率高，省时省力

团队心理辅导是一个辅导者对多个团队成员，增加了需求心理咨询人数，节省了咨询的时间与人力。既符合经济原则，又提高了咨询效益。在部队，训练安排非常紧张，采用团队心理辅导的方法是省时、高效的极好方式。同时，也极大缓解了部队心理咨询师严重不足的矛盾。

（三）团队心理辅导的效果容易巩固

团队心理辅导创造了一个类似真实的社会生活情境，为参加者提供了交往的机会。大家在团体中的言行往往是他们日常生活行为的复制品。在充满信任的良好的团体气氛中，通过示范、模仿、训练等方法，参加者可以尝试与他人建立良好的人际关系。如果在团体中能有所改变，这种改变会延伸到团体之外的现实生活中。

六、团队与个别心理辅导的联系与区别

（一）两者的联系

①两者目标相似，均是帮助求询者自我指导与自我发展。两者的方法都是援助求询者接纳自己，增强自信；②两者都强调提供接纳的、自由宽容的气氛，可以使求询者自由表现自己的感情和经验，培养自我选择的责

任；③两者都需要咨询员熟练掌握接纳、感情反射等技术，从而使求询者能够观察自己，了解自己；④两者的对象都是有正常发展问题的个人，两者都针对个人的要求，兴趣与经验；⑤两者都有益于探索个人情绪与生活的变化，可以增进个人控制自己情绪的信心。

（二）两者的区别

①团队的情境可以提供尝试与他人交往的机会，使求询者获得他人对于行为交互作用的反应与启示。②团队心理辅导的条件下，求询者不仅可以得到接纳、援助，并且对于别人也给予援助，这种合作的、参与的关系有利于成员增进亲近感。成员的相互作用可以促进互相教育、互相表明感情，使感情的意义明确而影响其行为。③团队心理辅导者面临的问题非常复杂。必须了解求询者的感情，帮助他认识自己的感情，而且还要观察咨询的内容对其他成员带来什么影响，引导各个成员参与讨论。所以，他不仅要了解讨论的内容，同时还要关心成员的相互作用及关系。

第二节　军人团队心理辅导的功能和类型

一、军人团队心理辅导的功能

团队心理辅导具有教育、发展、预防及治疗四大功能。这四大功能相互联系，相互渗透，在团队心理辅导过程中共同发挥作用。

（一）教育功能

团队心理辅导具有教育的功能。团队心理辅导的过程被认为是一个通过参加辅导的成员相互作用，来协助他们增进自我了解，自我抉择。自我发展，进而自我实现的一个学习过程。

参加团队心理辅导的成员在组织者的带领下，探讨共同的问题。比如对军人职业生涯、成长发展的要素以及家庭、单位、社会的态度问题。在团体中以一种“经验分享历程”的讨论方式，可促使其获得正确的观念与正当的态度。辅导者的任务是教会那些在应付繁重训练和日常生活压力方面的正常人，能够模仿某些策略和新的行为，从而最大限度地发挥其已经存在的能力，或者形成更为适当的应变能力。

（二）发展功能

团队心理辅导特别强调的是发展功能。它试图在过程中帮助参加者在心理成熟方面得到充分发展，扫除其正常成长过程中的障碍。辅导过程中，不但提供给参加者必要的信息资源，改进其不成熟的偏差态度与行为，而且促进其良好的发展与心理成熟，培养健全的人格及协调的人际关系。应该说，团队心理辅导最大的功能就在于它有益于正常人的健康发展。一般认为，正常人的问题没有那些有“问题”的人那么多。而事实是，正常人的问题不如有“问题”的人严重，但为数较多。作为军事职业人群，从迈入军营开始第一时刻起，就处于集体环境之中成长，因此，对这一群体要关心的是对他们的引导，以满足他们的基本需要、社会需要与自我需要，促进他们自我了解，改善人际关系，学到建立充满信任的人际关系所需要掌握的技巧和方法，养成积极面对问题的态度，对自己充满信任，对生活充满信心，对未来充满希望。

（三）预防功能

团队心理辅导具有预防的功能，是预防问题发生的最佳策略。通过团队活动，使每一个参加者对自己有更多的了解，懂得什么是适应行为，什么是不适应行为。在团队辅导中给每个参加者提供了更多的机会，让成员之间彼此交换意见，互诉心声，研讨以后可能遇到的难题及其可行的解决办法，增进对问题处理能力的培养，可以预防问题的发生或减少心理问题发生的概率。同时，组织者不仅能发现那些需要个别心理咨询的人，并及时予以援助，同时也能使所有成员对心理辅导和心理咨询有正确的认识，积极的态度，心理上有所准备，一旦需要帮助，主动上门求助。这实质上发挥了预防心理问题发生与发展的作用，防患于未然。

（四）治疗功能

团队心理辅导还具有治疗的功能。一般而言，治疗是减轻或消除已经表现在外的不正常行为。许多心理治疗专家强调人类行为的社会相互作用。在团队方式下，由于治疗的情境比较接近日常生活与现实状况，以此处理情绪困扰与心理偏差行为，易收到效果。尽管部队心理疾病患者人数很少，但情绪不稳，适应不良，有心理困扰的官兵却为数不少。这些有心理困扰的人员，经过团队心理辅导，使他们不再恶化，甚至减轻了心理问题，既可以说是预防，也可以说是治疗。

二、军人团队心理辅导组织类型

团队目标不同，设立的类型也不应相同。国内外的一些学者对此也有不同的分类。依据我们开展团队心理辅导的经验，我们设定了以下几种团队类型。

（一）教育团队

由团队辅导者给团队成员提供如何建构自身心理健康素质、如何发展自我职业生涯、如何成长进步、如何更有效地挖掘潜能等所需要的各种信息的一种团队。在这样的一个团队中，组织者担任的是教育者的角色。军人心理教育工作是目前经常性的一件工作，按照定义，军人心理教育指的是军人的心理素质教育，包括完善的个性特征，稳定乐观的情绪，正确的接纳自我，坚强的意志品质，完整健康人格，承受挫折的能力，人际交往的能力和适应环境的能力。心理教育面对的是全体人员，不限于有心理问题的人；强调的是积极正面的教育；贯穿于军事训练和生活的全过程；它的宗旨在于开发潜能，促进发展，塑造人格，心理健康。教育团队能够有效地实现心理教育的所有目标。

教育团队，组织者既要担任教育者的角色，又要起到引导讨论深入进行的作用。对于见面的次数和每次活动的时间长短，没有固定的模式。

（二）成长团队

成长团体，成员们有机会探索和发展个人目标并更好地理解自己和他人。这种团队的目标包括生活风格的改变、对自身与他人更好的认识、改善的人际沟通以及对价值观的评估，所有这些都是在一种分享和倾听、参与的氛围中完成的。在成长团队中，随着不同的问题浮出水面，会出现大量的咨询工作。

成长团队的模式之一是经历团队，在这种团队中组织者为成员们设计经历活动。通常这些活动在户外举行，包括一些体力上的挑战、冒险以及成员之间的合作。许多大家知道的拓展训练的项目就是这种方式。这些训练中，组织者不间断的寻求启动大家的思考，使成员们的注意力集中于相关的自我探索和成长。

（三）咨询和治疗团队

咨询与治疗团队与成长团队不同，成员们由于生活中的某些问题而来到这个团体中。这个团队应该由具有心理咨询师资格的人来承担团队的组织者。组织者将团队的注意力集中于不同的个体和问题，然后成员们在组织者的指导下试着彼此帮助。在某些时候，为了使咨询过程更有成效，组织者会扮演一种主控的角色来指导咨询的进程。

治疗团队是为有严重的心理问题的成员提供帮助的。例如各种心理疾病、性心理问题等。

咨询治疗团队的组织者要严格遵循心理咨询和治疗的理论模式，同时启发和调动参加成员的互动，相信团队中相互作用的力量，也就是分享、涉入和归属才是变化的主要力量。

第三节　军人团队心理辅导的组织和领导技巧

一、如何组织军人团队心理辅导

（一）确定团队的目的

建立一个心理辅导团队，首先出发点在于确定团队的目的是什么，参加这个团队的成员有什么需求，他们是否意愿参加这样的团队。在军队心理工作中，我们需要解决官兵在军事训练、军事生活中出现的成长问题和各种心理问题，因此，确立什么样的团队适合问题的解决非常重要。目的确立了，就能够知道要建立的是“教育团队”“成长团队”，还是“咨询与治疗团队”了。

（二）制定团队的组织计划方案

一要明确谁是团队的组织者，谁将担任本次团队心理辅导的“领导”，是否具备资格能力。二是确定哪些人参加团队，要考虑团队成员的年龄特征、教育背景、问题要求。三是团队辅导开始的时间，以及活动的次数。所有团队辅导一般都会经历三个阶段：开始阶段、中间阶段、结束阶段。不同的团队类型有不同的次数，从 1 次到 15 次不等。四是撰写辅导计划或预案，详细制定三个阶段的工作任务。五是效果评价，可利用各种心理量表或闭合式问卷评价效果。六是总结。

（三）明确哪些人可以参加团队心理辅导

“教育团队”应该是以编制集体为单位，可以是班、排、连单位组织进行。如果人数过多的团队则不利于成员之间的相互感染，同时也存在与军事训练组织结构相同的特征，不利于官兵求助动机的形成。“成长团队”其成员的确立应该由两种方式，第一种是大家自愿报名，通过面试予以选拔。通常询问一些有关问题，如：你为什么想参加这个团队？你对这个团队的期望是什么？你需要帮助的是什么问题？你认为你会怎样对此团队做出贡献？等等问题以确定参加者。第二种方式是推荐筛选。这些推荐者可能是需要新组合为一个集体的成员，或可能是共同执行一项任务的群体，还可能是为某目标而组建的群体，或者是有一个相同问题的一类成员。

二、团队心理辅导组织者的技巧

团队心理辅导组织者，即领导者，其主持技巧非常重要。通常主持人不是班、排、连的行政领导，应该是经过“团队心理辅导”培训的专业人员。他们经过系统的培训，能熟练掌握训练的方法和技巧。组织者的技巧通常与对训练的理解深度、实践的熟练程度成正比。组织者通常应具有倾听、反馈、提问、微型演讲、鼓励和支持、眼睛与身体语言应用等技巧。

（一）积极倾听

包括倾听说话者所说的内容、说话的声音以及他的身体语言，还包括让说话者知道你真正的在倾听。作为团队的组织者，进行积极的倾听是一项复杂的任务，实际上你倾听的远不是一个正在发言者的发言，而是所有参加者。能够做到这点，主要的技巧是能全视所有的参加成员，观察他们的非言语的姿态，特别是面部表情和身体的移动。既要让发言的人知道你在认真倾听，同时也让所有参加者感觉到你对他们的注意，从而达到无言的信息交流。

（二）反馈

反馈就是复述被参加者所说的话，或者让发言者知道你理解了他所说的内容和其后隐藏的情感。反馈的目的有两方面：一是帮助正在发言的团体成员更为清楚他正在说的是什么；二是让他知道你了解他的感受。作为团队的领导者，有时你要对个体成员应用反馈技巧，有时要反馈两个或更多成员针对某一话题所发表的看法，还有时会对整个团队正在经历者的事件做出反馈。

（三）澄清和提问

组织者在团队心理辅导活动中能针对成员所陈述的问题做出澄清。团队成员在陈述中，往往缺乏逻辑，前言后语缺乏连贯。对这样的陈述，组织者需要给予澄清把问题理顺，并就此提出问题，使成员更清晰地知道自己问题的核心。人在应激状态下所陈述的信息往往杂乱、模糊，如果参加的团队成员不能相互理解所提的问题，就会造成所有成员对团队心理辅导活动缺乏信心。

（四）微型演讲

在教育团队中，组织者需要为团队成员提供信息，进行专题问题的讨论和教育。组织者在心理辅导团队是被认为是专家的，因此具有趣味的微型讲演，能令人振奋和确保最新正确和客观的信息，这样可以更使团队成员集中注意力，深入注意焦点。技巧娴熟的组织者不仅有一些对成员们的有益的内容可以讲，而且知道什么时候讲和怎样讲。

（五）鼓励和支持

在团队中，往往人们带着各种问题而来，但总是不敢很大胆积极主动地表达自己的情感和思想，生怕自己说错话和让其他成员“笑话”自己所提的问题。因此，组织者的鼓励和支持非常重要。你的鼓励将会使团队成员即刻得到放松，使拘谨和胆怯的心理得到安慰。除鼓励的言语外，用你声音中的温暖、愉快的面部表情和姿势来传达你的支持是相当重要的。

（六）眼睛的运用

组织者眼睛的运用十分重要，这是收集信息的途径。既可以收集有价值的信息，又可鼓励，或阻止成员们发言。某成员发言时，组织者的眼睛如果能够对其他成员也光顾的话，他们就不会感到自己被遗忘，不会感到丧失兴趣。眼睛的扫描，能调动团队成员参与的积极性。同时，点头示意、面部表情、身体移动等非言语的行为，都是收集信息、调动情绪、促进效果的技巧与方式。

三、军人团队心理辅导的阶段划分

无论哪种类型的团队，其全过程分为三个阶段：开始阶段、运作阶段和结束阶段。

（一）开始阶段

主要是参加成员的相互介绍，并讨论一些具体的事情。如团队的目的、基本规则、团队的内容等。也是团队成员评估自己在团队中是否能与其他团队成员舒适交流的阶段。开始阶段的持续时间可以是第一次见面的全部时间，或者是开始阶段的 1 ~ 2 次会面。当然，有的类型的团队，也许只需要几分钟，如教育团队，它的目的非常明确，无须时间太长。

（二）运作阶段

是成员们将注意力集中于团队目的，并完成核心任务阶段。在这个阶段，成员们学习新的材料，完全彻底地讨论各种各样的题目，完成任务或个人交流和治疗工作。这个阶段是团队过程的核心，正是在这个阶段，成员们从置身于一个团体的体验中获益。

（三）结束阶段

是团队心理辅导的尾声。在这个阶段，成员们共同讨论自己学到了什么，发生了怎样的改变，以及他们计划怎样运用学到的东西，大家彼此道别并以某种形式告别。对某些团队结束会是一个充满情感的经历，对另一些团队，结束仅仅意味着已经完成了它本计划去做的事情。结束的长度取决于团队的类型。

第四节　不同阶段团队心理辅导的内容及操作方法

一、开始阶段

开始阶段是参加人员相互信任与彼此接纳最重要的阶段，也是最难组织的阶段。主要内容有：开场白、团队成员的相互认识、初步的了解和深入的了解；设定积极的基调；解释规则，澄清团队的目的。下面简要介绍几种相互了解的方法。

（一）团队成员的相互认识

促进所有参加成员相互认识、初步了解以及心理距离拉近；官兵之间日常沟通不够，或形成人际关系障碍、多疑焦虑等问题可增进彼此的认识，培养适应新的人际环境的能力。通过这一主题活动至少记住小组每个成员的姓名和他的某个特征。

活动的要求有：

（1）注意力集中于此时此地；

（2）真诚地表现自己；

（3）无条件地接纳他人；

（4）保守秘密；

（5）参加人数以排为单位，30 人左右为宜。

（二）各类项目及操作方法

1. “动一动”

目的：创造活跃气氛，减轻焦虑，尽快融于团队状态之中。运动运动也是心理生理治疗的一部分，使成员对自己的存在更有实质的把握。一般情况下，首次开场白均采用这个方法。

时间：15 ~ 20 分钟。

预备：以组织者为圆心，全体成员围成圆圈，要求有足够的活动空间。

方法：组织者的开场白要做到使全体成员有所新奇。可以先带头做一个舞蹈动作，或枪战动作，或军事训练某个自己熟练的动作。要求参加成员不评价不思考，模仿做三遍。然后任意选择 10 人左右依次做一个自己想出来的动作，大家一起模仿。无论什么动作都可以达到放松，减轻紧张气氛的目的。有时，一些极富创造性的动作会引起大家愉快的笑声。

2. “认一认”

（1）初步认识

目的：初步或深刻认识。

时间：8 分钟。

方法：全体成员在训练场所自由漫步，见到其他成员，微笑并握手。当组织者喊“停”时，每个成员面对着的，或正在握手的人就成为朋友。然后两人做自我介绍：姓名、籍贯、性格特点，个人兴趣爱好，以及个人愿意让对方了解的有关自我信息。介绍的内容除了自己的姓名外，至少要有一个关于个人特点和个人兴趣的信息。

两人之间可以向对方介绍较多的信息，但要相互帮助总结出一个最简要、最好记的个人信息，让人能够记得住，如“我是来自大连海边的王强强”。介绍自己是为了让别人了解自己，谁总结的好，谁就容易被别人记住不忘。新结识的队友之间要完成这项总结、概括的工作，这是两人之间的第一个成果，也是为下一个活动内容奠定基础的工作。对于已经熟悉的团队成员，不必以上述方式介绍，可介绍一些自己不被人们所熟悉的事情。

相互之间介绍的时候，听者要全身心投入地倾听，通过语言和非语言的观察，尽可能多地了解对方。

（2）小组交流

目的：扩大交往圈子。

时间：10 分钟。

方法：组成 4 人小组，介绍小组同伴。将自我介绍时的两小组合并，形成 4 人组，每位成员把刚才自己新认识（或交流）了解的伙伴向另外两位新伙伴介绍，介绍的内容除姓名外，至少要有一个关于自己战友个人特征的信息。介绍战友之前，先介绍自己。无论是介绍自己还是介绍他人时，都要强调在两个小组交友时总结出来的、好记的个人信息，如“我是来自大连 83415 部队的王强强。”

（3）大组活动

目的：进一步扩大交往的范围，引发个人参与团体的兴趣。

时间：10 分钟。

方法：两个 4 人组合并成为一个 8 人组，围圈而坐。从其中一个人开始，每人用一句话介绍自己，介绍自己的这句话中必须包括三个内容：姓名、所属单位、自己与众不同的特征。

比如第一个人说“我是来自大连 83415 部队的爱踢足球的王强强。”第二个人就要说“我是来自山西太原爱吃醋的杨光”。旁边的接着介绍，“我是来自北京不吃鱼肉的陈强。”当最后一个人介绍完之后，全组战友为他鼓掌。

在介绍的过程中，全组每一个人都要注意力集中，并且小组战友有相互协助他人表达完整的义务。在这种多次重复的过程中，每个战友都要努力记住其他战友的个人信息。

8 人小组活动后，选一个代表在全体团队成员面前介绍自己小组的其他成员，并谈对交流活动的感想。介绍小组成员时，要先介绍自己的信息。

3.“问与答”

重新按序号编组，做“问与答”活动。

时间：20 分钟。

目的：通过问答的形式，促使成员关注他人，也体会到被关注的感觉，并达到相识和了解。

方法：大家选出组长，主持活动。

人数：6 ~ 8 人。

按顺时针或逆时针的顺序，从某个成员开始，比如从A开始，A先介绍自己的个人信息，然后每个人向A提一个关于A个人信息的问题，在提问题之前，要先介绍自己。对别人提的问题，A也可以表示不回答。后面的人提的问题不要与前面的问题重复，对A提问结束后，可以围绕A再自由交谈几分钟。第一圈时每人只有提一个问题的权利，如果还有想问的问题要在自由交谈时提出。提问完毕，被提问者要感谢大家对他的关心。

每个人都轮流被提问，直到最后一个人被提问完毕。

最后，在团队主持人的引导下，选取几个成员在组内谈大家都向自己提问题，大家的目光都投到自己身上时，自己被关心、被关注的感觉。选取人数依照可以控制的时间确定。

4. “说一说”

接下来先是在 6 ~ 8 人的组内由大家自由发言，畅所欲言。成员们可以谈谈参加心理辅导的目的，希望在这次团体心理辅导中能有什么成效，掌握什么内容，以及今后工作和生活的打算与计划。交流结束后每个小组派一名代表将大家的感受、要求以及对将来的打算，参加团体的目的愿望，对今后工作学习、生活的打算归纳后在全体团队的成员面前发言。

5. “打一打”

目的：检查活动效果，看看大家是否都记住了别人的姓名、单位和特征。在轻松的气氛中相识，增进团队凝聚力。

时间：20 分钟。

方法：在开始之前准备一个用报纸卷成的纸棒。开始时由组织者提出活动要求，告知参加成员本活动将发生什么。全体成员围圈而坐，轮流把自己的有关情况向全体成员介绍，每个人都专心去记住其他成员的资料。之后选一个执棒者站在圈中间，由他指定他将发出什么指令要求，如要求大家叫名字和出生年月，或是叫名字和籍贯。开始后他走向一个成员面前，面对的人开始大声完成要求指令。如叫出另一个成员的姓名和他的年龄或者籍贯，被叫者答到，执棒者马上跑到那个被叫的人面前。被叫的人马上再叫出另外的一位成员的姓名等。如果他叫不出来，就会受当头一棒，然后由他执棒。依此类推，直到大家熟悉彼此的姓名和特点为止。如果一个人 3 次被打，则表明产生了薄情郎，必须出来表演一个连续的军体动作，并唱一首歌作为“惩罚薄情郎”。叫他人名字时，只能叫没有叫过者，叫过者不能再叫。

全体战友在轻松的气氛中结束相识的活动。

二、专题阶段项目的操作

专题阶段是团队心理辅导的中间过程。内容主要是：“群体凝聚力升华”和“促进军人自我探索”。

（一）相互信任与彼此接纳

一个人获取成功最大的因素可能是你有一个好的“人缘”，好“人缘”往往会获取的更多。这是因为你奉献的同时，也会获得他人的帮助。人与人之间需要理解，需要沟通，需要建立相互信任关系，彼此接纳。有人说“分享的喜悦是加倍的，分担的痛苦是减半的”。进入团队心理辅导的战友在初步相识后，进一步相互接触、相互了解会逐渐建立信任、相互接纳、减少防卫心理。

1.“信任之旅”

（1）引言：有许多旅途我们曾经经历，也难以忘却。可能是一次山川的旅游，也可能去一趟湖泊的漂险，更可能登上无限险峰，我们经历更多的可能还是人生心灵的旅途。通过“信任之旅”让我们经历“助人与受助”，体验和增加对他人的信任与接纳。

（2）目的：体验他人的信任与接纳。

（3）时间：约 60 分钟。

（4）方法：组织者事先选择好路线。路线的选择在安全条件下，要以崎岖、山地、弯路、障碍等为标准。准备一条蒙眼睛用的毛巾或头巾。两名队员为一组，一位做“盲人”，一位做“腿残人”。“盲人”用毛巾或头巾蒙上眼睛，“腿残人”则以脱鞋光脚为准。“盲人”蒙上眼睛后，原地转 3 圈，失去方向感后在“腿残人”的搀扶下，沿着规定的路线，带领“盲人”从目的地出发开始旅行。期间不能讲话，只能用手势、动作相互帮助体验各种感觉。活动结束后两人摘除“道具”坐下交流当“盲人”

和“残腿人”的感觉以及帮助别人的感觉，并在全体团队成员内交流。如果时间许可，可互换角色，重来一遍，再互相交流。

交流讨论集中在以下几个方面：作为“盲人”，你看不见后是什么感觉？使你想起什么？你对你的伙伴的帮助是否满意，为什么？你对自己或他人有什么新发现？作为腿残疾者，你怎样理解你的伙伴？你是怎样想方设法帮助他的？这使你想起了什么？

（5）评述：人生需要别人的帮助，也需要帮助别人。虽然是一次活动，但它提示了人生的哲理。漫漫人生之路，哪一条路线是自己亲自走过？哪一件事情是自己亲自做过？其实，在我们面前如果没有学习、没有别人的帮助，难道我们不都是在漫无边际之中摸索吗？难道我们不都是“盲者”吗？达到一个理想的彼岸，我们太需要他人的帮助和指导了！

每个人都需要别人的帮助。可是，有少数人却不愿意帮助别人，不知道帮助别人就等于帮助自己。凡是自己不吃亏的人，朋友自然很少。在关键的时候，需要被帮助时，朋友都没了，没有人向他伸出援助之手，往往陷入绝境。记住：当你积极主动地去帮助别人时，你的朋友会越来越多，会给你带来意想不到的收获。也记住，平时大家所说的那些“只出不进”“见好处就上，见难处就退”者早已在周围人群的心中摒弃。

2.“信任考验”

（1）引言：信任是人与人相处的基本条件，也是建立人与人之间密切关系的桥梁。信任是无条件的，信任是不加掩饰的，信任是毫无保留的。信任是投资，信任还是潜力股，信任更是收获。人际关系上所碰到的一些困难，有些人沮丧了、推诿了、失望了、疑惑了，其实你信任了他人，就迎刃而解了。这里我们用一种方式来考验我们是否该“信任”他人。

（2）目的：有战友的存在就有我的安全。

（3）时间：20 分钟。

（4）方法：10 人一组，每组选择一个 1.5 米的高台，可供一个人站立的位置。每组成员轮流站立于高台，背向大家站立。其他成员立于高台下两侧，两侧人员手挽手交错准备好接立于高台成员仰后躺下。站立高台的成员在一声口令下，背向后仰躺倒下。

（5）讲评：活动方式本身是安全的，有八双手在您的身后交叉成网，怎么也不会将一个高台仰卧的人失手，这里考验的是您对身后战友的信任问题，也考验的是您即将奔赴“危险”的时候，是否还相信与您同甘共苦的那些兄弟们是否与您真心。立于高台之下的有数个成员，他们的体力与方式足以保护你的安全。发生不敢仰躺是由于对自己安全的挂念，只要你认准一个道理，有战友的存在，就有我的安全，就什么顾虑都没有了。更深入地讲当我们把自己的生命都依托给战友的时候，战友们就会全身心的为了您而担负起责任。

3.“赞美他人”

（1）引言：赞美是一杯醉人的美酒，很容易让人上瘾。如果你愿意和他人分享这杯美酒，可以使很多人陶醉。“从赞美开始”，学习、发现他人的优点并赞赏，促进战友之间相互的肯定与接纳。

（2）目的：从赞美中收获自己的优点。

（3）时间：50分钟。

（4）方法：按小组为单位。大家席地而坐，围成一圈。组长介绍一个成员名字后，指令其坐到中央位置，从组长开始轮流对其说出他的优点。每个成员都要被轮流赞美一次。赞美之后，被赞美者要谈感受，说出哪些优点是自己以前观察到的，哪些是不知道的。活动结束时，大家心情愉快，相互接纳性增高，此活动一般适合比较熟悉的成员应用。

（5）讲评：要求赞美人的时候必须说优点，态度要真诚，努力发现他人的长处，所说的优点是根据自己的观察而来的，不能毫无根据的吹捧，也不是漫无边际的忽悠。吹捧与忽悠都显露了不真实，反而会伤害别人的自尊。美国罗杰斯说过“赞美人和爱人及被人赞美和被爱都能极大地提高和丰富生活”。奥地利心理学家贝维尔博士说过“如果你想赞美一个人，而又找不到他有什么赞扬之处，你大可以赞美他的亲人或和他有关的一些事物”。英国塞缪尔·约翰逊说过“赞扬，像黄金钻石，只因稀少而有价值”。需要注意的是：参加者要体验被人称赞时的感受如何？怎样用心去发现他人的长处？如何做一个乐于欣赏他人的人？

4. 信任证明

（1）引言：信任两字的偏旁都有一个人，可见信任发生在两人之间，信任是相互的。信任需要敞开心扉，信任需要坦荡无邪；信任可以产生力量，信任可以产生效益。你对你的战友信任了，自然会得到战友的信任。在人生的旅途上，人需要被信任，更需要信任。让我们一起来参加“信任证明”

辅导活动，见证来自战友的信任。

（2）目的：活动中证明战友的信任。

（3）时间：50 分钟。

（4）方法：准备好纸和笔。小组为单位，全体围成一圈。大家闭目思绪如何打开战友之间信任的大门。组织者简短发言之后，将下列问题写在纸上并发给每个成员，要求大家就下列事件选择其中一个，深入思考：①最怕发生的事；②最不敢想的事；③最不容易忘记的事；④从未告诉过别人的事。

给出时间，在全体成员思考后，组长首先给大家讲述其中的一个问题，然后其他成员以此方式按顺序轮流讲述。如果上述某件事情不愿意公开，可以询问是否可以告诉其他人，并请他在发的纸的量尺上选一点，表示可以向谁吐露，并说明原因，如图 11.1 所示。大家可以说说各自的看法，认为这件事可以告诉谁，在量尺上找一点。看一看自己与其他战友的选择有无区别，为什么？

成员依次发言。最后讨论时重点放在以下几个方面：

通过这个活动，对团队内战友间的信任有什么变化？团队内哪些行为阻挠团体战友彼此间的信任？为获得别人的信任有什么办法？

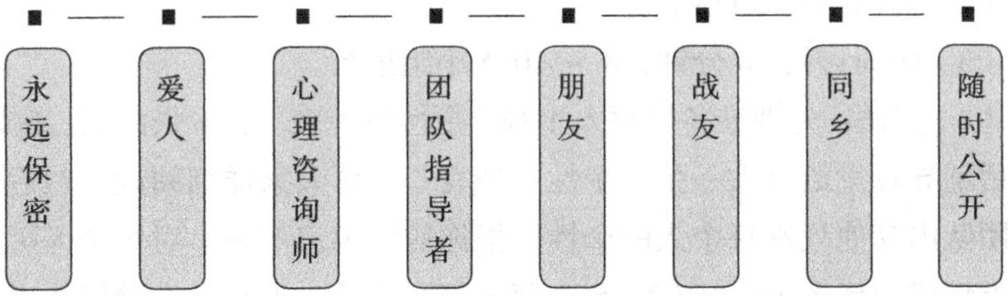

图　11.1

（5）讲评：其实人与人之间的相处贵在真诚、淳朴、信任。相互之间的信任是双向，而不是单向。一位老者在笔者入伍送别时候赠言：“朋友还有朋友”。这句赠言笔者数十年没有忘却，至今还在领悟其深刻的含义。有了真诚的朋友，你还会继续增多你的朋友。掏心掏肺的与人相处，怎么不会换来真挚的友情？战友就是一同战斗过的朋友，可见多么的深刻！

5. 猜猜“我是谁”

（1）引言：“我是谁”？一首军歌唱环绕我们的耳边，依旧让我们在想“我是谁”。当我们已经明确“我是谁”的时候，是否知道自己在战友眼中“又是谁”呢？让我们进入又一个新科目，看看别人是否猜对了“我是谁”。从他人的反馈中认识自己，体会一次被人理解的感受。

（2）目的：体会被战友接受与理解的感觉

（3）时间：约 20 分钟。

（4）方法：每人发一张白纸，请写下 3 ~ 5 句描述自己的句子。如“我是……”，不写名字。写完后将纸折叠好，放在团体中央。然后每人随机抽取一张，打开纸上的内容，让大家猜猜这一张是谁写的。猜中的人要说理由。辅导者引导团队成员发表自己猜中别人或被他人猜中时的感受。

（5）讲评：心理学观点认为，每一个人都有被承认的需求，渴望自己的一切被人接受、理解。问题在于偏偏许多时候似乎自己的所作所为，无人理睬，更无人喝彩。其实不然，参加这个科目之后你的感受已经说明一切了。

6. 发现自我

（1）引言：我了解自己的个性吗？通过“个性发现表”见证对自己的了解的程度，如表 11.1 所示，见证他人对自己的了解程度，在认识自己的同时，认识战友，坦诚反馈，从中也更加了解自我。

（2）目的：发现自我。

（3）时间：约 50 分钟，8 ~ 10 人小组进行。

（4）方法：先期准备好每人 1 张“个性发现表”、1 张白纸、1 支笔。开始后辅导者发给每人一张“个性发现表”，请大家详细阅读，然后研究一下团队内其他战友每个人的个性，把你的认识记下来，对每个人可选择一种类型或选择多种特征（3 ~ 5）。每人都写完后，训练者按顺序找出其中一人，请其他人谈对他个性的分析。最后由他本人发表对别人评价的感受及自我分析。自己与他人的分析也许非常一致，也许差别很大。为什么会有差别，从中寻找自己过去没有发现的自身潜力，深入探讨会有许多收获。

（5）讲评：人，固然是了解自己的，于是会对自己所作所为都确认是正确的。于是，有人成功了，有人失败了。既然我们对自己如此的了解，对自己如此的负责，又怎么可能失败？其实，有句俗话说得好，这就是“旁观者清”。有的人自我意识很强，总是……，有的人自我意识很弱，总是……。

表 11.1　“个性发现表”

类型	长处	短处	适合职业
乐天型	热情、诚恳、乐观、抱希望、富有感情、优越感、努力	冲动、浮躁、不坚定、意志弱、易怒、易懊悔	讲解员、生意人、演员
暴躁型	意志坚决、坚强、敢冒险、独立、思维清晰、敏锐	急躁、激烈、不太会同情人、易谋私利、骄傲、自大、报复心重、不太会深思	将军、老板、政治家
忧郁型	思想深远、透彻、能自制、信实、可靠、有天分、有才华、理想主义、完美主义、忠心	抑郁、沉闷、忧愁、痛苦、多猜疑、情绪化、好自省、过分求完美、易怒、悲观	艺术家、哲学家、教授
冷静型	平静、稳定、随遇而安、温和、自足、实事求是、善分析、有效率	冷淡、缺少感情、迟钝、懒惰、无动于衷、不易悔悟、自满	教师、科学家、作家

（二）正确定位，探索自我

适应军队生活，使自己成为一名合格的军人，重要的是使自己心理的成熟与发展。前提是找到自己的特长，了解自己的潜质，接纳自己，正确的给自己定位，进而认识别人，接纳别人。

以下科目主题是：促进团队成员自我探索，深化自我认识，勇敢、开放地表达自己以形成健康的自我形象，增强自觉能力。以下介绍几种常用的自我探索、自我认识的活动。

1. 认识“我是谁”

（1）引言：我是谁？在父母面前我是儿女，在自己的小家我是丈夫或妻子，在单位我是领导或部下。角色不能混淆，混淆了就不能分清东南西北。一位好朋友的妻子告诉我“丈夫回家的第一件事就是到厨房检查卫生，看看我的‘劳动成果’，我郁闷啊！”可见丈夫在单位的角色带回了家。某单位一位刚刚提拔的副职分管行政，看到正职匆忙而去，又匆忙而归，带着考勤登记本到正职办公室“刚才您出去算什么假？”，正职面无表情“无言”以对。

我了解自己吗？多少人说，世界上最了解我的是我自己。让我们在本科目的辅导中认识一下自我，认识一下他人，并真正地接纳“我”和“他”吧。

（2）目的：认识我是谁，体会如何准确扮演角色。

（3）时间：约 50 分钟。

（4）方法：事先让每人准备 1 张白纸和 1 支笔。辅导者可以先找出一个成员示范，连续让他回答“我是谁”？对一些众所周知的特征，如“我是男人”的回答，辅导者告诉大家，这种回答不反映个人特征，应尽量选择一些能反映个人风格的语句。然后辅导者让大家开始边思考边回答“我是谁”这个问题，至少写出 20 个。在全体人员都完成之后，开始在 5 ~ 6 人组内交流。任何人都抱着理解他人的心情，去认识团队内的每一个人。最后辅导者请每个小组代表发言，交流活动的感受。

（5）讲评：每一个代表的发言，你只要认真地领会，就可发现许多让人感慨的内容。“我”及其“他”是那么的丰富，只是我们平时很少去敞开心扉、敞开胸怀去拥抱罢了。我是谁？我是儿子，我既是祖国的儿子，也是我父母的儿子，我就要拥抱她们，为她们“站岗、守护”；我是丈夫或我是妻子，我就要用真诚的心“呵护、守卫”我们的爱情；我是父亲或母亲，我就有义务把自己养育的“小树”浇灌成才；在我担负军事任务的时候，就有责任用能打仗、打胜仗的本领，在保家卫国的军旅生涯中播撒我的情怀和我人生的战歌。

2. 我的生命线

（1）引言：笔者从事心理学工作 30 多年了，常遇到一些人请教：“我的命如何？我在想什么？”笔者感到非常尴尬，似乎心理学等同算命。我也在问：“这个世界上到底有没有命运？”。其实，有人顺利的时候会说“我努力的结果”，有人不顺利的时候会说“我怎么这么倒霉啊，命真不好”。虽然，我们信与不信，但总会像真的一样，被人把手掌展开通过手心的几条线分析我们的“生命线”“爱情线”“事业线”。

我曾经也用这样的方法比试着给人“算命”，随着我的要求发出了指令：“把手伸好，照我的样子做一个动作”。他按着我的指令举起左手，慢慢地把手紧紧地握成了拳头。我问道：“抓紧了没有？”，答：“抓紧了”。又问道：“手心的生命线在哪里？”，总是得到这样的回答：“在手里啊”。我重复追问一句，回答依然如故。的确是这样，我们要重重的肯定他的回答“命运的生命线就在自己的手里！只有自己才是自己真正的主人，才能真正地掌握自己！”好了，回到我们的科目当中：让我们对“过去的我”“现在的我”“未来的我”作一个评估和展望吧。

（2）目的：通过对生命线的刻画，深刻理解命运掌握在自己手里。

（3）时间：约 60 分钟。

（4）方法：为参加者准备好 1 张纸和 1 支笔。辅导者说明活动内容，然后让团队成员自行填写，10 分钟后大家一起分享交流。小组交流中，每个人都拿出自己的生命线给其他人看，边展示边说明，注意自己与他人内心的反应。

说明的内容：下面一条线代表你的生命线，如图 11.2 所示。起点是你出生的时候，终点是你的预测死亡年龄。请根据你自己的健康状况，你家族的健康状况以及你所在区域的平均寿命，提出你预测的死亡年龄。然后在这条线上找到你现在的位置。请静静思考一下你过去的生活中最难忘的三件事，以及你今后的日子里最想达到的 2 ~ 3 个目标。

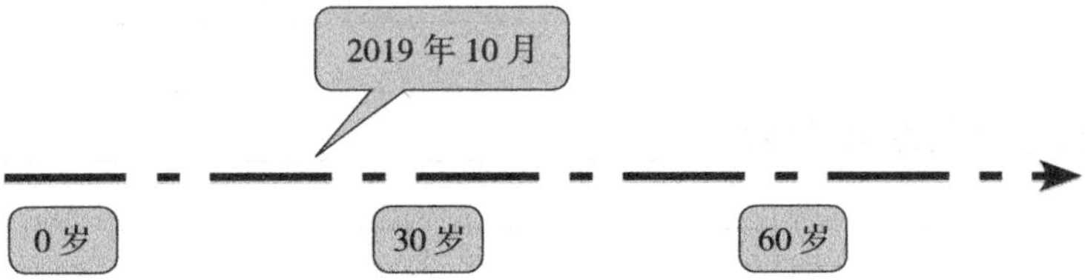

图　11.2

（5）讲评：一条生命线就是如此简单。对 20 多的年轻人，似乎路还长的呢。对 30 多的人，不急，慢慢来。但到 40 多人到中年的时候，压力多了起来。有句古话是这样说的“三十而立，四十不惑，五十知天命”。这几句话其实已经告诉了我们人生的轨迹线。然而，30 岁应而立的时候既不急，也不知如何而立？ 40 岁应不惑的时候却茫然不知西北怎么承担中年人的责任？ 50 岁应知天命的时候才刚刚的觉醒，所有黄花菜都凉了。其实，每一个人当你把自己的“生命线”规划与铺展之后，突然会感到时间是那么的珍贵，目标依然“任重道远”。想象一下，你 60 岁退休的时候，你会有些什么作为？你的同事、朋友、家人会如何评价？想象一下你离开人世的时候，你会有什么成就？人们会如何评价？记住，这些问题的答案里面有你人生的意义，有你人生的终极目标，有你真正的梦想！

我们再想象一下：在你离开这个世界 10 年、50 年乃至 100 年后，人们是否会记得你？人们还会怎样评价你？请把以下空格继续完成，我相信，这些内容对你而言，绝对有价值！

20 年后，我得到的评价是：____

____

____

退役时，我得到的评价是：____

____

____

退休时，____

____

____

离开这个世界后：____

____

____

离开这个世界 10 年后：____

____

____

离开这个世界 50 年后：____

____

____

离开这个世界 100 年后：____

____

____

3. 人生曲线

（1）引言：其实每个人都有对自己经历的感悟。经历丰富而有成功者会由于你对他的兴趣滔滔不绝；经历简单而有失败者会担心你的询问使他（她）难堪；还有刚刚事业起步者，尚不能准确给自己的人生定位、规划，在摸索与模仿下出发了。

（2）目的：对自己的人生做出评估，理解千差万别的人生经历，增强对他人的理解。

（3）时间：50 分钟。

（4）方法：每位参加者准备 1 张纸和 1 支笔。辅导者先说明用人生曲线探索自己人生过程的意义，然后要求大家划一个坐标，横坐标表示年龄，纵坐标表示生活的满意程度，如图 11.3 所示。然后找出自己生活中的一些重要的转折点，连成线，边看着线边反省，并对未来人生的趋向用虚线表示。最后在小组内（5 ~ 6 人）交流，每位成员以坦诚的心情向他人介绍自己的人生。通过相互交流可以了解到每个人不同的人生经历。交流结束时，每个小组派一位代表在整个团队中交流自己活动的感受。

为了使曲线起伏明显，可以把过去最不幸事情的满意度定义为 0，最高兴、最成功的事情，满意度定义为 100%。

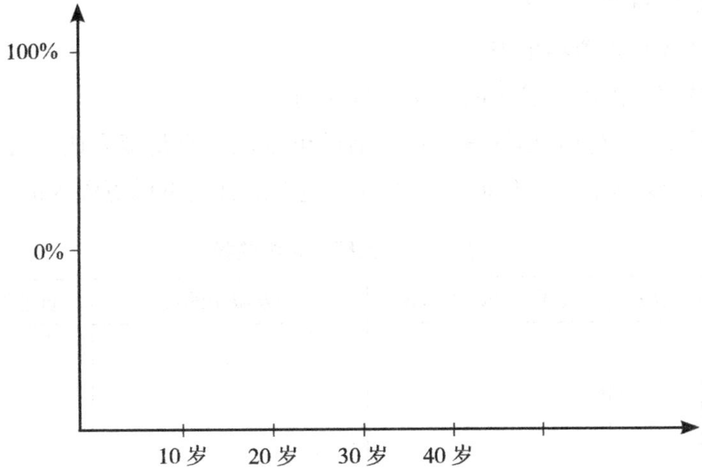

图 11.3　人生曲线示意图

（5）讲评：生命中有辉煌，也有失败；辉煌的时候也许我们人生阅历还不够无法把握自己，而高傲目空一切、无视他人，辉煌则变得短暂。不过，我们辉煌过。也许我们人生的起点就是从失败开始的，因为失败成为我们成功之母，我们又重新开始了辉煌。当然，你会发现不同的人对“辉煌与失败”的认知有着千差万别，这也就铸成了我们不同的人生态度。从他人对“辉煌”和“失败”的定义中我们应该启发自己、收获自己。

4. 见证我的生活圈

（1）引言：给予自己生命的是父母，给予自己成长的是我生命中的不同阶段。孩提时代是家长，学生时代是老师，工作之后是领导、同事和有着兄弟姐妹之情的战友。在不同的成长阶段，我们的周围构成了一个人与人之间的关系圈。“我”在不同的圈子里，不同的人怎么评价我呢？让我们进入这一辅导科目，见证在圈内的“我”，让我们对这些评价细细的做一下思考。

（2）时间：约60分钟。

（3）方法：给每人准备1张表（表11.2）和1支笔。自己思考后填写，填写后大家一起交流。填写的过程会反映出不同的心态。有些人再一次肯定积极而可爱的自我，但有些人却引发一些长期压抑的感受。辅导者要特别注意：

成员对表中哪一类（个）人的看法最重视？为什么？

最难填写的是什么？

为什么有人填不出来？

成员填的内容多是正面的还是负面的？

然后引导成员做出探索。这个活动可以从多个角度来认识自己，有助于成员全面认识自我。同时，也可以在他人的鼓励下做更深入的自我探索。

表11.2 人际关系中的我

父亲眼中的我	兄弟姐妹眼中的我	朋友眼中的我	自己眼中的我
1 2 3 4 5 6 7			
母亲眼中的我	同事同学眼中的我	爱人（恋人）眼中的我	自己理想中的我
1 2 3 4 5 6 7			

5. 人生透视

（1）引言：生命中，我们有许多灿烂；生活中，我们的胸怀盛满阳光；我们的理想，插满了翅膀也使我们能够自由地翱翔。当然，生命中还会有许多愤青，还会有许多疑惑。所有这些在陪伴着我们成长。然而，我认识自己吗？生命中的灿烂、阳光能够永远陪伴我吗？让我们进入新的一个科目来自我认识、探索人生。

（2）目的：认识自我，探索人生。

（3）时间：约 60 分钟。

（4）方法：每人发 1 张表，如表 11.3 所示，1 支笔。让大家思考一下，而后填写，大约花 10 分钟时间。填写完毕，在小组内交流（5 ~ 6 人）。交流分三轮：

第一轮每人轮流介绍六年级时的情况，并说明为什么这样写；

第二轮每人轮流介绍现在的生活，并说明理由；

第三轮介绍对未来生活的展望及理由。成员可以在分析自己，了解他人的过程中增强自我认识，相互理解，产生共情。

表 11.3　人生透视表

当我六年级时： 兴趣： 问题： 希望： 我现在的生活： 兴趣： 问题： 希望： 十年后的情形： 兴趣： 问题： 希望：

6. 人生展望

（1）引言：有报刊登载，哈佛大学有一个非常著名的关于目标对人生影响的跟踪调查，对象是一群智力、学历、环境等条件都差不多的年轻人。调查结果发现：27% 的人没有目标；60% 的人目标模糊；10% 的人有清晰但比较短期的目标；3% 的人有清晰且长期的目标。25 年的跟踪研究结果，他们的生活状况及分布现象十分有意思。

那些占 3% 者，25 年来几乎都不曾更改过自己的人生目标。25 年来他们都朝着同一个方向不懈地努力，25 年后，他们几乎都成了社会各界的顶尖成功人士，他们中不乏白手创业者、行业领袖、社会精英。

那些占 10% 有清晰短期目标者，大都生活在社会的中上层。他们的共同特点是，那些短期目标不断被实现，生活状态稳步上升，成为各行各业不可缺少的专业人士。如医生、律师、工程师、高级主管等。

其中占 60% 的模糊目标者，几乎都生活在社会的中下层面，他们能安稳地生活与工作，但都没有什么特别的成绩。

剩下 27% 的是那些 25 年来都没有目标的人群，他们几乎都生活在社会的最底层。他们的生活都过得很不如意，常常失业，靠社会救济，并且常常抱怨他人，抱怨社会，抱怨世界。那么，我们呢？我们自己是属于哪一种呢？

（2）目的：认识目标与自己的未来。

（3）时间：约 40 分钟。

（4）方法：5 ~ 10 个人一组，每组围圈坐下，相互距离较近，留出一个出口，为增强气氛可以拉上窗帘，关上灯，出口处最好靠近门或窗。然后训练者说明：将组织一次到郊外旅游，不巧遇到泥石流倾泻，全部被困在几米深地下的洞里，只有一个出口，只可以过一个人，而出口随时有倒塌的危险，谁先出去就有生的希望。请每个人依次说出自己求生的目的及将来可能对社会做出的贡献，然后大家协商，看谁可以最先逃出去，排出次序。然后，全体一起讨论活动过程及自己的感受。辅导者要引导大家把讨论的重点集中到：

自己能否说出将来生活的指向？

听了别人的意见后自己是否修正原有的想法？

小组内依什么为标准决定逃生者的次序？

（5）讲评：在危机的时刻我们需要互助，我们更需要建立先他人后自己的思想。有人把自己放在最先出去，有人把自己放在了最后出去，理由都是对的，无可挑剔。问题在于，从这个活动中我们思考了没有，“我有目标吗？”。

今天的生活状态不是今天的作为决定，它是以往目标实现的结果；明天的生活状态不由未来决定，它是我们今天是否建立目标的结果。目标是行动的导航灯，没有目标我们就不会努力，因为我们不知道为什么要努力。就像大海中的航船，如果不知道靠岸码头在哪里，加油又有什么用？更不会明确什么风对它来讲是顺风。没有目标，我们几乎同时失去机遇、运气和他人的支持。

7. 历史记忆

（1）引言：我们曾经经历了许多重要的时刻，或者重要的事件。有欢乐，也有悲伤，无论哪种体验对自己来讲都难以忘记。让我们一起分享曾经的欢乐，分担曾经的悲伤，寻找一条理性的方式再给自己一次提升的机会。

（2）目的：滤清思路、调整自我。

（3）时间：50 分钟左右。

（4）方法：要求成员闭目安静，然后回忆自己人生中最快乐（或最悲哀、最痛苦）的时刻或事件。静思 5 分钟后，请大家睁开眼睛，请每个人讲述自己的经历，其他成员则协助讲述者具体界定他此时此刻的内心感受，并分析快乐或痛苦的原因，认清过去的经历对现在及生活的影响，并探索每个人目前不同的生活处境与问题。在这个过程中，成员往往会对自己有一些新的发现。由于活动可能触及成员内心深处的感受，所以要预备充分的时间，适当处理和协助成员解决情绪问题，避免任何负面的影响。

（5）讲评：经历就是收获，无论是欢乐的经历还是悲伤的经历。经历就是起点，也无论是欢乐的，还是悲伤的。随着年龄增加我们会成熟许多，这是因为经历的事情多，有经验了，就知道该做什么了。或者说知道如何做就能做得更好了。经历过的痛苦事件越多，我们的经历就会越丰富，自然就会对类似的事件有更好的应对策略，又有什么不好呢？

（三）澄清价值观

一个人的价值观对自己的一生影响很大。适应社会、身心健康及人格成熟的人非常清楚自己的价值观，并了解自己价值体系的建立过程与基础，并且能不断内省。希望成功的人，必然注重价值观的构建，因为它不仅影响人对事物的选择，也影响与他人的相处与沟通，最终影响人的生活，影响人的发展。在团队心理辅导过程中，在了解他人价值观的同时，澄清自己的价值观。

1. 火光冲天

（1）引言：这是一个我亲身经历的事件。大学的时候，一场意外学校新建的图书馆大楼被一场大火吞噬着，浓烟滚滚，火光冲天。学校广播急促的声音号召全体人员前往救火。我直接参加，并目睹了我的同学从火海中扛出了氧气瓶那可歌可泣的英雄主义壮举，至今当时的场景仍历历在目。现在大家随着我的指引，在自己的大脑中闪现一场火海，思考一些问题。

（2）目的：明确自己的价值观，理解他人的价值观。

（3）时间：30 ~ 45 分钟。

（4）方法：为大家准备纸和笔，分成 5 人左右的小组，然后告诉大家，现在你的宿舍（或家里）正被烈火吞噬，情况危急，时间只够你冲进火海取出 3 样东西，你会选择哪三样？先后顺序是怎样的？它们对你有什么价值？还有没有重要的物品不在抢救之列？为什么？然后给成员一定的时间让他们想一想，并写在纸上。先在小组内交流，告诉其他人你为什么如此选择的原因，然后小组选出代表在大组交流。

（5）讲评：还是回到我刚才讲的故事。未完工的图书馆开始是一层燃烧起大火，而另一层那些施工的材料和待装的书架满地都是，更糟糕的是氧气瓶还在那里摆放着。刘同学看到危险，挺身而出，毅然扛起氧气瓶跑步离开火场。过去近40年了，我一直不能忘记，这就是他面对火海的行为，体现了他生命的价值。

2. 临终遗命

（1）引言：每个人都会有生有死，当我们面临着死亡的时候，想些什么？该做些什么呢？

（2）目的：探索人生价值观。

（3）时间：45 ~ 60 分钟。

（4）方法：给每人准备好白纸和笔。告诉团队成员，由于种种原因，你正面临着死亡，终期将至，时间只允许你再做最后 5 件事，你会做哪 5 件事，并排出先后次序，然后写下你的遗嘱（只写 50 字以内）。每个成员认真思索后写下你的决定和遗嘱，并向团队成员讲述自己的决定和遗嘱，解释原因，谈一谈你在写的时候有什么感受，这感受对你今后的生活有什么影响？通过活动，可以帮助团队成员对自己的人生观和价值观进行整理，也可以通过与他人的交流，启发自己。

（5）讲评：军人职业是一个充满挑战的职业，有军人存在就意味着战争的存在，军人就是要奉献，就是要走向战场，随时我们可能出现在生命终结的第一线。通过本科目的进行，对生命的领悟能多一些吧。

3. 生存选择

（1）目的：认清生活中什么最有价值。

（2）时间：60 ~ 80 分钟。

（3）方法：辅导者告诉大家，地球上发生了核战争，人类将要灭亡。但是，一位科学家发明了一个特别的核保护装置。如果谁能进入其中，谁就能生存下去。如表 11.4 所示，现在有十个人，但是核保护装置里有水和食品，空间有限，只能容纳七个人。也就是说，人类只能有七个人生存下去。请您决定谁应该活下去，谁只能面对死亡，为什么？并请排出先后次序。

表 11.4　十个人的情况见材料

1. 小学老师
2. 小学老师怀孕着的妻子
3. 职业足球运动员
4. 十二岁的少女
5. 外国游客
6. 优秀的警官
7. 年长的僧侣
8. 流行男歌手
9. 著名的小说家
10. 慢性病住院患者

全体成员听完呈现的情景后，认真思考，做出自己的选择。有的人会用排除法，先选出死亡者；有的人会先选出生存者。

每位成员将自己的选择及理由记入统计表并在小组内交流，如表 11.5 所示。为了获得小组一致的意见，全组充分讨论，各抒己见，各个人可以在讨论后修正自己的意见。然后每个小组派小组代表在整个团队中介绍小组的决定及讨论情况。小组成员可保留自己的意见，到团队中再阐明。

（4）讲评：这个活动包含着丰富的寓意，充分体现了每个成员的价值观，以及对未来社会的憧憬或理想。讨论并不要求得出一致的结论，真正的目的在于讨论过程中了解自己的价值观及他人的价值观，并通过他人的启发，调整自己的认识，认清生活中最重要的、最有意义的是什么。

4. 人生的最后时刻

（1）引言：设想我们的人生已经到目的地了，我们的思考会是什么？

当我们已经习惯军人就是牺牲这句豪言壮语的时候，如果真的这一天来了呢？

表 11.5　小组统计表

生存人物＼小组成员	1	2	3	4	5	6	7	8	小组决定
1									
2									
3									
4									
5									
6									
7									
8									
9									
10									

（2）目的：探索个人的人生价值观。

（3）时间：30 ~ 40 分钟。

（4）方法：辅导者告诉全体成员，由于某种原因，现在我们每个人只剩下最后一天的寿命，也就是我们只有 24 小时可以利用。如果每人身体正常，可以自由地思考与行动，你会如何使用这仅剩的 24 小时呢？

每个人认真思考后写下来，在小组内交流。通过自我的探索与他人分享，使团队成员对自己的人生价值观有更深入的了解，并指导自己日常的生活。

（四）改变思维方式、态度、信念

思维方式、态度和信念是影响我们的重要因素，更多的时候我们不是因为自己的能力，而是因为自己的态度和信念导致了我们的失误，改变信念其实也不难。

1．学习 A、B、C

（1）引言：我们是儿时的同伴，我们是小学的同学，我们是中学的密友，我们可能是大学的同窗，我们还可能是工作的同事。我们同伴、同学或密友、同窗、同事，或许我们有公共的进步，或许我们还有巨大的差距。有人成功了，有人失败了。有人为了生存挣扎，有人为了事业努力。有人抱怨这个世界不公平，有人怀疑自己运气总是那么点背。兴许您还清楚地记得一些曾经影响过自己的那些事情。好，现在请您把一件记忆深刻的事情讲述给小组成员，让大家分享或者分担。

（2）目的：学习 A、B、C 理论。

（3）时间：50 分钟。

（4）方法：小组 5 ~ 6 人，无须指定小组成员哪位先开始。自觉发言，总时间控制在 50 分钟，没有发言的不再继续。把自己过去发生过的那件影响自己的事情真诚的讲给大家，按“事件情况——对你的影响及你对事情的评价与解释——最后的结果”的顺序讲述。小组之后，每小组选一个代表大组发言。

每个人的经历不同，发生的事件不同，结果也不同。大组发言之后，自由形式选几个人做一评述。在团队成员无论是小组还是大组发言时，辅导者不发表任何观点，待全体发言结束后做最后发言。

（5）讲评：一个大家熟知的故事。有两个秀才一起去赶考，路上遇到了一支出殡的队伍。看到那一口黑乎乎的棺材，其中一个秀才心里立即“咯噔”一下，凉了半截。心想：完了，真倒霉，赶考的日子居然碰到这个倒霉的棺材。于是，情绪一落千丈。走进考场，那个“黑乎乎的棺材”在大脑里一直挥之不去，结果，文思枯竭，果然名落孙山。

另一个秀才也同样看到了，一开始心里也“咯噔”了一下，但转念一想：棺材，棺材，噢！那不就是有“官”又有“财”吗？好，好兆头，看来今天我要红运当头了，一定考中。于是心里十分兴奋，情绪高涨，走进考场，文思如泉涌，果然一举考中。

回到家里，两人都对家人说：“那棺材”真的好灵。

这个故事其实是一个心理学的理论，是由埃利斯（A.Ellis）在美国创建的，叫做 A、B、C 理论。A 指诱发性事件（Activating events）；B 指个体在遇到诱发事件之后相应而生的信念（Beliefs），即他对这一事件的看法、解释、评价；C 是指在特定的情景下，个体的情绪及行为的结果（Consequences）。通常人们会认为人的情绪及行为是直接由诱发性事件

A引起的，即是A引起了C，但本理论不这样认为。A、B、C理论指出，诱发性事件A只是引起情绪及行为反应的间接原因；人们对诱发性事件所持的信念、看法、解释才是引起人的情绪及行为反应的更直接的起因。这就是B。由此，我们懂得了“事物本身并不影响人，人们只受对事物看法的影响”。

2．心态树

（1）引言：深刻理解我们的态度和信念在生活中是如何影响个人发展的是一件非常重要的事情。足球教练不是有一句口头禅吗，“态度决定一切”。

（2）目的：懂得积极心态和消极心态的不同结果。

（3）时间：20分钟，小组进行。

（4）准备：给每个人准备一张纸，一支笔。辅导者依次讲述两个故事的开头，然后让大家轮流发言补充故事的结果，将大家的观点描述在准备的纸上。最后辅导者总结，从中探索积极心态与消极心态的不同，启迪大家理解“态度决定一切”的观点。

故事一，两个推销员，正准备出发工作的时候，天下起了大雨……。

故事二，日本有个水泥大王叫浅野一郎。年轻的时候，只身一个人来到东京谋生。他身无分文，但当他看到东京的街头有人在买水时，……。

故事三，一个小男孩，一次长跑比赛回到家里，父亲看到他很高兴，就问：你是不是得了第一名？他说：没有啊，我得了第二名。父亲很奇怪……。

在辅导者总结完故事后，每人在心态树上写出10种积极心态的硕果，和10种消极心态的苦果。

（5）讲评：

连接故事一：天下着大雨，一个推销员说，现在下这么大的雨，刮这么大的风，即使我去了，客户那里可能也没有人在。结果他没去，这样他就失去了一个拜访的机会；但另一个推销员却想，今天下大雨，刮大风，可能别人都不会去，这样，那么老板肯定有空，如果我过去，他很可能有足够的时间接待我，听我的解释。那么两个推销员谁的成功机会多呢？

连接故事二：当他看到东京的街头有人买水时，他非常的高兴：东京真是个好地方，连水都能卖钱，看来我浅野要活下去不会成问题。可是，会不会也有人想：东京真是个鬼地方，连水都要钱，看来我活下去有困难。“连水都能卖钱”和“连水都还要钱”是不是两种完全不同的态度？态度不同，结果就会两样。孰胜孰负，是否一目了然？

连接故事三：得了第二名为什么还这么高兴。你知道小男孩怎么说？他说：爸爸，你知道吗，那个第一名不知道被我追得有多惨！这就是那个小孩的心态。如果我们每个人都有如此心态追求成功的话，有对手已经跑在我们的前面又有什么关系？

（五）集思广益互助解难

学习获得别人的指导和帮助的能力，同时学习怎样成为帮助别人的力量，为他人提供帮助。

一个人需要别人的帮助，也需要帮助别人。成功的人不仅仅认为自己是最出色的，他们特别注重自己周围有许多帮助自己的朋友，从不忽略成功中还需要别人的帮助。同样对那些抱有共同的苦恼，有共同需要解决的发展课题，或者心理问题的人聚在一起时，成员往往能够产生感情上的共鸣，认识相通，齐心协力，彼此支持，互相建议并善意地提出个人见解。大家的帮助可以给人以更多的信心和鼓励。同样也会有这样的一种人，在自己所谓成功，如考学了、获奖了，就几乎认定是自己的“本事”，切不想想是那些周围的人曾给予的无私援助，这也恰恰导致自己的未来失去人缘。

1. 炽热的目光

（1）引言：眼睛是心灵的窗户，一个人的眼神可以流露他内心的许多信息。用自己的眼睛凝视着对方，可以增加自己的自信。若某人不正视你时，你会觉得，他内心是否隐藏着什么？而你不敢正视对方的时候，通常也意味着你的自卑，时时处处都不如对方，我是弱者，我怕眼神与你接触，就怕你知道我在想些什么。

笔者讲课时常常讲述这样一个案例：假设你去参加一个聚会，别人把你介绍给李某。当你和李某交谈时，他根本不看你，事实上，在你们整个简短的交流过程中，他的目光一直越过你的肩膀，往屋里另一方向看。在这种情境下，你的感觉是什么呢？第一，你认为李某没礼貌，故意不正眼瞧你，有被侮辱的感觉，你可能被激怒。第二，你认为李某没把你放在眼里，觉得你没什么意思，让他厌烦了，你可能感觉悲哀了。第三，你认为李某没有正视你，是因为他在这种场合下很害羞，可能觉得看着我说话，会令他很不自在，你会以关注的心理面对李某。可见，眼光带来了一系列的心理反应，如果李某是你呢？下面让我们在炽热的目光训练中看看我们得到了什么启迪。

（2）目的：学习自我肯定技巧。

（3）时间：10 ~ 20 分钟。

（4）方法：团队成员两人一组，互相注视对方眼睛 50 秒，不可以躲闪，目光注视表示自信及诚恳。然后注视对方，肯定地作 1 分钟自我介绍。接着，肯定地表达自己的感受“我对 ××（绘画、弹琴、数学、英语等）最有把握”，大声说三遍，注意每遍的感受，交换角色。接着，请对方帮忙做某件事或者借他的东西，1 分钟之内用各种方法要求对方，但对方看着自己重复说“不”，两人交换。最后，讨论刚才活动的感受及意义，以及如何应用到日常生活中去。

（5）讲评：和他人交往时你正视对方、透过你的神色折射出你的诚实、可信，你就已经赢得他对你的尊重，赢得了他的信赖。有些人你交往许久，感到心理还是不踏实，有些人仅仅交往几次，却很知心，交往很透亮，什么原因？我的回答是：目光。正视别人就等于告诉他，我很诚实，我很坦诚，而且光明正大。

2. 吹牛比赛

（1）引言：自信同样需要训练，方式有许多种。结束“炽热的目光中”后，我们来场“吹牛比赛”，看看能“吹”多大。

（2）目的：在吹牛比赛中找找感觉。

（3）时间：15 分钟。

（4）方法：团队成员 2 人一组，一人先夸奖自己的优点，吹的越厉害，越离谱，越丰富，越完整越好，不需经过大脑系统的整理。在说话的过程中一定要正视对方且声音要洪亮，可伴以手势和肢体表演，另一个人一边听一边适当地做出反应，并称赞对方“你真行，你某某方面有很大的潜力，你是最棒的”等一些语言。

（5）讲评：“吹牛的感觉真的特好”，这是许多参加辅导后的感慨。如果我们总以吹牛后的感觉保持这样一个心态的话，不管做什么事就很容易成功。因为你的情绪会决定影响你的思维，你的思维会决定你的态度，你的态度会决定你的行为，而你的行为会产生结果。他人的信任，同样是我们自信的一种反映，也可以说是我们自己对于他人的一种人格影响。你无论在什么事上，要是能够热情地待人，就一定更能获取多数人对你的信任，对别人的信任也就是对自己信心的一种肯定。

自卑的原因不是来自于对方，甚至可以来自自己的错误评价。事实上，我们自身都可能在某些方面有比他人优秀的地方，但往往偶尔的挫折就失去信心，所以纠正个人态度是至关重要的。

3. 面对批评

（1）引言：在得到赞美时候我们往往心花怒放，面对批评的时候往往会有挫折感。其实，生活中我们自身并不是对自己所有问题都有清楚的认识，最希望你成功的人是最关心你的人，也可能是最常给自己指出问题的人。

（2）目的：能够接纳他人提出的尖锐批评意见。

（3）时间：30 分钟。

（4）方法：按顺序依次对每一个成员提出批评。指出对成功发展致命的缺点，这些缺点的改正有利于当事者的个人发展。小组发言之后，深刻体会对批评的新理解和认识，选出代表在大组发言。

（5）讲评：真诚是什么？在赞美收获优点的时候，我们也要收获批评。当我们被他人批评的体无完肤的时候，丢掉的只是自身的那点面子，同时会感到全身的轻松，获得了巨大的收获。因为，真正的朋友才会看到你的不足而着急。

4. 面对困惑

（1）引言：困惑是我们实现目标的副产品。你要进步，就需要沿着你理想的方向努力，有障碍，也有难点，无意之间就体会到那一种种心酸与困惑。

（2）目的：通过相互提供意见，协助成员解决个人面临的困惑。

（3）时间：约 60 分钟。

（4）方法：小组进行。给每人准备一个信封，若干张纸条（比人数少一张）。然后发给每个成员。在信封上写上自己的姓名，然后，将自己目前最困扰，最想得到帮助的问题写在纸条上，每张纸条写同样的问题，并留有足够的回答问题的空间，每张纸条上写上姓名。例如“你对我的印象如何？”“我怎样才能找到意中人？”“怎样才能成为一个出色的战士？”“我怎样做才能获得真正的友谊？”“睡不着怎么办？”……然后，把写好的纸条发给每一位小组成员，请他们回答。每位成员拿到他人的问条时，认真思考，根据自己的经验及体会，以真诚助人的心情，用自己独特的方式回答，没有什么对不对之分，把自己对某一问题的真实看法写出来。回答者不用署名。信封放在小组中央地上或桌上。回答完毕，把每个人的问题放到他的信封上，装进信封内。每个成员取回自己的信封，抽出回条，一一阅读。最后，全组集中，每人谈自己阅读完他人意见后的感想。由于得到多个人的帮助，丰富了个人有限的经验，常常使受益者感动不已。

（5）讲评：从大家真挚的回答中，我们对战友之情的体会再也没有这样深刻了。把大家的发言整理成册，编辑下发，我深信对部队心理调节具有重要的意义。

5. 脑力归位

（1）引言：一个队伍，如果成为团队，而不是群体的话，它的团队精神就能够显示了。在这个临时团队中，让我们的头脑经历一次归零，集思广益，合力解决出现的问题。

（2）目的：发挥集体力量探讨解决问题的有效办法及途径。

（3）时间：约 60 分钟。

（4）方法：小组活动，准备 1 张大纸，粗水笔 1 支。每小组在辅导者给定的时间内就某个题目发表意见。应遵守三条规则：一不评论他人意见正确与否；二尽可能多出主意；三争取超过别的小组。

活动本身带有竞赛性质。每个题目限时 15 ～ 20 分钟。题目可根据团队成员的特点或团体心理辅导的目标而定，要求具体可操作。例如：“怎样减轻训练和学习压力”“愉快度过军人职业生涯的方法”“改善人际关系的方法”“生活中的自信表现”“紧张焦虑消解方法”等。当辅导者宣布开始，每个小组派一人记录，其他人七嘴八舌出主意，相互启发集思广益，列举种种可能的方法。当训练者说“停”，每个小组把自己的意见贴在墙上，选一位代表解释这些方法。全体成员一起评论，看哪个小组办法最多，可以获“优胜奖”，哪个方法最实用、最幽默、最有想象力，可以评为“幽默奖”“实用奖”“有趣奖”“认真奖”“好主意奖”。通过评比，帮助成员选择在生活中最适用的方法，拓宽思路，群策群力，依靠集体的力量，获得解决问题的方法。

（5）讲评：团队精神不是自发就产生的，需要人们有意识地培养。首先就要从改变观念开始，军人在部队生活是集体生活，是一个团队，人们需要为了共同的目标而发挥自己的热情和创造力。如果你是团队的领导，固然需要事必躬亲，鞠躬尽瘁，死而后已。但是，你更主要的职责是在激励每一位成员，让他们尽量发挥潜力，扮演好自己的角色，使众人真正合作无间，发扬光大团队精神。

6. 群策群力

（1）引言：有一首歌叫《众人划桨开大船》。歌词是这样的："一只竹篙，难渡汪洋海；众人划桨开动大帆船。一棵小树，弱不禁风雨，百里森林并肩耐严寒……"。有了团队，有了战友我们就没有度不过的严寒。

（2）目的：帮助团队成员面对与处理当前的困扰。

（3）时间：约 50 分钟。

（4）准备好纸笔。辅导者请每位成员想一想目前最困扰自己的事情是什么，最想解决的问题是什么，然后写在纸上，不署名。写完折叠好，放在团体中央。全体写完后，辅导者随机抽出一张，大声念纸上的内容，请团队成员共同思考，帮助提出问题的人解决问题。因为匿名，可以减少成员的担忧，大胆提出问题，全体共同出主意想办法，帮助别人也帮助自己。必要时可以通过角色扮演方法来表现具体情境。讨论完一张，再讨论另一张，直到所有的条上问题都逐一解决。最后，辅导者引导成员思考怎样从他人的经验中学习和成长。

（5）讲评：当我们的问题摆在团队成员面前，寻找到答案的时候，我们得到启迪了吗？某些事件对自己可能是问题，对别人可能不是问题，或许对别人也是问题，但他们自己解决了。因此，从书本上学习是一个方面，从他人身上学习也会使我们得到意想不到的收获。

本科目完成之后，全体成员高唱《众人划桨开大船》歌曲。

三、结束阶段

结束阶段，也是"促进自我成长"阶段，其内容非常重要。笔者在组织某部团队心理辅导活动中，安排结束活动的时间花去了半天。在团队结束心理辅导活动之后，要求每一个参加者回顾自己在整个团队活动中得到了什么帮助？收获的是什么？对自己今后人生有什么指导意义？体会团队心理辅导中给自己的启迪是什么？所有这些讨论内容辅导者需要和前两个阶段一样，用技巧完成，使每一个成员都能感到自己被重视，并能体会到自己与所有成员具有密不可分的感觉。结束阶段的交流往往会建立团队成员的信任和增强凝聚力。结束阶段的训练活动举例如下：

（一）结束活动

结束活动非常重要，直接影响着整个辅导的效果。依据部队实际情况，要精心选择具有适合官兵特点，有吸引力、有新鲜感、有趣味性，有意义的团队辅导的结束活动。通常在结束阶段请团队成员自己作总结，逐一请他们发言，表达自己的感受，最后由辅导者总结发言。

辅导者可以用以下的问题引出结束性的轮流发言。如：①在一个 1 ~ 10 级的尺度上，10 代表非常满意，那么你对本次团队心理辅导中取得的进步的满意度是多少？②如果你必须用一句话来表达在团队中的感受，你会怎么说？我要大家轮流发言并听听每个人的想法。③现在是最后一次聚会了，对于团队的终结你们有何感受？

此外，也可以安排一些有趣的活动，使团队在轻松、温馨的气氛中结束。以下介绍几种活动（均无需引语，直接进入活动即可）。

1. 唇齿相依

（1）目的：通过身体的接触带来温暖和力量，使成员在结束前更真诚地肯定团队的团结，体验我们在一起的感受，获得支持与信心。

（2）时间：约 30 分钟。

（3）方法：在足够的空间，空旷的房间内进行。将两手搭在两侧成员的肩上，聚拢静默 30 秒钟。然后轻轻地哼唱大家共同熟悉的歌曲，并随着歌曲的旋律，自由摇摆。从儿童歌曲到乡村歌曲，尽量找大家会的，全部投入，一首接一首。使全体成员在一个充满温馨甜蜜而有内聚力的情景中告别团体，走向生活。留下一个永远的、美好的、极有向往性的、难忘的记忆。可选用《众人划桨开大船》，由训练者领唱，全体成员伴唱，反复数遍；可选用《友谊地久天长》，在轻快的乐曲中，大家齐唱，伴随起伏的灯光进行。

2. 化妆舞会

（1）目的：发挥个人想象力与创造力，以化妆形式，将参与团队后个人的新面目具体表现出来，以喻示走向新生活。

（2）时间：约 60 分钟。

（3）方法：布置可以跳舞的场地，准备好音响设备、化妆品，并自备道具。事先，辅导者通知大家将举行舞会，请每位成员先思考团队对他的影响，然后以化妆的方式表现出来。活动开始时，先放轻松的音乐，每个成员化妆。然后与其他人互相握手，自由交谈。接着每个成员轮流站到中央，听取其他成员对他打扮的印象和感觉，然后自己介绍为什么这样打扮，含意是什么。每个成员轮流站在中央接受大家的评价。全部介绍和评价结束时，可以参考他人意见改妆，之后随舞曲翩翩起舞。活动进程中特别要强调自我反省及对别人的观察。不同于别的舞会之处在于通过团队训练，建立新的自我形象，打扮出新生的自我，面向新的生活。

3. 展望前程

（1）目的：了解成员在团队过程后的进步与改善，讨论成果与彼此反馈，结束团体。

（2）时间：60 ~ 80 分钟。

（3）方法：为每人准备好白纸、彩色笔。团队成员围圈而坐，由一位成员当主角，大家讨论对他现在的印象及刚参加团队时有何不同，看看他参加团队后改变了什么？然后请他自己说说感受。接着再换另一位成员。依此类推，对每位成员反馈。结束时每人发一张纸，请成员在纸顶端写上“对×××”的祝福，然后向右传给每位成员，每人都写下自己对他人的祝福和建议，或用绘画形式表达。当转完一圈，每位成员细细阅读他人的祝福，并对他人怀着深深的感谢，一一握手道别。

（二）结业仪式

（1）目的：通过辅导者总结与成员发表感想，结束团队。

（2）时间：约 40 分钟。

（3）方法：辅导者总结团队心理辅导全过程，发表心得。每位参加成员自由发表意见，谈感想。辅导者发给团队成员设计好的关于团队训练的问卷，现场答完，团队心理辅导结束后评估团队效果。在“再见，明日再相会”的乐曲声中，由辅导者颁发授权单位印制的参加“团队心理辅导结业证书”。然后，大家互道珍重再见。这种方法最传统，最正式。

四、特殊专项团队心理辅导方法

以上我们介绍了目前广泛使用的团队心理辅导的活动内容，这些方法的使用需要经过专门培训之后方能开展。从理论上讲，还有其他一些具体方法，比如说：难题解决办法、角色扮演、行为训练、各种习作与活动、演讲会、报告会、参观访问、影视欣赏等。一般依据团队辅导的目标和参加对象情境的不同而予以设置。

这里我们列举几种心理辅导的具体方法，以便能够进一步了解，并在部队展开。

（一）角色扮演

角色扮演法，是指用表演方式来启发团队成员对人际关系及自我情况有所认识的一种方法。它基本上是以心理剧的方式进行。心理剧通常是在团队心理辅导的分组活动中，由成员扮演训练与生活中所出现问题情境中的角色，使成员把平时内在的负性情绪通过表演得以释放、解脱、学习人际关系的技巧及获得处理问题的灵感并加以练习。

1. 角色扮演的作用

（1）角色扮演可提供成员宣泄情感的机会。表演的过程中，表演者的感情和意念可以自由表达出来，特别是困扰他的消极情绪，起到宣泄的作用。

（2）角色扮演在容忍、安全的气氛下，成员通过投入演出来了解自己内心的感受，以及对他人的行为做出反应。

（3）角色扮演可以使表演者通过活动，深入地了解真实情况和他人的感受，增加人际关系的敏感程度。

（4）角色扮演提供了在假设不用负责的情况下尝试应对问题，甚至犯错的机会，以发现问题所在，学习及练习应对问题的技巧。

2. 角色扮演的程序

（1）事先的沟通：辅导者向团体成员解释角色扮演的价值，使成员有所了解，并激发参与的热情。

（2）说明情境：将要扮演的情境及其特征加以说明，让成员有机会提问并提出建议。

（3）自愿选择角色：辅导者鼓励成员自愿扮演各个角色。如果有的角色无人问津，指导者可暗示某些人扮演。

（4）即兴表演：情境确定，角色明确的前提下，辅导者要协助成员了解自己所扮演的角色特点，鼓励按自己的理解、自己的方式表演，台词自己决定，当场发挥。

（5）帮助观众作明智的观察：有的剧情人物不多。团体其他成员可以当观众，观看表演，并分析演员的言行，表演结束时提供个人意见。

（6）表演结束共同讨论：当所有扮演者觉得无法继续演下去，或辅导者认为已达到目的，随时可以停止表演。辅导者要让每个表演者说自己的感受，并相互提供意见。最后由观众发表意见。

（7）重演：为了使团队成员对某种角色讨论得更深入，可以让表演者重演，或换人重演，扮演者可参考讨论的意见，用不同方法表演。

（8）互换角色：如果表演某位成员或对某种角色强烈表示出否定感情时，可以劝他扮演该角色，这样可以从不同观点去看当时的情境，又可以促进了解对方的心情和立场，增进自我反省的机会。

（9）总结：辅导者组织团队成员讨论整个活动的体会、感受、相互启发、互相支持。

3. 角色扮演的情境

角色扮演的情境选择可以是成员共同关心的事情，如家庭生活、事业发展问题、休闲时光、交友等。例如：新兵入营训练期间，可组织战友团队活动。角色有班长、战友、排长代表，共同讨论一项关系到如何成长为合格军人的问题，从而带出各方面不同的立场，反映新战友沟通中的问题。表演有助于新兵增加对其他角色的理解，提高共情能力。

角色扮演的情境也可以是某个团队成员个人独持的问题情境，其他人可协助其表演。例如一个军人与恋爱对象的矛盾问题，可以找出军人平时训练间隙与女朋友联系的真实场景，请其他成员扮演他的女朋友，重现那个场面。根据不同人扮演女朋友时，他的不同表现，找出他内心冲突的根源。

角色扮演要尊重成员的自发性，提供自由轻松的气氛。才能使成员减轻防卫心理，认清自己的感情，培养思考能力，适应现实的环境。

（二）行为训练

行为训练是指以行为学习理论为指导，通过特定程序，学习并强化适应的行为，纠正并消除不适应行为的一种心理咨询与治疗方法。行为学习理论认为，人的不适应行为是在社会环境中习得的。因此，对它的纠正与重建只有通过学习才能获得。团队心理辅导中行为训练是通过辅导者的示范，和团队成员之间人际互动形式实现的。行为训练不仅适用于存在心理适应问题的人，也适用于正常健康的人。行为训练包括放松训练、自信训练、情绪表达训练、打招呼训练等。

1. 行为训练的原则

（1）由易到难。在团队中进行行为训练时最重要的原则是将复杂的行为分解成多个简单的行为，先从容易做到的行为训练起，然后再以渐进的方式，逐步进入较困难或复杂的行为。

（2）提供示范。行为训练是成员练习在特定情境中做出适应行为的最基本方法。训练时，成员不仅可试着用适当的语句、情感和自我陈述表达，也可练习适当的动作。为了避免成员在训练时获得负面的经验，训练过程中，团队辅导者应提供示范。

（3）及时强化。每次行为训练后，团队辅导者都应该对团队成员的表现进行总结，对行为训练做得好的成员给予表扬或奖励，以增加该行为在实际生活中再出现的可能性。

2. 行为训练的一般步骤

（1）情境的选择与描述。由辅导者简单描述一个情境，让其他成员能清楚地了解问题。情境必须符合三个条件才可以训练：必须是互动的，必须有一个明确的关键时刻，反应结果必须是不愉快、不喜欢、焦虑不安的。

（2）确定训练目标确定。在该情境下想达到的目标，以及愿意冒的风险。

（3）团体讨论。团队成员讨论在这种情境下各种可能的反应，并可以自由地、有创见地提供各种建议。不需要评价各种建议的可行性，只是充分收集资料。

（4）示范。辅导者或指定一位成员扮演情境中的一个人，而另一位成员扮演遇到问题的人，使真正提出情境的人可以通过他人表演看看别人的反应。

（5）正式训练。团队成员两人一组，或多人一组，公开练习自己在特定情境的反应，然后互相评估，提出反馈意见。

（6）综合评估辅导者对情境做分析，对成员的训练作总结，并鼓励、支持适应的行为。

3. 自信训练

对于缺乏自信与行为勇气的人，行为训练非常有效。在人际交往中不敢说“不”，不敢拒绝、不敢坚持自己的立场，常常是由于缺乏自信，生怕拒绝或坚持自己的立场会使他人弃己而去，结果人际关系反而不佳。因此，自信训练主要包括坚持自己的立场和学会拒绝。

（1）肯定的拒绝。在与人的交往中，面对他人提出的使自己不满、不快甚至厌恶的要求或建议时，有些人常常因为当时不敢拒绝，不敢说“不”，勉强自己而陷入对自己或对对方的不满之中，使自己焦虑万分。这些人或是担心拒绝会伤害别人，或是担心拒绝会得罪他人，而不敢拒绝。“不敢”后面其实潜藏着“不自信”。

在现实生活中，在各种人际关系中，每个人都有权利表达自己的真实情感，包括拒绝的权利。当你满足他人的要求确有困难时，不论在什么情境下，都不要以被动、消极的方式反应。肯定的拒绝就是指当你想拒绝时，可以说“不”，而不会觉得不舒服。

辅导训练方法：两个人一组，利用一些假设情境或成员自己遇到过的情境，向对方清楚地说出“不”。比如：拒绝借车给别人、拒绝别人的推销、拒绝别人的约会和会晤、拒绝借钱给别人、拒绝别人劝酒等。

（2）肯定的拒绝。在各种人际关系中，每个人都有权利自我肯定，包括拒绝，表达正向和负向情感及请求的权利。肯定的请求就是向别人要求你所需要的或是本来就属于你的东西，清楚地说出请求，心中会觉得舒服，同时，也不会侵犯别人的权利。但是，在生活中有些人不会也不敢表达自己的请求，或者认为别人应该了解你的需要，自己不必提出；或者认为经常请求才能获得的给予变得比较少价值。其实，能够肯定的请求的人，比那些不要求的人收获更大。提出请求的次数越多，满足你需要的机会也越大。当然，肯定的请求并不能保证你一定可以获得你要求的东西，因为你必须承认别人也有拒绝的权利。

肯定的请求常常以询问的方式出现，而不是叙述或命令的形式呈现。比如“我今晚想去看电影，你愿不愿一起去？”肯定的请求还包括两种形式：请求别人给予行为的回应与请求别人给予口头的回答。

辅导训练方法：团体成员两人一组，根据成员自己提供的情境，或辅导者提供的情境，相互对应练习。如请求别人停止抽烟、请求别人说话声音不要太大、请求别人帮你做什么事等。

五、团队心理辅导效果前后比较问卷

（以下问卷判分标准，请与本书作者联系）

（一）心理状态评估调查问卷

姓名________性别____年龄____岁____年___月___日___第___次评定

编号______

注意：以下表格中列出了有些人可能会有的问题，请仔细地阅读每一条，然后根据最近一星期以内下述情况影响你的实际感觉，依据本测验要求选择一格，划一个对勾“√”。

（1）头痛

（2）神经过敏

（3）头痛中有不必要的想法或字句盘旋

（4）头昏或昏倒

（5）对异性的兴趣减退

（6）对旁人责备求全

（7）感到别人能控制你的思想

（8）责怪别人制造麻烦

（9）忘性大

（10）担心自己的衣饰是否整齐及仪态是否端正

（11）容易烦恼和激动

（12）胸痛

（13）害怕空旷的场所或街道

（14）感到自己的精力下降，活动减慢

（15）想结束自己的生命

（16）听到别人听不到的声音

（17）发抖

（18）感到大多数人都不可信任

（19）胃口不好

（20）容易哭泣

（21）同异性相处时感到害羞不自在
（22）感到受骗、中了圈套或有人想抓住你
（23）无缘无故地突然感到害怕
（24）自己不能控制地大发脾气
（25）怕单独出门
（26）经常责怪自己
（27）腰痛
（28）感到难以完成任务
（29）感到孤独
（30）感到苦闷
（31）过分担忧
（32）对事物不感兴趣
（33）感到害怕
（34）我的感情容易受到伤害
（35）旁人能知道你的私下想法
（36）感到别人不理解你不同情你
（37）感到人们对你不友好，不喜欢你
（38）做事情必须做的很慢以保证做的正确
（39）心跳得很厉害
（40）恶心或胃部不舒服
（41）感到比不上他人
（42）肌肉酸痛
（43）感到别人在监视你谈论你
（44）难以入睡
（45）做事必须反复检查
（46）难以做出决定
（47）怕乘电车、公共汽车、地铁或火车
（48）呼吸有困难
（49）一阵阵发冷或发热
（50）因为感到害怕而避开某些东西、场所或活动
（51）脑子变空了

（52）身体发麻或刺痛
（53）喉咙有塞物感
（54）感到前途没有希望
（55）不能集中注意力
（56）感到身体某一部分软弱无力
（57）感到紧张或容易紧张
（58）感到手或脚发重
（59）想到死亡的事
（60）吃得太多
（61）当别人看着你或谈论你的时候感到不自在
（62）有一些不属于自己的想法
（63）有想打人或伤害他人的冲动
（64）醒得太早
（65）必须反复洗手、点数目或触摸某些东西
（66）睡得不稳不深
（67）有想摔坏或破坏东西的冲动
（68）有一些别人没有的想法
（69）感到对别人神经过敏
（70）在商店或电影院等人多的地方感到不自在
（71）感到任何事情都很困难
（72）一阵阵恐惧或恐慌
（73）感到在公共场所吃东西很不舒服
（74）经常与人争论
（75）单独一人时精神很紧张
（76）别人对你的成绩没有作出恰当地评价
（77）即使和别人在一起也感到孤单
（78）感到坐立不安和心神不定
（79）感到自己没有什么价值
（80）感到熟悉的东西变成陌生或不像是真的
（81）大叫或摔东西
（82）害怕会在公共场合昏倒

（83）感到别人想占你的便宜

（84）为一些有关“性”的想法而苦恼

（85）你认为应该因为自己的过错而受到惩罚

（86）感到要赶快把事情做完

（87）感到自己的身体有严重问题

（88）从未感到和他人很亲近

（89）感到自己有罪

（90）感到自己的脑子有毛病

（二）自信测验

请认真阅读每一道题，根据实际情况迅速作出判断，从三个答案中选出最符合你的一个，然后计算得分。

（1）在公开场合讨论问题，你如何表现？

A. 尽快阐述自己的意见

B. 除非被别人询问，否则不发表意见

C. 等到别人说完看法后，再发表自己的意见

（2）如果上级领导对你进行不恰当的批评，你会怎么办？

A. 尽全力为自己辩护，并显得情绪激昂

B. 冷静、理智地放手说自己的看法

C. 不争辩，甚至不说话，但会记恨别人

（3）假如外单位邀请你去做演说，你将如何应对？

A. 找出种种借口推托此事

B. 接受邀请，但要求对方告知有关情况

C. 让对方给你时间考虑同意答复

（4）你的朋友在某种场合，作出你认为欠妥的想法，但不要求你支持，你怎么办？

A. 支持他的想法，但事后找个借口不参加这项活动

B. 设法说服他改变想法

C. 先听听周围的人对他的反映，再决定是否支持他

（5）在私人集会上，你的感觉如何？

A. 轻松自如

B. 舒畅、有说不完的话

C. 一直为自己的举动感到担忧

（6）在进入完全陌生人的房间前，你：

A. 犹豫相当长的一段时间

B. 等有别人进去时和他一起进去

C. 毫不犹豫地闯进去

（7）若你的上级让你叫他的昵称或外号，你感到如何？

A. 高兴

B. 无关紧要

C. 紧张

（8）你想找一个人，却发现门牌号不清楚，怎么办？

A. 按门铃问

B. 打电话询问

C. 通过其他途径找

（9）假如你将被提升为某部门的领导，你要做什么事？

A. 立即调查单位或部门现行政策和管理办法

B. 告知所有的人，至少在半年内你不会作出任何重大的改革

C. 要求部下提出改进意见

（10）在会上，你有一个问题想提出，你：

A. 直接站起来提

B. 会后私下提出

C. 希望有人替你提出想提的问题

（11）如果希望寻找一个新工作，你：

A. 感到很紧张

B. 抱着无所谓的态度

C. 觉得自己能做得很好

（12）如果允许你自己选择助手或部下，你会选择哪类人？

A. 具有创造性但易冲动的人

B. 办事认真但缺乏改革创新精神的人

C. 非常聪明但办事拖拉的人

（13）假如你的上司在会议发言中引用了不确切的数据，你会怎么办？

A. 巧妙地打断他的话，指出错误

B. 当他提出后，你趁机要求他纠正错误

C. 会后私下告诉他

（14）假如上级要求你完成一项关系到你前途的重要工作，你将会：

A. 要求明确你应该达到的目标及所能有的权限和条件

B. 表明你必须拥有一定权利和条件以完成任务

C. 要求上级在你完成这项工作之后恢复年原来的工作

（三）事业成功希望测试

这个测验是参加训练前后需要进行的一项工作，下列问题请你回答，如答“是”得一分，“不是”得0分，最后将分数合计出来。分数高，不必沾沾自喜；分数低，也不必懊恼，要测得准确的结果，必须如实回答。好，现在开始。

（1）若发觉自己错了，是否勇于道歉？

（2）遇到困难是否越斗越勇？

（3）与恋人约会时碰见自己的朋友，是否会正式介绍一下？

（4）当天必须完成的工作，是否会延期到第二天？

（5）约会时如果心情欠佳，是否会失约？

（6）对初次见面的人，是否会毫无顾忌地打开话题？

（7）对某方面不如自己的人是否轻视？

（8）对毫无结论的议题和会议，是否设法离开？

（9）对自己的才能，是否喜欢逢人夸奖？

（10）对自己的所有服装是否要求整齐？

（11）对自己不懂的事物，是否会不耻下问？

（12）如果与女友约会后，是否尽可能把她送到家？

（13）失败后是否会反省而不耿耿于怀？

（14）对社会问题是否一议论起来就慷慨激昂？

（15）对朋友的忠告，是否接受？

（16）是否认为男人在外工作是理所当然的？

（17）听到朋友出人头地，是否产生竞争心理？

（18）对受到好评的书，是否买来一看？

（19）为工作而牺牲与朋友的约会，是否认为是没有办法的事？

（20）对交代给自己的事未能顺利完成，是否有尽量完成的欲望？

（21）由于不高兴而发脾气，是否能很快忘掉？

（22）对已着手进行的工作，是否不喜欢半途而废？

（23）是否是非分明？

（24）对朋友的邀请，除非有要事，都会接受吗？

（25）有困难时是否不喜欢依赖人？

（26）答应了别人的事，是否想办法完成？

（27）被人说闲话，是否不理睬他？

（28）你对自己目前的工作是否有信心？

（29）不管周围多么吵闹，也能集中精神工作吗？

（30）是否因为自己是男子汉，就无论如何也想出人头地？

（四）人际关系测验

这是一份人际关系的量表，共28个问题，每个问题做“是”或“否”两种答案。请你认真完成。

（1）关于自己的烦恼有口难言。

（2）和生人见面感觉不自然。

（3）过分地羡慕和妒忌别人。

（4）与异性交往太少。

（5）对连续不断的会谈感到困难。

（6）在社交场合，感到紧张。

（7）时常伤害别人。

（8）与异性来往感觉不自然。

（9）与一大群朋友在一起，常感到孤寂或失落。

（10）极易受窘。

（11）与别人不能和睦相处。

（12）不知道与异性相处如何适可而止。

（13）当不熟悉的人对自己倾诉他的生平遭遇以求同情时，自己常感到不自在。

（14）担心别人对自己有什么坏印象。

（15）总是尽力使别人赏识自己。

（16）暗自思慕异性。

（17）时常避免表达自己的感受。

（18）对自己的仪表（容貌）缺乏信心。

（19）讨厌某人或被某人所讨厌。

（20）瞧不起异性。

（21）不能专注地倾听。

（22）自己的烦恼无人可倾诉。

（23）受别人排斥与冷漠。

（24）被同事瞧不起。

（25）不能广泛地听取各种意见、看法。

（26）自己常因伤害而暗自伤心。

（27）常被别人谈论、愚弄。

（28）与不熟悉的人交往不知如何更好地相处。

第十二章　军人心理危机的干预方法

对特殊的军事职业群体，无论是平时或是战时都会存在许多不可抗拒的“危险”存在，因而不可避免会面对心理危机的考验。将平时面对着的突发、不可抗拒的危险因素的强大刺激，且无法用通常办法解决而造成的心理失衡状态称为心理危机；战时面对的残酷战争场面，且存在死亡危险的压力，导致的心理失衡称为战斗心理应激反应。本章阐述的是平时发生的心理危机。

第一节　危机及危机干预概述

一、危机定义的诠释

（一）危机及危机干预的概念

在自己的一生中有哪个人可以逃脱心理危机发生的可能？我们还是先来深刻认识究竟什么是心理危机，以及机体自身如何应对心理危机再回答这个问题。

刺激源即应激源，既作用于人体的刺激。当这个刺激的程度变得强大，且超过我们的心理忍受度的时候，即使我们动用了自身的心理应对资源，采用了种种心理调节的方法，然而仍然无济于事，此刻的心理就会失去平衡，感觉到极大心理痛苦，产生各种的情绪反应，这就是心理危机。简言之，心理危机是指在某些强大的刺激作用于人身，超过了我们所能忍受的限度，使得我们无法用通常解决问题的方法来解决，导致心理上失去平衡的一种状态。

换句话说，它是指个体运用通常应对应激的方式或机制仍不能处理目前所遇外界或内部应激时所出现的一种反应。一般地讲，构成心理危机要符合三个标准：一是存在某种强大的心理性的刺激事件；二是以通常解决问题的方法无法解决；三是出现急性的情绪、行为、躯体方面的改变。

危机干预则是指给处于心理危机之中的个人或家庭，或团体提供有效帮助和支持的一种技术，通过调动他们自身的潜能来重新建立和恢复其心理危机前的心理平衡状态。简言之，就是及时帮助处于心理危机中的人们恢复心理平衡。

军人心理危机是指在受到来自个人、家庭、训练以及社会等特定突发事件的条件下，遭受超强度的心理刺激，所产生的一种近乎达到心理崩溃的一种应激状态。军人的职业性质决定了他们所面对着心理危机发生的“机会”要更多。突发、重大、危险的事件对军人这种特殊群体而言是职业特征所决定，心理危机是否产生也在于军人个体是否具备应对心理危机的能力，在于军人这个群体的危机干预体系的建立和健全。

（二）心理危机的特征

首先，心理危机不是病症，是一种反应症状，它不遵守一般的因果关系规律，一旦危机出现就会有很多的复杂问题出现。可以是个人危机，也可以是群体危机。个人危机是自己不能解决的问题而带给个体的危机，群体危机是军事训练任务中发生的突发事件带给群体的危机。在这种状态下，不仅仅是当事人，还有家庭、同事以及整个系统都将涉及。

其次，心理危机可以认为是“危险”和“机遇”同时并存的状态。一方面，危机是危险的，一个人可能在心理危机的状态下心理崩溃，出现暴力倾向、情绪不能自控，以及出现自杀倾向等各种问题。另一方面，它可能由于给当事人所带来的痛苦会迫使其寻求帮助，在寻求帮助的过程中会体会、领悟许多以前不曾认知的事物本质，以及它的全貌，从而得以个人成长和自我实现，使得危机成为当事人或周边人提高的一种机会。

再次，心理危机的解决方法不是通用、万能的。帮助处理心理危机的方法是多种多样，对突发的危机可以在危机发生的第一阶段采取“快速疗法”，而对那些长期存在的问题，基本上不存在快速解决的方法，需要一个具体的方案由专业人员帮助解决。

最后，心理危机具有普遍性和特殊性。危机的存在是普遍的，在特定的情况下，没有人能够幸免；危机也是特殊的，在面对同样情况下，有些人能够成功的战胜危机，而另一些人则不能。但是，如果说有人能够免于遭受心理打击，能够沉着、冷静地处理任何危机也是不可能的。一些战争时期的军人，高比例的患有“创伤后应激障碍综合症”，说明了无论任何针对性的心理创伤训练，当面对严重危机的时候，也会发生问题。

二、军人心理危机的类别

通常将心理危机按照刺激源的不同分为两大类，一是成长性心理危机；二是境遇性心理危机。军队群体也遵循通常的原则存在这两大类的心理危机，了解心理危机的分类有利于帮助我们了解当事人所经历的危机性质，从而采取有效的干预方法。

（一）成长性危机

是指人生发展中所面临的问题带来的危机，也称内源性危机、内部危机、常规性危机。这种危机认为人生是由一系列连续的发展阶段组成的，每个阶段都有特定的身心发展课题。当一个人从某一发展阶段转入下一个发展阶段时，他原有的行为和能力不足以完成新的课题，新的行为和能力尚未建立起来，发展阶段的转变常常会使他处于行为和情绪的混乱无序状态，不能有效面对当前现实问题。

当一个社会青年进入军营的时候，年龄小、社会阅历浅、军事作业环境陌生、军事专业知识匮乏。望着军营火热生活的场景，听着班长们讲述显赫的军事训练业绩，内心激荡澎湃渴望自己即刻就走进演练的战场。但是，从入门开始，到走向成熟军人是需要一个过程的。恰恰这个过程对于任何一个没有生活经历的人而言，军事训练生活新角色的开始，每个人都可能产生成长性心理危机。即使是一种新训练科目的转换性训练，也会给没有心理准备，或某些个性特征的人带来心理危机。

当然这种成长性危机是常规发生的，可以预期。主要在于我们是否有足够的时间和机会对这种转变做出适应性的心理调整，这种调整也在于我们要具备学习的能力，对新的事物、新的环境、新的生活内容等新开始所有的信息有足够的了解。学习新技能，承担新角色，就能够减少危机对个体心理上的冲击和损害。

（二）境遇性危机

是指由外部事件引起的心理危机，也称外源性危机、环境性危机，或适应性危机。军事职业群体是遭受境遇性危机的高危群体。国外心理学家伯吉斯（Burgess）等（1976）研究认为，产生境遇性危机分为三类：一是个人经历中碰到了不可预料的生活事件。比如突然住院、亲人突然亡故等；二是战争、自然灾害、动乱的突发事件发生。在毫无准备的情况下突然进入了不知所措的危险情境，身体上或心理上可能会遭受攻击与伤害；三是生命中预期发生的生活事件。比如，父母分居或离婚、与恋人分手或出色的个人成就等。在一定程度上，这些改变是可以预期的。

军人的集体生活状态与高强度、高负荷的以打得赢为目标的实战训练不可避免会遭遇到这些境遇性危机，无论哪一种境遇性危机，都具有以下共同的特点：①当事人有异乎寻常的内心情绪体验，并伴有行为和生活习惯的改变，但无明确的精神症状，不构成精神病；②有确切的生活事件作为诱因；③面对新的难题和困境，当事人过去的措施无效；④持续时间短，几天或几个月，一般是 4 ~ 6 周。

三、军人心理危机的特点

军人心理危机由多种因素引起，现就一般情况出现的心理危机阐述如下。

（一）环境不适应带来的危机

军事职业群体是一个特殊的群体，处于一种特定条件下的成长环境。从高中毕业怀揣梦想的一个普通的中学生，走向"摸爬滚打"的实战化训练场。当备战训练成为生活的主体时，所需要的是对已经转变着的环境、角色、生活方式、人际交往等等的不断适应。对所有这些环境的适应能力，决定着是否有危机的产生。有以下三方面因素可能转变为心理危机：

1. 军事环境和高危职业特征的适应问题

接到入伍通知书的每个青年人，心里总是充满了光荣感、自豪感和新鲜感。随着逐渐进入部队新兵训练开始的集体生活与学习，快节奏训练使得心理上逐渐感到了不适应。同时，艰苦环境和高强度训练更加重了这种不适应。当成为一名合格军人后，高强度军事训练负荷，训练时间过久等带来的生理上的疲劳也导致了适应的困难。紧张、重复、生活的枯燥，也会给军人带来较大的心理压力。

2. 军事任务转换的心理适应问题

军事任务的转换对军人而言是一件经常发生的事情。新任务，大转化常有，小变化不断，这些都会给军人带来心理上的冲击。一般讲，转换后的任务比原先难度和危险性大，环境变差则适应问题增多使得他们不断地在适应变换着的环境。这些问题都可能成为新环境的适应问题，适应不良就会转变为一种危机。

3. 战场环境的心理适应问题

和平环境中，需要模拟战场环境对军人进行军事训练，体验战争环境中心理准备和实际体验。例如，高原驻训训练、跨区训练、模拟作战训练都是严格的训练内容，没有心理准备和实际体验很可能成为适应问题中的重要心理危机。

（二）成长进步中的心理和生理矛盾带来的危机

军队是一个特殊群体，军事职业决定了军人的奉献，也决定了军人个体需要成长和进步。

第一，从青年学生到迈向成熟，这一年龄阶段凝聚了人生灿烂的年月，也正是人生处在生理和心理发展的特殊时期。生理发育的基本成熟和部分心理发展的相对滞后形成矛盾。许多独生子女意识中自相矛盾的成分在增多。比如说，独立性和依赖性交织，情绪化与理智性并存，理想与现实的脱节等等。这种矛盾且不稳定的心理状态，一旦受到外界的干扰和影响就很容易产生心理危机。

第二，青年军人处于青春期，性生理的成熟，性意识增强，渴望得到异性的友谊和爱情，以及对性冲动的理解不当，常常产生紧张、恐惧、羞涩甚至不正当的行为，从而产生苦闷、惆怅、失望等心理，给身心带来严重的影响。

第三，军事技能是理论与实践高度结合的产物。掌握、扩展，驾驭这些技能成为军人成长和进步的主题。如果在这一过程中受挫，必然会带来心理上的失落、沮丧。

第四，个人成长进步中，除了技能充分施展以展现自己的才能以外，个人升迁、荣誉获得也是发展中的主要问题。一旦不能实现自己的理想，心理矛盾、困惑也必然产生，不能及时化解这些问题，将直接导致心理危机的发生。

（三）人际关系带来的危机

军人人际关系不仅是维护和发展官兵彼此关系的纽带，而且是保持心理正常发展的基础和必要条件，对他们的成长起着重要作用。构成军人人际关系有战友之间的关系，有与亲属之间的关系，还有与其他方面建立的社会关系。这些人际关系的不当都可能是带给军人心理危机的因素。

第一，军事群体人员来自于五湖四海，各自的生活方式、地域观念、兴趣爱好、性格特征等可能会千差万别，这些差异和不同不可避免地带来碰撞摩擦和情感损伤。同时，对人的认知与对物的认知有所不同，往往更容易受到各种主观因素的渗入和干扰，从而产生一些心理效应。比如说，首因效应，即第一印象，常常由于第一印象而忽略全面的认识；晕轮效应同样会在认识到一个人具有某种突出的缺点后，被一种消极否定的光环笼罩，认为他其他方面都不好；刻板效应也是造成人际上认知的偏差，如出现不正确的刻板印象，用这种定势去衡量一切，就如同戴上有色眼镜去看人，这样会带来认知上的偏差。以上这些问题都会导致人际关系出现危机问题。

第二，军人的家庭、亲属关系中，如出现急剧变故、发生多种“生活事件”的影响等问题。亲人、恋爱等重要需要的丧失，都会造成心理的危机。

（四）突发事件带来的危机

自然环境和社会中的突发事件，以及军事演练中的突发事件也会带来危机。这里所指的突发危机，包括不可抗拒的自然灾害的发生，例如洪水、地震、疫病流行等。当这些自然灾害发生的情况下，军人都将出现在第一线成为人民群众生命和国家财产的保护者。对突发事件的救险必然会导致人们处于一种应激状态，不可避免地会带来心理上的危机。

四、军人心理危机的表现形式

无论任何情况导致的心理危机，通常的表现有以下几种情况：

（一）身体上的变化

身体上会出现肌肉的高度紧张，头痛，睡眠紊乱，无食欲，消化不良等胃肠道变化。同时可能感到自己全身的血液都在沸腾，脑后的毛发也竖了起来，心脏似乎提到了嗓子眼上。

（二）心理上的变化

心理上会出现注意力不集中，反应迟钝，推理和判断能力下降；同时出现极度的焦虑、抑郁，情绪低落、表情淡漠，感到烦躁不安，并可能有社会退缩，放弃以前的兴趣等心理特点。

（三）行为上的变化

行为上多数出现躲避和警觉的反应，出现逃避现实、强迫行为，训练成绩下降，技术水平降低。

五、心理危机的发展过程

遭遇突发事件之后，个体自身都会对突发事件主动做出心理的调整。只有情绪的失衡状态达到一定的程度，才会出现心理的崩溃。Caplan（1964）认为对于心理危机的个体要经历四个阶段。

（一）第一阶段

当一个人感受到自己的生活突然出现变化，或即将出现变化时，他内心的基本平衡被打破了，表现为警觉性提高，开始体验到紧张。为了达到新的平衡，他试图用自己以前在压力下习惯采取的策略做出反应。处于这一阶段的个体多半不会向他人求助，有时还会讨厌别人对自己处理问题的策略指手画脚。

（二）第二阶段

经过第一阶段的尝试和努力，他发现自己习惯解决问题的办法未能奏效，焦虑程度开始增加。为了找到新的解决办法，他开始试图采取尝试错误的方法解决问题。在这个阶段中，当事人开始有了求助动机，不过这时的求助行为只是他尝试错误的一种方式。需要指出的是，高度情绪紧张在一定的程度上也会妨碍当事人冷静地思考，也会影响他采取有效的行动。在这一阶段中，如果能听到有人说“问题总是可以解决的”会燃起其寻求帮助的希望，也会帮助当事人降低紧张焦躁的情绪。

（三）第三阶段

如果尝试的方法未能有效地解决问题，当事人内心紧张程度持续增加，并想方设法地寻找和尝试新的解决办法。在这一阶段中，当事人的求助动机最强，常常不顾一切，不分时间、地点、场合和对象发出求助信号，甚至尝试自己过去认为荒唐的方式，比如一向不迷信的人去算卦。此时当事人也最容易受到别人的暗示和影响，心理咨询师此时对求助者影响最大。

需要指出的是，在这个阶段中，当事人会采取异乎寻常的无效行为宣泄紧张的情绪，比如无规律的饮食起居、酗酒、无目的的游荡等。这些行为不仅不能有效地解决问题，反而会损害当事人的身体健康，增加紧张程度和挫折感，并降低当事人的自我评价。因此，心理咨询师应该首先帮助当事人停止这些无效行为，并与他一起寻找解决问题的新办法。心理咨询师在此所起的作用是参谋和顾问，而不是包揽一切的保姆。

（四）第四阶段

如果当事人经过前三个阶段仍未能有效地解决问题，他很容易产生习惯性无助。他会对自己失去信心和希望，甚至对自己整个生命意义发生怀疑和动摇。很多人正是在这个阶段中企图自杀，希望以死摆脱困境和痛苦。强大的心理压力有可能触发从未完全解决的，并被各种方式掩盖的内心深层冲突。有的当事人会产生精神崩溃和人格解体。在这个阶段中，当事人特别需要通过外援性的帮助（包括家人、朋友和心理调节的专业人员）度过危机。心理咨询师在这一阶段需要做两方面的工作：①通过交谈促进当事人的情感流露，加深当事人对自己处境和内心情感的理解，使当事人在与心理咨询师的交流中恢复自信和自尊。②作为参谋或顾问，帮助当事人学习建设性地解决问题。

心理危机要经历 4 ~ 6 周的演变，当事人在不同阶段有不同的心理需求和改变的可能。

六、心理危机的预后

遭遇心理危机后的各种生理的、心理的和行为上的反应并不是终生的。绝大多数学者认为，心理危机的状态要持续 4 ~ 6 周。在这 4 ~ 6 周中，由于解决危机的方法不同，危机的结局也不同。有以下四种预后结局。

（一）提高应对能力

当事人不仅顺利地度过危机，而且在经历危机的过程中，既经历了一次危机的危险，又学会了处理困境的新方法，整个心理健康水平得到了提高，得到了一次成长的机遇。

（二）留有“瘢痕”

危机虽然度过，但当事人却在心理上留下一块“瘢痕”，形成偏见，妨碍了今后对社会的适应。

（三）自杀

当事人无法承受巨大的心理压力，对未来绝望，只好以死解脱。

（四）陷入“困境”

未能度过危机，陷于心理疾病之中，心理感觉变得尤为敏感。从此，当事人经历的任何生活变故都会诱发心理危机。当事人的心理适应水平明显降低。

第二节　危机的理论研究状况

一、危机和危机干预的理论

（一）基本危机理论

林德曼（Lindemann）最早研究危机。他的研究、著述和教学为专业和半专业的危机干预人员提供了一种对危机的新的理解。针对那些被诊断并无特别的病但表现出症状的人，他能帮助干预者提高处理的水平。林德曼认为哀伤的行为是正常的、暂时的，并且可通过短期危机干预技术进行治疗。“正常”的哀伤行为反应包括：①总是想起死去的亲人；②认同于死去的亲人；③表现出内疚和敌意；④日常生活出现某种程度的紊乱；⑤某些躯体诉述。林德曼反对对求助者所表现的危机反应当作异常或病态进行治疗。

这种基本理论认为，所有的人都会在自己的一生中的某个时刻遭受心理创伤，但这种创伤并不都构成危机。只有在主观上认为创伤性事件威胁到需要的满足、安全和有意义的存在时，个体才会进入应激状况。危机的解决可能会导致积极的和建设性的结果，如自强的应对能力减少消极的、自我否定的和功能性的行为。

（二）扩展危机理论

这种理论的发展是因为基本危机理论没有适当地考虑使一个事件成为危机的社会、环境和境遇因素。随着危机理论和危机干预的扩展，人们清楚地认识到，将素质因素作为主要的或唯一的因素是不够的。在发展、社会、心理、环境和境遇等决定因素的合并作用影响下，任何人都可能出现暂时的病理症状。

（三）应用危机理论

布拉默（Brammer）提出的应用危机理论包括三个方面：①正常发展

性危机；②境遇性危机；③存在性危机。

1. 发展性危机。是指正在成长和发展过程中，急剧的变化或转变所导致的异常反应。例如，大学毕业、中年生活改变或退休等都可能导致发展性危机。发展性危机是正常的，但是，所有的人和所有的发展性危机都是独特的，因此，必须以独特的方式进行评价和处理。

2. 境遇性危机。是指出现罕见或超常事件，且个人无法预测和控制时出现的危机称为境遇性危机。如交通意外、突然的疾病和死亡都可能导致境遇性危机。境遇性危机与其他危机不同的是它的发生是随机的、突然的、震撼性的、强烈的和灾难性的。

3. 存在性危机。是指伴随着重要的人生问题，如关于人生目的、责任、独立性和承诺等出现的内部冲突和焦虑。存在性危机可以是基于现实的，如一个40岁的人从没有做什么有意义的事，从没有对自己所从事的专业或所在的组织产生过独特的影响，从而引起对自身人生价值与认同的质疑，等等。

（四）生态系统理论

生态系统理论正在迅速的发展，这种理论认为危机是产生在整个生态系统之中的，灾难性事件能够影响和改变整个生态结构。因此，仅仅处理危机幸存者的情绪创伤是不够的。相反，因为灾难会造成整个生态组成系统的持久性损害，需要大量有经验的各种人类服务与环境科学专家组成快速反应小队，以恢复稳定和与环境之间的平衡。

生态系统理论中，有两方面的发展起了重要的作用。一是电子媒介的影响。将许多灾难性的和创伤性的事件进入我们的生活空间，创伤性的事件病态地抓住我们的注意力，使我们觉得灾难和恐怖就在我们的身边。当然，它也有积极的一面，可以使我们只要动一下手指就能获得许多信息，帮助我们做出迅速有效的反应。二是系统的相互依赖的影响。生态系统是由我们共同组成的，如疯狂的药物滥用、暴力等不仅影响生活在大城市的人，也会波及到边远小镇。不管我们多么希望把这些问题隔离开来，推迟付出心理、社会、经济和环境的代价，事实上是做不到的。

二、危机的干预模式

按照国外研究，贝尔金等提出三种基本的危机干预模式，即平衡模式、认知模式和心理转变模式。这三种模式为许多不同的危机干预策略和方法提供了基础。

（一）平衡模式

所谓的平衡模式其实即是指“平衡 / 失衡”模式。危机中的人通常处于一种心理或情绪失衡状态，在这种状态下，自身机体原有的应对机制和解决问题的方法不能满足他们的需要。平衡模式的目的在于帮助人们重新获得危机前的平衡状态。

平衡模式最适合于早期干预，这时人们失去了对自己的控制，分不清解决问题的方向且不能做出适当的选择。除非个人再获得了一些应对的能力，否则主要精力应集中在稳定患者心理和情绪方面。在患者重新达到了某种程度的稳定之前，不能采取也不应采取其他措施。例如，除非患者已同意活下去是值得的，且这种思想稳定至少达一个星期，否则挖掘求助者产生自杀意念的原因没有多少好处。平衡模式可能是最纯粹的危机干预模式，且可能被应用于危机的起始期。

（二）认知模式

危机干预的认知模式基于这样一种认识：危机植根于对事件和围绕事件的境遇的错误思维，而不是事件本身或与事件和境遇有关的事实。该模式的基本原则是，通过改变思维方式，尤其是通过认识其认知中的非理性和自我否定部分，通过获得理性和强化思维中的理性和自强的成分，人们能够获得对自己生活中危机的控制。

在现实情况中，人们通常给予自己否定和扭曲的信息。持续的、折磨人的两难处境使人衰竭，推动其对境遇的内部感知向越来越消极的自言自语发展，直到再也不能使他们相信，在他们的境遇中还存在积极的成分。接着，他们的行为会跟随消极的否定性的自言自语，自以为对境遇是无能为力的。有鉴于此，危机干预工作的任务就是要通过练习和实践新的自我说服，使个体的思想变动更为积极，更为肯定，直到旧的、否定性的和懦弱的自言自语消失为止。认知模式最适合于危机稳定下来并回到了接近危机前平衡状态的求助者。

（三）心理社会转变模式

心理社会转变模式认为人是遗传天赋和从特别的社会环境中学习的产物。因为人们总是在不断地变化、发展和成长，他们的社会环境和社会影响总是在不断地变化，危机可能与内部和外部的（心理的、社会的或环境的）困难有关。危机干预的目的在于与求助者合作，以测定与危机有关的内部和外部困难，帮助他们选择替代他们现有行为、态度和使用环境资源的方法。结合适当的内部应付方式、社会支持和环境资源以帮助他们获得对自己生活（非危机的）的自主控制。

心理社会转变模式不认为危机是一种单纯的内部状态。这个模式要求涉及到个人以外的环境，考虑需要改变的系统成分。同伴、家庭、职业、宗教和社会是影响心理适应的几个外部维度，但影响心理适应的外部因素远不止于此。对于某些类型的危机，除非影响个体的社会系统也发生改变，或个体与系统适应，或个体懂得这些系统的发展变化规律及他们如何影响个体对危机的适应，否则难以获得持续性的解决。与认知模式相类似，心理社会转变模式最适合于已经稳定下来的求助者。

三、我国对心理危机研究和应用的现状

近些年来，我国对心理危机的研究和应用在广泛的开展，从理论和实践方法上都有研究和应用。尤迪（1998）、翟书涛（1993）、季建林（1994）等在理论上的予以了阐述，按 Caplan（1964）、Punukollu（1991）、Puryer（1984）所述，论述了危机理论的发展、危机干预的步骤，以及危机干预的技术应用。在应用的对象方面，尤其在大学生群体中应用研究较多，蔡哲等（2001）、郭兰等（2001）、刘明等研究的大学生的心理危机及危机干预方法、策略，以及预警系统。在研究的内容方面，尤为对自杀行为的危机干预研究和应用较多，罗小年等（1995）、童慧琦等（1997）、马剑侠（2001）、刘文照（2001）等学者都进行了自杀的危机干预研究。2002 年在大连空难中，一些心理学者直接为空难家属给予了危机干预。特别是在 2008 汶川特大地震中心理危机干预队伍直接在一线发挥了重要的作用，无论是军队或是地方，派出大批心理危机干预队伍，在一线深入灾区群众和救援官兵缓解他们心灵伤痛，振作他们生存勇气，重建家园，是历史上第一次组织有序、作用效果巨大的行动。通过面对面的心理干预，通过团体集体方式的干预活动，还有宋华淼以电台直播方式连续近两个月通过空中电波缓解群众心灵痛苦，鼓舞重建家园发挥了积极作用。空中电波模式为大范围的心理干预工作积累了经验，并形成独特模式。在我军飞

行事故后心理危机干预中，空军航空医学研究所形成完整的技术方法和经验模式，是心理危机干预工作实践应用的领头羊。从上述情况看，我国目前已经逐渐认识并注意到减轻心理危机对社会群体和个体的影响，以保证人们的心理健康非常重要。研究不同群体突发事件带来的心理危机显得尤为重要，可以肯定地说，危机干预技术的应用是减轻危机所带给人们身体上和心理上损害的一条通道。

第三节 危机干预技术

一、危机干预的基本方法

危机干预的最低目标是在心理上帮助求助者解决危机，使其功能水平至少恢复到危机前的水平，最高目标是提高危机者的心理平衡，使其高于危机前的平衡状态。因此，应围绕这一目标，选择干预者擅长的技术进行危机干预。一般地讲，两种技术被广泛地应用。

（一）支持技术

这类技术的应用皆在尽可能地解决危机，使遭受到危机的人员情绪状态恢复到危机前水平。由于危机开始阶段人们的焦虑水平很高，应尽可能使之减轻，可以应用暗示、保证、疏泄、环境改变、镇静药物等方法。如果必要可送上级心理防护机构予以短期住院治疗。

（二）干预技术

也即解决问题技术。危机干预的主要目标之一就是让危机患者学到应对困难和挫折的一般性方法，这不但有助于渡过当前的危机，而且也有助于以后的适应。按照国外心理学者 Gold fried 所提，帮助危机患者按以下步骤进行思考和行为，常能取得较好效果：①明确存在的问题和困难。②提出各种可供选择的解决问题的方案。③罗列并澄清各种方案的利弊及可行性。④选择最可取的方案。⑤确定方案实施的具体步骤。⑥执行方案。⑦检查方案的执行效果。

依据这些，对于干预者来讲，干预过程中我们的职能是：①帮助他们正视危机。②帮助他们正视可能应对的方式。③帮助他们获得新的信息或知识。④可能的话，在日常生活中给予他们提供帮助。⑤帮助他们回避一些应激性境遇。⑥避免给予不恰当的保证。⑦督促他们接受帮助。

二、危机水平的评估

一个人是否处于危机状态，是进行危机干预的前提。具有心理问题，表现为情绪紊乱者，并不一定是危机状态。因此，危机的评估有助于危机干预机制的实施。从目前的研究看，危机评估主要从以下几方面进行。

（一）临床表现的评估

主要从心理、行为和躯体症状等三方面评估。

1. 心理状况评估

处于危机状态时，个体往往表现为高度紧张、焦虑、抑郁、悲伤和恐惧，有的时候出现敌对、愤怒、失望等情感。同时还会出现注意力过分集中于急性悲伤之中，并导致记忆和识别能力的下降。

2. 行为表现评估

学习能力和工作能力均下降，社会功能下降，退缩、不愿与人交往；对前途的悲观失望导致出现行为上的迟滞，变得漠视他人的帮助和关心，有的还可能发生自杀和伤害他人行为。

3. 生理状况评估

出现躯体不适如食欲不振、心悸、头痛、失眠等等。临床方面的评估还可使用“SCL-90”“CMI 量表”，予以辅助评估。

（二）危机水平的评估

评估危机达到什么水平非常重要，要评估两方面内容，第一，要评估危机者是否存在生命危险，即有无自杀、冲动攻击等行为。第二，要评定危机者是否丧失了原有的社会角色能力，是否与周围环境隔离或离开原先所处的自然社会环境。这两方面的评估对我们启动危机干预程序非常重要。

评估的方法有两种：一是受过专业训练的人员依据专业知识予以评估；二是参照“生活事件评定量表”予以量化评估。

社会心理因素刺激是否产生应激状态，是否影响健康，以及导致危机产生与许多因素有关，并不是每个个体遭遇到任何社会心理因素都会致病，还和这些刺激因素的刺激量的大小、持续时间、作用方式有关，同时还和个体的身体素质、神经类型、人格特点、认知水平、生活经验等等有关。“生活事件评定量表”就是将人们在社会生活中所遭受的事件依照个体承受力归纳并划分等级，以生活变化单位为指针评分予以编制的。

一般来讲，LCU（生活事件变化单位）总分在 150 ～ 199 的为轻度生活危机，200 ～ 299 的为中度生活危机，超过 300 的任何情况都视为高度生活危机。

三、危机干预的适应证

在危机阶段，一般危机者是较为开放的，愿意接受外来的干预和帮助，甚至主动求医。也有一些是封闭的，需要我们主动发现，危机干预没有绝对的禁忌。以下 5 个方面是惯常危机干预的适应证：

①目前心理失平衡状态直接与某一特别诱发事件相关者；②急性极度的焦虑、紧张、抑郁等情绪反应或有自杀危险者；③近期丧失解决问题能力者；④求治动机明确并有潜在能力改善者；⑤尚未从适应不良性应对方式中继发性获益者。

四、危机干预的阶段

（一）问题评估阶段

在危机干预初期，必须全面了解和评价危机患者的有关诱因以及寻求心理帮助的动机，同时与遭受危机的人员建立一种工作关系。在这一阶段，我们需要了解目前存在的问题是什么？然后再解决什么？如果不及时处理，什么问题会导致非常严重的躯体或心理损害？什么问题最容易立即解决？除了专职的人员外，还有什么人能帮助处理他们的危机？妨碍干预效果的影响因素可能有哪些？什么方式可以减轻它们的影响？使用什么技术或方法能在最短时间内达到最佳的干预效果？同时，也需要评价是否具有自杀或自伤的可能性，如果有严重的自杀或自伤倾向时，可考虑精神科会诊，必要时进行住院治疗。

（二）制订干预计划阶段

在全面了解危机的诱发事件和当前的危机水平之后，着手制订干预计划。危机干预不注重人格的塑造，而在于帮助遭受危机者恢复到危机前的心理平衡水平。在这一阶段需要了解危机对患者生活造成损害的程度以及这种损害对他人及危机患者周围环境所产生的影响；肯定危机患者的长处

（优点）；确定他所用的有效应对技巧，以及能够给他帮助的家庭成员或社会支持系统，明确干预目标。

（三）进行干预阶段

这是最主要的阶段。主要有 4 方面的工作：①帮助危机患者正确理解和认识自己的危机。患者往往没有看到生活中发生的逆境与自己心理失衡所出现的不适之间的联系，干预者可以采用比较直接有效的方法使患者认识这两者间的关系。②帮助危机患者疏泄和释放被压抑的情感。有些患者由于压抑了一些非常现实的情感（如愤怒、爱和恨等），或者对悲伤的心理否认和自责，从而发生危机，干预的目标就是及时减轻患者的痛苦和紧张，疏泄被压抑的情感，可以采用交谈、疏泄等技术。③学习应对方式，帮助患者总结和学习过去成功的应对逆境技巧和新的应对方式，减轻逆境对心理平衡的影响。④建立新的社交领域。如果危机是由于失去亲人（如死亡、分离等）所造成，建立新的人际交往和人际关系则是干预的有效方式之一。

（四）危机的解决和随访阶段

一般经过 4 ~ 8 周的危机干预，大多数患者的情绪能得到解决或缓解。此时应及时中断干预，以减轻患者对干预者的依赖性。在结束阶段，应该注意强化患者多应用刚刚学会的新的应对技巧，鼓励和支持他在今后面临逆境或重大挫折时，应用新的应对方式和有关社会支持系统来独立解决和处理问题，避免或减少危机的发生。

五、危机干预的步骤

危机干预通常采用六步法，这种方法已广泛被专业咨询工作者和一般工作人员广泛采纳，用于帮助许多不同类型危机的求助者。

（一）确定问题

从求助者的立场出发探索和定义问题。使用倾听技术，包括开放式问题。既注意求助者的言语信息，也注意其非言语信息。“倾听技术”就是以投入、真诚、尊重、接受、不偏不倚和关心的态度进行倾听、观察、理解和做出反应。

（二）保证求助者安全

在危机干预过程中，危机干预者要将保证求助者安全作为首要目标，这是非常必要的。在整个危机干预过程中都应该将这点作为首要考虑，要评估求助者躯体和心理安全的威胁的致死性、危险程度、失去能动性的情况或严重性。要尽最大可能使求助者的生理和心理危险性降低到最小。

（三）提供支持

让求助者认识到危机干预工作者是最可靠的支持者。强调与求助者沟通和交流，使求助者知道危机干预工作者是能够给予其关心帮助的人。让求助者相信，“这里有一个人确实很关心你”。同时危机干预者也必须无条件地以积极的方式接纳所有的求助者，不在乎报答。

（四）提出并验证可变通的应对方式

由于在遭遇危机的时候，往往会造成危机者思维不灵活、不能判断什么是最佳的选择，有些处于危机的求助者甚至认为无路可走了。因此，要让求助者认识到，有许多可变通的应对方式可供选择，其中有些选择比别的选择更为适宜。应该从多种不同途径思考变通的方式：①环境支持，这是提供帮助的最佳资源，求助者知道有哪些人现在或过去能关心自己；②应对机制，即求助者可以用来战胜目前危机的行动、行为或环境资源；③积极的、建设性的思维方式，可用来改变自己对问题的看法并减轻应激与焦虑水平。如果能从这三方面客观地评价各种可变通的应对方式，危机干预工作者就能够给感到绝望和走投无路的求助者以极大的支持。

（五）制订计划

制订计划并将计划实施的目的是恢复他们的自制能力和保证他们不依赖于危机干预工作者。

应该与求助者合作共同制订短期的计划，帮助其克服目前的危机，以及能适用于长期的应对方法。①分析求助者自身的应对机制和周围环境能够提供帮助的资源。②提供可行的应对机制。应对机制一般是具体的、积极和实用的，可以重新唤起求助者对生活的自信。③在开始的阶段，当求助者的情绪状态达到极度不良的时候，干预行动可以在采取生理上辅助的同时，与求助者合作直至求助者能独立应对。

（六）得到承诺

在危机干预前，干预工作者要从求助者那里得到诚实、直接和恰当的承诺与保证，以确定求助者是否决定要应对危机或根据计划实施行动，这一点非常重要。如果求助者对干预工作者不信任，没有按照计划和要求去做，应主动予以联系，并提供其他机构或成员的联系方式。

六、危机干预的评估

危机干预的评估是整个危机干预工作中始终要贯穿的一项工作。

具体迅速地评估求助者的心理平衡状态将决定在几秒或几分钟内采取什么样的危机干预措施。目前我们正对这一工作进行深入研究，在我们的这项研究尚未完成之前，我们先介绍迈耶（Myer）和威廉姆斯（Williams）等人提出三维危机检查评估量表，即分类评估量表（The Trinage Assessment From，TAF，见附表4），待我们对军人心理危机的研究课题结束的时候，再予以介绍我们自己的研究成果。TAF 用起来非常简单，它的内容包含了求助者的情感、认知和行为方面，每一方面都有其对应的特殊反应方式，有助于我们确定求助者当时的功能水平。大多数危机的情况下，该量表能有效地帮助干预工作者判断危机的严重程度和决定需要采取的干预方式（危机干预的分类评估量表见附表4）。

附表 4

危机干预的分类评估量表（TAH）R.A.Myer 等编制

一、危机事件

简要确定和描述危机的情况：________________

二、情感方面

简要确定和描述目前的情感表现（如果有几种情感症状存在，请用1.2.3.标出主次）

愤怒 / 敌对：________________

焦虑 / 恐惧：________________

沮丧 / 忧愁：________________

情感严重程度量表

根据求助者对危机的反应，在下列恰当的数字上打圈。

1	2	3	4	5	6	7	8	9	10
无损害	损害很轻		轻度损害		中等损害		显著损害		严重损害
情绪状态稳定，对日常活动情感表达适切	情感对环境反应适切，对环境变化只有短暂的负性情感流露，不强烈，情绪完全能由求助者自控		情绪对环境反应适切，但对环境的变化有较长时间的负性情感流露，求助者能意识到需要自我控制		情感对环境反应有脱节，常表现出负性情感，对环境变化有较强烈的情感波动。情感状态虽然比较稳定，但需要自我控制		负性情感体验明显超出环境的影响，情感与环境明显不协调，心境波动明显，求助者意识到负性情感，但不能控制		完全失控或极度悲伤

三、认知方面

如果有侵犯、威胁或丧失，则予以确定，并简要描述（如果有多个认知反应存在，根据主次，标出 1.2.3.）

生理 / 环境方面（饮食、水、安全、居处等）：

侵犯____________威胁____________丧失____________________

____

____

____

____

____

心理方面（自我认识、情绪表现、认同等）：

侵犯____________威胁____________丧失____________________

____

____

____

____

____

社会关系方面（家庭、朋友、同事等）：

侵犯____________威胁____________丧失________________________

____

____

____

____

____

道德/精神方面（个人态度、价值观、信仰等）：

侵犯____________威胁____________丧失________________________

____

____

____

____

____

认知严重程度量表

根据求助者对危机的反应，在下列恰当的数字上打圈。

1	2	3	4	5	6	7	8	9	10
无损害	损害很轻		轻度损害		中等损害		显著损害		严重损害
注意力集中，解决问题和做决定的能力正常。求助者对危机事件的认识和感知与实际情况相符合	求助者的思维集中在危机事件上，但思想能受意志控制。问题解决和作决定的能力轻微受损。对危机事件的认识和感知基本与现实相符合		注意力偶尔不能集中，感到较难控制对危机事件的思考；解决问题和作决定的能力降低。对危机事件的认知和感知与现实情况所预计的在某些方面有偏差		注意力时常不能集中。较多地考虑危机事件而难以自拔。解决问题和作决定的能力因为强迫性思维、自我怀疑和犹豫而受到影响。对危机事件的认识和感知与现实情况可能有明显的不同		沉湎于对危机事件的思考，因为强迫，自我怀疑和犹豫而明显地影响了求助者解决问题和作决定的能力。对危机事件的认知和感知可能与现实情况有实质性的差异		除了危机事件外，不能集中注意力。因为受强迫、自我怀疑和犹豫的影响，丧失了解决问题和作决定的能力。因为对危机事件的认识和感知与现实情况明显有差异，从而影响了其日常生活

四、行为方面

确定和简要描述目前的行为表现（如果有多种行为表现存在，根据主次，标出 1.2.3.）

接触：____________________

回避：____________________

无能动作：____________________

行为严重程度量表

根据求助者对危机的反应，在下列恰当的数字上打圈。

1	2	3	4	5	6	7	8	9	10
无损害	损害很轻		轻度损害		中等损害		显著损害		严重损害
对危机事件的应对行为恰当，能保持必要的日常功能	偶尔有不恰当的应对行为，能保持正常必要的日常功能，但需要努力		偶尔出现不恰当的应对行为，有时有日常功能的减退，表现为效率的降低		有不恰当的应对行为，且没有效率。需要花很大精力方能维持日常功能		求助者的应对行为明显超出危机事件的反应，日常功能表现明显受到影响		行为异常，难以预料。并且对自己或对他人有伤害的危险

五、量表严重程度小结（评分）

情感：__________ 认知：__________

行为：__________ 合计：__________

第四节 军人特殊心理危机的干预

一、创伤后应激障碍的干预策略

（一）创伤后应激障碍概念

创伤后应激障碍（Post Traumatic Stress Disorder，PTSD）是指个体亲身经历或目睹的异乎寻常的威胁性或灾难性心理创伤后数日至数月（不超过6个月），出现强烈和持久的严重心理反应。

PTSD是一种心理失衡，是不能有效地进行整合而使心理处于一种混乱的状态。造成这种状况的原因是由于发生的事件超出了既往经历所建立起来的安全感的限度，人的大脑不能有效地解答事件是怎么或为什么发生，也不能解答所发生的事件意味着什么之类的基本问题，从而导致危机的产生。

军人是一个特殊的职业群体，所经历突发事件要比普通人多，这就意味着军人遭受创伤后应激障碍的机会要更多。参加战争、军机失事、洪水救险、抗震救灾、车祸，以及亲人死亡或病重、父母离异、本人病重、失恋、受处分等都可能是军人PTSD的应激源。因此，军人PTSD的干预及防护其任务要更大、更艰巨。

（二）创伤后应激障碍症状特征

症状上主要有三方面特征：①对创伤事件的重复体验（如闪回或梦魇），伴有警觉性过高（如易激惹或惊吓反应）；②社会生活退缩（如避免社交和情感麻木）；③强烈的羞愧、内疚或耻辱感。

其心理生理反应也有四方面的表现：①情绪，常表现为极度激动、紧张恐惧。经历或目睹恐惧袭击的人群常会出现烦躁不安，压抑，悲伤。②睡眠，常整夜不能入睡，处于恍恍惚惚之中，有时还在睡眠中反复出现精神创伤时的景象。③注意力，常不能集中注意力，学习能力下降，完全或部分丧失工作能力。④其他，可能出现心血管、消化、神经系统的躯体症状，血清中儿茶酚胺和甲状腺激素的水平升高，α_2-肾上腺素受体的活性增强。

（三）创伤后应激障碍的诊断

依据 DSM- Ⅵ所确定的诊断标准，PTSD 必须具备以下几项条件：

1. 经历威胁生命的事件

首先，个体必须经历创伤事件，这种创伤事件应该是紧急的或威胁生命的，或对自己及其他人的身体健康有威胁，如战争、军机失事、严重车祸、地震、危及生命的疾病等。对创伤的反应是内心紧张、无助、惊恐等。最终结果是出现了在创伤之前没有的长期的焦虑与激动情绪。

2. 有事件后心理生理症状反应

在创伤事件之后至少出现下列情况之一：①反复出现的侵入性痛苦回忆。②反复作类似事件的噩梦。③闪现各种幻觉或使人脱离现实的幻想，好像事件再次发生。④类似于创伤事件某方面的内源性或外源性暗示导致强烈的精神痛苦。⑤暴露于类似的创伤事件时出现生理反应，如龙卷风袭击后的幸存者在遇到暴风雨天气时出现心悸、发抖。

3. 出现回避与情感麻木反应

持续性的回避与整体情感反应麻木中的至少三项：①回避与创伤事件有关的想法、对话和情感。②尽力回避参加有可能引起创伤回忆的活动，回避有可能引起创伤的人及情感。③不能回忆起创伤事件的重要方面。④对有意义的活动没有兴趣。⑤感到孤独，同他人格格不入，难以沟通和交流。⑥抑郁和麻木的情感。⑦幻想有一段没有职业、家庭、子女和正常生活周期的未来。

4. 处于高度警觉状态

患者长期处在神经系统的高度警觉状态，而这种情况在创伤事件之前是不存在的，至少有下述表现中的两项：①入睡困难。②情绪烦躁。③注意力不集中。④因真实的或想象出来的威胁，经常处于高度戒备状态。⑤对小的或没有威胁的刺激表现出夸张的反应。

5. 有明显的临床痛苦和功能受损

这些症状可导致明显的临床痛苦或在社会、职业以及其他生活领域的功能受损，例如不能持久地拥有一份工作、失败的婚姻或成为一个吸毒者或酗酒者。

6. 有持续一个月以上症状

要诊断 PTSD，上述症状还必须要持续一个月以上方可确定。一种特殊的情况是延迟性创伤后应激障碍，即症状在创伤发生后6个月才出现，其症状必须要达到PTSD症状严重程度的标准。此外，也并不是每一个体必须表现出所有的症状才能诊断PTSD，在不同的患者中症状的波动和差异可以是很大的。

（四）创伤后应激障碍水平的评估

在诊断确定之后，往往我们还想知道其创伤后应激障碍水平程度，可采用“创伤后应激障碍自评量表（post-traumatic stress disorder self-rating scale，简称PTSD-SS）”进行评估。该量表由我国学者刘贤臣等于1998年编制，包括24个条目。理论上可划分为对创伤事件的主观评定（条目1）、反复重现体验（条目1、2、3、4、5、17、18、19）、回避症状（条目6、8、9、10、16、21、22）、警觉性增高（条目7、11、12、15、20、23）和社会功能受损（条目14、24）5个部分。每个条目根据创伤事件发生后的心理感受分为没有影响到很重1 ~ 5级评定，累积24个条目得分为PTSD-SS总分，得分越高应激障碍越重。总分的轻度和中度异常划分参考值分别为50和60，即总分超过50分时可判断为阳性，并且可从分数值的大小判断创伤后应激障碍水平的高低（PTSD-SS见附表5）。

二、军人危机干预预案的制订

军人心理危机大体上分为五类，一类是战争所带来的危机；二是自然灾害（如地震、洪水等），以及军人在第一线抢险可能带来的危机；三是突发意外事故事件（如车祸、训练意外）；四是军人家庭的危机，或亲友成员及本人出现的死亡与疾病的威胁等；五是其他可能的危机事件，如自杀、暴力等。

这里仅以创伤后应激障碍（PTSD）为例，介绍危机干预预案的制订。所执行的危机干预预案，须以文字形式确立，并在执行的过程中详细记录所进行的干预措施。

（一）建立危机干预小组

首先所建立的危机干预小组需要对构成小组成员予以“PTSD”干预者资格的认证。

建立单位危机干预小组，认证危机干预者的资格是突发危机干预的组织保证和干预成效的基本保证。首先要在建制单位建立“危机干预应急小组”；其次要选定具有资格的人员担任危机干预成员。对危机干预者的资格做如下考虑：

1. 要具有丰富多样生活经验

在日常生活中能够保持稳定、一致和完整，具备成熟的情绪。在危机境遇下要能够把握自己，保持冷静、镇定和将情况保持在自己的控制之下。在这种极度紧张的情况下，要具备能够把求助者从危机中解脱出来的信心。

2. 要具有创造性与灵活性

面对复杂的、看起来难以解决的问题时，创造性和灵活性是宝贵的财富，取决于我们是否具有敢于面对生活的挑战和实践。

3. 必须具有充沛的精力

保持充沛的精力是危机干预的职责所在，要日复一日地解决复杂的问题并能够保持良好的感觉，不仅需要从事这种工作的热情，而且需要有能力照顾自己的躯体和心理需要，以保证旺盛的精力。

4. 要具备快速的心理反应能力

危机发生时间是一个特殊关键因素，反应的时间相当有限，很少能够对问题进行细、慢的思考，必须能够对危机中不断出现、不断变化的问题做出迅速的反应和处理。

（二）明确 PTSD 的事件

首先要明确是否存在有创伤事件，这种具有紧急的、威胁生命的或对自己及其他人的身体健康有威胁是哪一种类型。军队所发生的 PTSD 无外乎有自然灾难、军事战情、意外事故，以及家庭成员和本人的亡故与疾病。

（三）确诊 PTSD 的人群及进行水平评估

依据 DSM- Ⅵ进行诊断，明确是否构成 PTSD，同时使用 PTSD-SS 量表进行程度水平的评估，有利于干预者明确干预对象，做到对这些 PTSD 患者水平程度的把握，并准确实施干预的行动方案。

（四）确定 PTSD 干预方式

干预的方式有小组干预和个别干预两种。通常对群体发生的危机实施小组干预，对个体发生的实施个别干预。但是，对群体发生的危机，要把握个体危机水平的程度。可以在小组干预中对程度水平高的患者进行个别干预，也可以对个别干预中病情稳定之后的人员参加小组活动。

（五）明确 PTSD 的阶段分期

1. 紧急或呐喊期

此阶段患者对那些威胁生命的事件处于“战斗—逃跑”反应状态，这种状态将持续到幸存者认为结束时为止，脉搏、血压、呼吸及肌肉活动度均增加，伴随有突出的恐惧和无助感。事件本身可逐渐变模糊和被遗忘，但为什么会发生这样的事，以及其后果如何等问题仍将控制患者的思想。

2. 情感麻木与否定期

患者通过把创伤经历埋藏于潜意识中来保持心理平衡。通过这种逃避，患者可能暂时缓解焦虑与应激反应症状，许多患者将会长期保持这种状态，除非得到了专业的干预。

3. 重复侵入期

患者有噩梦、易激惹、侵入性想象以及惊跳反应。其他一些病理性的防御机制有可能被采用去重新埋藏这些痛苦的回忆。这些延迟的应激反应可以使患者陷入一种难以自拔的病理性困境中，使患者不得不向外寻求帮助。

4. 反应转折期

患者对创伤事件逐渐产生了大量积极的和具有建设性的新观点，他们更愿意展望未来，而不是回顾往事，开始懂得如何控制事件本身和面对现实。

5. 整合期

患者成功地将创伤与其他既往经历进行了整合，并恢复了正常生活的感觉，创伤经历真正成了过去和历史。

（六）PTSD 的干预措施

1. 干预需注意问题

（1）早期干预。在第一阶段出现的时候，即要进入干预以阻止患者形成不适当的重组而进入以后的阶段。但是，早期的干预常常会遇到当事者的拒绝。原因是一些当事者要么认为所出现的问题太难、太严重，无人能够处理；要么相信自己有良好的应对能力，无须他人的帮助。这两种错误观念都可导致当事人陷入延迟性应激性精神障碍之中。

（2）重视接纳。对危机进行坚持不懈的处理，重要的是要具有良好的倾听和反应技巧。对求助者要有和蔼的、投入的、积极的和真诚的态度，这样能够使我们真实的获得关于患者的清晰与恰当的评估。同时才能更好地被求助者接纳，求助者的接纳则是危机干预效果的重要因素。

2. 常规实施方法

一般地讲，具体干预的方法可采用暴露疗法、放松和生物反馈疗法，以及眼动脱敏和再加工（EMDR）方法。

第一步：危机的第一阶段，即紧急与呐喊阶段。最主要的问题是使危机者稳定下来，减轻创伤带来的焦虑和身体反应，可以使用暴露疗法、放松和生物反馈等方法。

在放松训练和冥想的暴露过程中，要教会危机者怎样放松肌肉组织，集中精力进行机体紧张和压力放松的心理想象训练，最终达到学会怎样在压力、焦虑和消极无力的生理反应下进行自我控制和减轻生理反应。训练持续时间直至学会为止。

第二步：危机的第二阶段，即情感麻木与否认阶段。以温和的，但强制的方式，引导危机者在此时此刻重新感受创伤经历中所有可能的细节，这样使隐藏于背后的感觉就可被释放直至根本消除。在深度放松时，要求危机者重新感受创伤事件的痛苦情景，通过某种指令中断他们的回忆，然后再让他们回到轻松愉快的想象之中。

第三步：危机的第三阶段，即重复侵入期。干预者设立场景，建立想象空间，直至危机者的恐惧达到最大程度，然后喊“停！”，恢复到积极的自强自信状态。每当出现侵入性想象，就可通过干预者或录制好的磁带进行这一过程，可将软弱无力的、侵入性回忆变成自信和自强。

第四步：危机的第四阶段，即反应转折期。尽管第二步的干预方式可能会令求助者十分痛苦，但干预者还是要应用宣泄和冲击疗法去除 PTSD 的痛苦回忆。鼓励危机者回忆出事时的所有感受，以及他是如何明白的。多次、反复的经历会使危机反应逐渐减弱，使患者记忆中有可能激化的有害成分不复存在。

3. 眼动脱敏和再加工方法

以上方式对棘手问题，或其他类型的 PTSD 治疗遇到挫折时可采用眼动脱敏和再加工方法。具体方式是：首先为干预过程设立测量评定表，即主观干扰程度评定量表和有效认知量表；随后让患者集中精力于伤害事件的想象或记忆（包括有关的情感和认知），同时干预者在患者视野内晃动手指并让患者用眼睛追踪这个手指，在每次想象告一段落后，患者指出他们的主观干扰程度量表的水平和他们在积极认知中的信念程度。通过这种方式逐渐实现消除旧意象，新的意象不再带有情感意义。

（七）PTSD干预后效果评价

可采用PTSD水平评估的量表、生活事件调查表予以评估。详见前述。

附表 5

创伤后应激障碍自评量表

条　目	没有（1）	轻度（2）	中度（3）	较重（4）	很重（5）
1. 灾害对精神的打击	□	□	□	□	□
2. 想起灾害恐惧害怕	□	□	□	□	□
3. 脑子里无法摆脱灾害发生时的情景	□	□	□	□	□
4. 反复考虑与灾害有关的事情	□	□	□	□	□
5. 做噩梦，梦见有关灾害的事情	□	□	□	□	□
6. 灾害后兴趣减少了	□	□	□	□	□
7. 看到或听到与灾害有关的事情担心灾害再度发生	□	□	□	□	□
8. 变得与亲人感情疏远	□	□	□	□	□
9. 努力控制与灾害有关的想法	□	□	□	□	□
10. 对同事（学）、朋友变得冷漠	□	□	□	□	□
11. 紧张过敏或易受惊吓	□	□	□	□	□
12. 睡眠障碍	□	□	□	□	□
13. 内疚或有罪感	□	□	□	□	□
14. 学习或工作受影响	□	□	□	□	□
15. 注意力不集中	□	□	□	□	□
16. 回避灾难发生时的情景或活动	□	□	□	□	□
17. 烦躁不安	□	□	□	□	□
18. 出现虚幻感觉似灾害再度发生	□	□	□	□	□
19. 心悸、出汗、胸闷等不适	□	□	□	□	□
20. 无原因的攻击 / 冲动	□	□	□	□	□
21. 悲观失望	□	□	□	□	□
22. 遗忘某些情节	□	□	□	□	□
23. 易激惹、好发脾气	□	□	□	□	□
24. 记忆力下降	□	□	□	□	□

第十三章 战时心理损伤的特征及发生原因

研究战时心理损伤的特征，使我们对其特征有清楚地认识，能够有针对性地在特定的环境条件下对心理损伤予以心理辅导，对保存战时官兵的心理应激资源，提升战斗力具有深远的意义。本章着重论述关于战时心理损伤的特征及其发生的原因。

第一节 战时心理损伤的定义及类别

一、战时心理损伤的定义

心理损伤（psychic trauma），是指遭受严重精神打击，或经历痛苦经验，使个体人格受到伤害，经久不能复原，甚至因而形成病态。战时心理损伤（war psychic trauma）是指在有战争条件环境中，参战人员感受到的对自己生命严重威胁情况下，所体验的那些无法适应的感觉，并在作战强度、战场不良环境和心理威慑作用下，导致个体逐渐耗尽自我调节的能力，所产生的一系列心理症状及其心理失能问题。

二、战时心理损伤的类别

目前国内对战时心理损伤尚缺乏系统研究，笔者所提出的上述定义有待读者予以讨论。依此定义，笔者按照损伤的不同严重程度，分为三大部分，11 种类别，如图 13.1 所示。

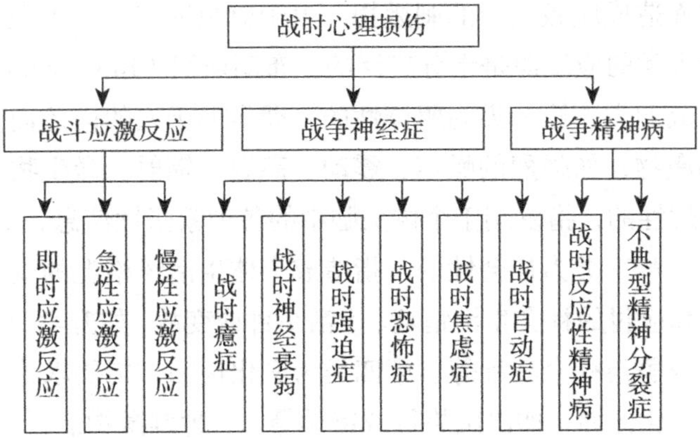

图　13.1

第二节　战时心理损伤的特征

一、战斗应激反应

（一）应激的概念

应激，英文为 Stress。在医学和生理学上均翻译为应激，在其他领域还可译为紧张刺激、紧张反应、紧张状态和心理压力。

应激目前尚无一个为大家所公认的定义。加拿大著名生理学家塞里（Selye.H）以其生理学的应激研究而闻名于世。他认为，“生物的应激是身体对加于它的任何要求的非特异反应”；“应激是通过特殊的综合征（全身适应综合征）而表现出来的一种状态，包括生物系统内非特异地被引起的所有变化”。几乎在生理学研究的同时，心理学家们从 20 世纪 30 年代开始也对应激问题进行了系统的研究。心理学家们认为，生理学的应激观不够全面和完整，它忽略了应激的心理方面。实际上，应激是个体的整体反应，生理与心理反应都有，不应分割。在心理学文献中，“应激”这个术语有三种不同意思：①指造成应激或紧张的刺激物，即指塞里所称的“应激源”。②应激本身，即特殊的身心紧张状态。③对应激源的生理和心理反应。

1. 应激源

应激源（stressors）又称“紧张性刺激物”，对个体提出适应和应付的要求并进而造成应激反应的刺激物。由于应激反应包括生理和心理两个方面，因此人类的应激源是十分广泛的。布朗斯坦（Braunstein，JJ.）将这些应激源分成四类。第一类为躯体性的，即借助于人的肉体而直接产生刺激作用的刺激物，如强烈的噪声、震动、高温、辐射、微生物和疾病等。第二类为心理性的，指发端于个体头脑中的各种紧张性信息，如心理冲突、凶事预感等。第三类为社会性的，指造成个体生活风格上的变化并要求个体对其适应和应付的社会生活情境、生活事件或变故，如升学、考试、离婚、亲人死亡、战争与社会动乱等。第四类为文化性的，指要求人们适应和应付的生活的文化方面，如出国旅行或留学等。一种刺激物能否成为应激源，除了它本身的性质和特点外，还取决于个体的适应和应付能力以及个体对这两者关系的认识与评价。尽管四类应激源的性质不同，但只要应激达到相当的强度，对其所作出的反应便同时涉及生理和心理两个方面。这说明，人的生理反应与心理反应是相互联系、相互影响的。

2. 应激反应的中介因素

介于应激源和应激反应之间的起调节作用的因素，称作中介因素。

对于心理社会性应激源，这些中介因素至少包括下述方面：①刺激物或心理社会性事件对当事者的意义，这又取决于个体对它的认识与评价，影响认识和评价的主观因素又有个体以往的生活经历和经验、他的信念、受教育的程度和性格等。②个体处理事件和他所造成的心理应激的应对能力。这依赖于他的应对经验、手段、心理防御，以及他对应对效果的估计和预期等。③环境因素，包括社会文化环境和自然环境，前者如社会或情绪支持，后者如特殊的致病物质等。④个体的心身组成特点，如身体素质、遗传倾向、潜在的疾病、觉醒水平和个性等，适当强度的应激反应对人有积极意义，它们可提高人的警觉性、增强身体的抵抗和适应能力，也可以增进工作和学习的效果。然而，如果应激反应过于强烈、过于持久，那么不管这些反应是生理性，还是心理性的，都将是有害的。所谓“心身疾病”，便是一类与过强过久的心理应激反应有关的躯体性疾病。

3. 应激反应

应激反应（Stress feactions）由各种充满紧张性的刺激物（应激源）所引起的一类非特异反应。这些反应包括身体的（生理的）和心理的（行为的）两部分，前者如应急反应、心血管反应、垂体—肾上腺皮质系统激活等，后者如情绪反应、自我防御反应等。个体的应激反应是刺激物同他自身的一些身心特性间交互作用的结果，而不是单方面地取决于外界的刺激物。

（二）心理应激反应的模式

心理应激是以认知因素为核心的一种多因素作用过程。对于所涉及的生活事件、认知评价、应对方式、社会支持、个性特征和心身症状等应激有关变量，可以分别从“应激源”（刺激物）“中间（介）影响因素”和“应激反应”这三个方面加以认识。其中中间变量按其在应激过程中的作用又可分为内部资源（认知、应对、个性等）和外部资源（社会支持等）。如图 13.2 所示。

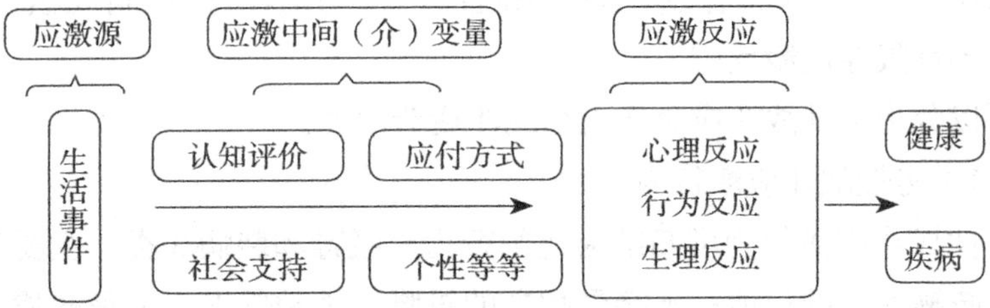

图　13.2

（三）战斗应激反应

战斗应激反应（Combat Stress Reaction，CSR）是在战斗中发生的应激反应，可以表现在躯体、行为、精神等各个方面，而且在战斗中发生率相当高。所谓的“战斗应激反应”伤员一是指那些从战场上退下来并且表现出临床症状的伤员。二是指在战场上表现出任何精神性症状并退出战场的人员。三是综合认为，只要退出战场的不是被敌人射击，炮弹或爆炸引起的，就是 CSR 伤员。

（四）CSR 发生率估计

按照以色列报道，战斗应激反应病例的数量大约是伤员总数的 25%。以空战卫生减员情况为例，依照战斗出动的卫生减员公式，伤员数＝出动架次 ×4%×60%×50%，如果日出动飞行架次 2000 架次，其减员人数为 24 人。CSR 的发生率为 5.76 人。如果战斗的激烈程度大，损失架次为 30% 的话，卫生减员将达到 180 人，CSR 的发生率将达到 45 人 / 日。损失架次为 20% 的话，卫生减员将达到 120 人，CSR 的发生率为 30 人。损失架次为 10% 的话，卫生减员为 60 人，CSR 发生率为 15 人。

（五）战斗应激反应的分类

从某种意义上说，应激是我们每一个人生存中面对的一个客观的生理心理反应。战斗应激也是参战人员的一种心理生理反应。按照有关学者的评述，有如下分类。

1. 良性战斗应激反应

主要是团结、忠诚、坚韧、勇敢 4 个方面的表现，具体的形式有：增加团体凝聚力的行为，对领导的忠诚、对同志友爱的行为，部队传统认可的行为；精锐之师的感觉，高度的责任感、任务感；警觉性提高、维护纪律的行为；特殊力量、忍耐，对困难、不适、疼痛和伤病的耐受力提高；目标感强烈、对胜利的信心增加；英雄性行为、勇敢性行为、自我牺牲精神。

2. 不良战斗应激反应

可以分为劣性战斗应激行为和战斗疲劳两类：

（1）劣性战斗应激行为

劣性战斗应激行为可归纳为违纪行为、吸毒和装病 3 类，主要表现形式有：肢解敌人的尸体；不接受敌方的投降，杀戮俘虏，杀戮非战斗人员和平民，杀戮动物，残酷拷打被俘人员；滥用酒精、毒品；无所顾忌、不守纪律，进行抢劫、掠夺、强奸；与盟军发生冲突；过度地去门诊，事故性伤员，装病，开小差，擅离职守或拒绝战斗；自伤，威胁或枪杀指挥官。

（2）战斗疲劳

战斗疲劳，主要是心理、生理机能的衰退和异常，主要表现形式是：过度警觉、害怕、焦虑、不安、愤怒、悲伤、自我怀疑、内疚；生理应激主诉、抑郁、失眠，不能集中注意力、漫不经心、丧失希望和自信；古怪行为、木僵、不能动，惊恐、恐怖性“飞蹿”奔跑；完全衰竭、技巧和职业技能降低、记忆丧失、言语减少、缄默；视、听、触觉受损，出现幻觉、错觉，肢体软弱、瘫痪。

（六）战斗应激反应的分期

作为对创伤的反应，CSR 不是静态的，而是随着时间不断变化和发展的。按照以色列和美国学者的观点，将 CSR 分为三个阶段：即时、急性和慢性。

1. 即时应激反应

战场上士兵在经受战斗创伤时，或是在创伤后数小时到数天，出现躯体的、行为的、情感方面的应激表现，那么该士兵就是处于战斗应激反应的即刻反应期。所谓即时应激反应，指战斗应激反应伤员在创伤情境中会立即进入即时阶段，该阶段可以持续几小时到几天，典型的表现是不定形的四处弥漫的焦虑，并伴有躯体、行为和情感的一些表现。即时反应期与“轻伤员”的功能状态、心理状态、预后是基本相同的。判断战斗应激反应是不是处于即时反应期，参战者的心理状态是一个指标。

即时应激反应的临床表现也就是应激反应的表现，主要有三方面：一是应激状态下导致的交感神经系统活动相对亢进。二是不利于应付应激的心理反应，如情绪紧张、焦虑，或消沉、抑郁，或愤怒、激动等。三是行为上所出现的呆立、无所适从、听之任之、被动挨打的情绪和行动。

即时应激反应有很好的机会恢复；而一旦进入慢性期，恢复的进展就十分缓慢了。

2. 急性应激反应

大多数战斗应激反应可望在短期内自行即刻恢复，脱离即时应激反应阶段。但是如果没有自发恢复，或者是前线治疗失败后，就会有一小部分进入急性期。

急性期可开始于创伤后的几个小时或几个星期，可以持续数周至数月。参战者在心理上明确地感受到了具体的指向性焦虑，且无法忍受，程度更加严重。突出的症状群是焦虑和消极反应，转换反应，躯体的和疼痛现象以及行为异常的表现，这些表现在普通标准中可被判断为精神病性症状。在这一阶段，它的主要标志是士兵从自我感受到的症状中已经认为自己是病人或伤员了。研究者发现，只有极少数士兵可以忍受长时间的焦虑，而一旦被送到后方本身就可以触发急性反应，许多士兵是进入医院的一瞬间才产生梦幻般感觉的。急性期的战斗应激反应参战者的心理状态与病员的心理状态是基本相同的，但一般性格等方面没有明显的变化。

3. 慢性应激反应

慢性应激反应，又称为“创伤后应激障碍（PTSD）”。如果急性期阶段没有恢复，由于防御机制的进一步作用，就会出现创伤后焦虑。慢性阶段一般发生在创伤后 6 个月。当然，实际上战斗应激反应这种转化的时间是有差别的，有的短一些，有的长一些，尤其是治疗中的患者，急性期可以迁延 6 个月以上。区分急性期和慢性期最明显的标识是看参战者的性格是否发生了改变，性格改变是战斗应激反应进入慢性期的主要标志。

慢性应激反应的临床特点：①患者试图抑制发泄，尽量不去回忆创伤性的经历，压抑的结果会导致噩梦、爆发性的发怒和暴力。②永远不可能去应对另一场灾难。③人际关系很淡，性能力也会降低。④甚至很遥远的含有创伤性的经历回忆都会引起患者情感的波动，因而加重症状。⑤随着时间的推移，进一步的固着强化了创伤后角色，这样就会使情况更加复杂。

二、战争神经症

（一）战时癔症

战时癔症是指在战时特殊环境和艰苦条件下，精神因素和暗示或自我暗示所致的，以情绪反应为特征的一种神经症。起病急骤，预后良好，但易复发。战争癔症占战争神经症发病率的45% ~ 50%。发病因素中，一般是受到强烈精神刺激后发病。主要表现在癔症性精神障碍和癔症性躯体障碍两种。

1. 癔症性精神障碍

临床表现有：①情感爆发，突然哭笑失常，吵闹，捶胸顿足，撞头打滚，哭叫不休，内容与心中的不满、矛盾有明显联系。②神志不清，对周围的事物反应迟钝，不知身在何地，不认识周围的战友或亲人。③癔症性遗忘、朦胧、木僵、昏睡、梦游、痴呆和癔症性精神病等症状。

2. 癔症性躯体障碍

临床表现有：①感觉障碍。如感觉过敏、感觉减退或消失、耳聋、聋哑、失明和视野改变；听力突然丧失。②运动障碍。表现为下肢无力、痉挛，或者瘫痪症状，有双下肢瘫痪或单侧肢体瘫痪；上肢、颈部、面部和全身的痉挛和震颤且震颤幅度大，不规律。③自主功能障碍。如呕吐、呃逆、过度换气、发热等。

战时癔症的发生也可以集体发作，也称癔症流行，往往是多人同时发病，多表现躯体症状或精神障碍，如痉挛发作、瘫痪、呃逆、过度换气等。

（二）战时神经衰弱

又称战争疲劳综合征，约占战争神经症的30%。是由于长期处于战争环境中，精神活动高度紧张，睡眠不足，缺乏休息，过度疲劳，加之参战者的性格基础，逐渐演变所致。这种病症多发生在战争的后期，表现为精神容易兴奋、脑力容易疲乏，常出现睡眠障碍，如入睡障碍、睡眠浮浅、早醒或（和）多梦等。

（三）战时强迫症

主要是指在战争环境下，参战者的观念、行为和情感出现不能控制的一种自发产生的以强迫症状为主要临床表现的战争神经症。其特点是有意识的自我强迫和反强迫并存，两者尖锐冲突使患者焦虑和痛苦。虽极力抵抗，但无法控制。

其临床表现主要有：①强迫观念。如克制不住的思维活动，对毫无意义的事情穷思竭虑，反复没完没了的思索，企图找到答案。②强迫行为。担心受到核生化武器放射性的污染，强迫性的反复洗手和清洗自己的衣服；强迫性仪式动作，总是刻板地重复自己规定的行为动作；强迫性的检查，不断的检查仪器设备是否有螺丝的松动等。

（四）战时恐怖症

由于直接面临战争的危险所致。参战者清楚而明显地知道，各种武器和将要进行的战斗对自己生命的威胁。这种病症是战争中最常见、最典型的一种战争神经症，几乎占整个战斗性心理障碍的一半以上，对战争的进程和全局有一定的影响。患者心理上常表现为不安、焦躁、惊慌，有的表现为怀疑、害怕、惊吓等。在行为认知上常表现为丧魂落魄、精神失常、行动失控等。例如在海湾战争中，美军 2 架歼击机从航空母舰上起飞，飞临伊拉克军队阵地上空时，歼击机驾驶员以其高超的飞行技巧，凭借机尾喷出的长长“气尾”，在空中“画”出了一幅巨大的伊拉克国旗，伊拉克官兵看到国旗，以为是“上苍的恩赐和暗喻，定能取胜”。然而，伊拉克官兵想不到连他们欢呼声还未停止时，2 架歼击机又神速折回，在伊拉克的国旗上毫不留情地打了一个贯通四周的大叉，阵地上的伊军目睹这一惨幕，一个个大惊失色，不祥之兆夹杂着不安、焦躁和害怕在官兵心里迅速蔓延，而丧失战斗能力。

（五）战时焦虑症

它是由参战者所面临的各种武器和变化莫测的战略战术手段，将要造成的大量潜在性杀伤威胁所引起的。这种病症可在战争各个阶段发生。如在战争发生前，参战人员处于焦急等待状态就可能产生焦虑症。这种病症在高技术战争中较为常见，占战争神经症的 10% ~ 15%。

其主要临床表现为：①患者对战争威胁或危险和坏的结局总是担心，不安和害怕，尽管也知道这是没有必要的过虑，然而常常不能控制，尤其晨起更是忐忑不安，使患者颇为苦恼。②易激惹，对声音过敏，注意力不集中，记忆力减退。③常伴有运动性不安，如来回踱步，或不能静坐，患者紧张，有两眉紧蹙，两手颤抖或面色白，或出汗等。④患者多伴有一些躯体症状，如慢性疼痛症状，食欲减退，胃部不适，腹泻或便秘，胸闷，心悸，心动过速，呼吸急促，尿频，尿急，性欲减退，阳痿，体重减轻。女军人出现月经失调、闭经等。⑤此外有昏晕、出汗、面色潮红等。

（六）战时自动症

战争自动症，是指在意识障碍的基础上表现出短暂的，无目的的，无秩序的，多彩的精神运动性、情感性或言语性发作。发作后意识恢复，对发作中所经历事物大部遗忘。发病率约为 1.5%，多见于男性年轻士兵。战时常见的有夜惊症、夜语症和夜游症等。

1. 夜惊症

一般在睡后 1 小时左右突然惊醒，意识呈朦胧或梦样状态，惊叫，哭泣，多汗，双目直视，攻击或逃避表现，体验出惊惧、恐怖的感情和行为，但不下床。症状表现常反映出战场曾体验过的恐怖和惊慌的经历，在梦中重现。一般持续时间 10 ~ 15 分钟，发作后又复入睡。次晨不能回忆。

2. 夜语症

一般在入睡后 10 分钟到 2 小时出现自发言语或诵读诗词，歌唱小调，呼叫人名或向人问话，或叙说战场上战斗的经历，不做其他活动。一般 3 ~ 5 分钟。醒后问及夜语事，往往不能回忆。

3. 夜游症

一般在睡后 1 ~ 2 小时突然下地，意识蒙眬，在室内无目的徘徊走动，似乎在摸索什么。或做一些似乎可以理解的日常动作，如整理衣物、打扫、洗涤、开闭电门等。情感淡漠，缄默不语，无粗暴破坏行为。一般持续 10 ~ 15 分钟。发作后又自动上床入睡，次晨醒后不能回忆。

（七）战时抑郁症

由于参战者对战争的目的，对各级指挥官的信心产生怀疑，或者由于心身受到意外打击所致。

临床表现主要是以持久的情绪低落为主要特征，同时多伴有思维迟缓和意志减退、动作迟缓，甚至呈木僵状态。表现为心境不佳，情绪消沉，整个精神活动充满悲观和绝望，回避战争，疏远部（分）队，常独自静坐、伤心、自责、自罪，常有自杀现象和行为。患者也多伴有战争焦虑症所具有的躯体症状。抑郁状态是自杀的第一杀手。目前驻伊美军士兵自杀率居高不下。根据美军方的统计，2003 年参加伊拉克战争的军人有 21 人自杀，其中 18 名是陆军士兵。2003 年驻伊拉克士兵的自杀率为十万分之十三点五。

三、战争精神病

战争精神病一般指的是战时反应性精神病、非典型性精神分裂症和战争颅脑损伤性精神病，这类病症较战争神经症少。战争精神病患者的心理反应表现在思维上，患者的思维联想过程缺乏连贯性和逻辑性，联想散漫，思维破裂，言语和书写之间缺乏内在意义上的联系，毫无中心思想而言；表现在情感上，对平时能引起鲜明情感反应的战争刺激却表现平淡，并缺乏与之相应的内心体验，即使一般能引起正常人极大悲伤或高度愉快的事件也毫无反应，漠不关心；表现在行为意志上，患者的动作、行为与其他精神活动之间的统一性和完整性遭到破坏，表现出离奇、幼稚、愚蠢的行为。严重时处于木僵状态，情神活动完全抑制，缄默不语、不吃不喝，粪便潴留也不主动排出。

（一）战时反应性精神病

战时其发生率较高，仅次于癔症。主要是高技术战争战时突发强烈急剧的袭击和重大杀伤（如遇空袭、导弹袭击、核生化武器袭击、次声武器袭击等），以及炮弹的爆炸、白刃战、战时战友的突然去世等外在因素诱发，所引起的心理活动严重失调导致急性发病，并以反应性朦胧、反应性木僵和反应性异常兴奋、假性痴呆（童样痴呆）等形式出现。该病症起病急，改变环境和给予适当治疗后，可较快恢复正常，病程较短、预后良好。恢复后不留任何后遗精神症状。

（二）不典型精神分裂症

由于激烈、残酷的战争的场面和巨大残忍的战斗杀伤所致，占心理杀伤减员的 2% ~ 3%。是一种以思维、情感与行为分裂，精神活动与环境不协调为主要特征的综合征。患者大多出现幻觉、妄想、错觉症状。大部分患者为首次参战者。具有病重、病程短、预后好、症状单纯的特点。

（三）战争颅脑损伤性精神病

参战者脑部受到火器等损伤引起脑震荡、脑挫裂、脑血肿伤等，加之受到一定的心理刺激可引发精神分裂。这种患者一般情况下和正常人没有什么区别，但经不起心理上的波动和刺激，一旦诱发，就会表现出精神分裂症的症状。一般占高技术战争心理杀伤减员的 10% ~ 15%，并有急、慢性两种。

第三节　战斗应激反应的发病原因

能够导致机体产生应激反应必然是存在应激源，战场上导致发生战斗应激反应则同样存在应激源，这个应激源必然是战场特性。研究表明，战斗应激反应的应激源分为两个层次。一是属于在战场环境下参战者“感受到的”战争对自己生命的严重威胁及其所产生的无法适应的感觉和随之产生的持久的愤怒、无助的感觉，即一级应激源。简言之，战场对参战人员的心理威胁就是一级应激源。二是属于参战者自身对应激的“免疫防御”能力削弱的因素，包括在睡眠剥夺、营养不当、过度劳累等情况下自身所降低对危险的“免疫能力”，即二级应激源。

一、主要因素

（一）对死亡的恐惧

战场上对死亡的恐惧非常常见，而且很难控制，特别是在环境恶劣，战斗时间延长的情况下。在战斗中，对威胁的不同理解可以引起不同程度的战斗应激反应。但是，当现实变得更具威胁性，同时没有足够处理这些威胁的方法、没有足够的社会支持时，对威胁的主观感觉就会引起不同水平的应激，焦虑，以及无助感。

（二）对威胁的理解

对威胁的理解也与和战场环境的距离有关，飞行空战的任务就是直接面对敌方，因此，在敌我双方飞机性能比较以及被击伤的情况下，威胁的感觉就增大。此刻，如果我方空中、地面火力支援不够，战斗应激反应的发生率就增加。

（三）社会支持

紧张情境的持续会造成参战者应激资源耗竭，如果社会支持系统、团队领导力和凝聚力的崩溃，参战者就会失去应付与日俱增的焦虑的能力，战斗功能就会发生障碍。当他失去适应能力并且不能控制所面对的威胁时，就达到了创伤的临界点，结果人格被无助感和精神错乱所扭曲，导致战斗应激反应的发生。

战斗应激反应主要发生在真正参战者当中，大后方的人员则基本上没有战斗应激反应的发生。诺伊（Noy）发现，在以黎战争中，发生战斗应激反应唯一的可以预见的因素就是敌人的火力，敌人火力威胁越大，被消灭的危险性也就越大，就越易达到应激失能的临界点。

二、次要因素

参战者在非常困难、恶劣的环境下，会逐渐耗尽内在对付死亡威胁的心理资源，这是引起战斗应激反应的次级因素。它包括：脱水、冻伤、身体疲劳、缺乏睡眠、缺少食物、没有能够有机会与密友交流并得到支持。

（一）睡眠与团队有效领导力

持续不断的无睡眠的军事行动是造成战斗应激反应的重要次级因素之一。美国和英国的野外与实验试验都表明，48 小时完全睡眠剥夺可以使大多数的作战单位失去有效运作的能力。首先失去的是计划能力、准备能力、转移目标的能力和同时注意一个以上目标的能力。心理矛盾与冲突或没有完成任务都会削弱耐受力和有效应付战斗焦虑的能力。

如果一个人持续一周缺乏睡眠，他的作业能力便会逐渐下降；缺乏睡眠可以使作战团队的战斗效率在 2 ~ 4 天内降到零。但是，如果此刻部队领导能力和凝聚力足够的话，可以忍受这种能力的丧失，并且能够继续作战，其效率相当于缺乏领导力和凝聚力单位的两倍。但是，当领导力和凝聚力两者缺乏的时候则会使得更多参战者发生 CSR，增加减员率。

（二）食物营养缺乏

在应激状态下，机体首先所发生的为了应对应激源的适应反应，通过提升儿茶酚胺浓度和糖皮质激素水平，使得血糖升高、脂肪分解、组织蛋白分解、生物物质的再分配等一系列反应过程应对外界的刺激。在紧急的应对反应之后，是一个合成代谢过程的增强的过程，这样必然消耗体内储存的能量物质。因此，营养的缺乏会造成参战者抗应激能力的降低。

应激反应的过程是人体内某些激素水平的变化直接或间接影响和控制代谢反应过程，以适应和抵抗各种应激刺激，维持体内环境的平衡和稳定。

三、支持因素

在战场环境下，在面对死亡威胁时，社会支持是一个缓冲的因素，它可以减轻对死亡威胁的主观感受程度，同时增强应付威胁的能力。团队凝聚力和对指挥着的信任度被认为是主要的社会支持系统。支持系统的主要成分有社会、家庭的支持，部队的凝聚力和指挥官的指挥能力。

（一）社会支持系统的重要性

据“二战”后期美国一个民间委员会受委托调查战斗应激反应现象的结果发现，部队凝聚力的崩溃，是战斗中士兵产生战斗应激反应的主要原因，不是次要原因。具有支持作用的社会网络维持得越久，士兵也就越能较长时间地耐受战争的威胁。一旦部队凝聚力在战斗应激条件下退化，士兵就会被无助的感觉和焦虑压垮，产生战斗应激反应。

（二）凝聚力与指挥力影响 CSR 发生

格拉斯（Glass）指出，在相近的条件下，精锐之师与一般的部队相比，由于其高水平的意志和团体的凝聚力，发生战斗应激反应的比例很低。史都华（Stouffer）等调查了即将参加诺曼底登陆部队的意志和凝聚力，发现战前的意志、指挥水平与战争中发生的战斗应激反应之间的关系是有相关性的。以色列军队的研究发现，士兵们认为战争中唯一使他们感到安全的是战斗中指挥官的能力。同样，诺伊（Noy）发现，在指挥官有问题的部队中，战斗应激反应就比较普遍。还有人发现，在丛林袭击战中，如果士兵学会使用目光与指挥官进行交流，那么袭击基本上是成功的。

（三）士兵战场上安全感赖于上级和战友

之所以在战斗中社会支持网络具有如此极其重要的作用，根本原因在于它会诱导一种乐观的情绪和求生的渴望。士兵在战前会经历一种人格独立性的转换，战场条件下，士兵不可能了解整个战争的格局，也不可能单单依靠自己的力量来保障生命的安全，为了得到一种安全感，他不得不依靠上级的领导和战友的帮助，如果士兵能够相信上级和战友在保障他的安全，这种依存关系的存在就会使他感到安全；如果不能，士兵就会加倍地感到焦虑，并表现出无助和丧失安全感。也有学者施皮格尔（Spiegel）指出，CSR 的发生和不发生，是因为团队的凝聚力。他说：一个士兵在战场上战斗，与其说是为了战胜敌人，倒不如说是为了战友。他害怕失去他的战友。

如果失去了，也就失去了战友的支持。

第四节　历次战争中各国军队心理损伤发病情况

我国学者于清汉对历次战争中各国军队精神疾病的发病情况做了以下研究。

一、美军

在第一次世界大战 350 万官兵中，诊断为神经症者为 11 442 例，其中癔症 3648 例，占 30.5%；焦虑症 890 例，占 0.7%。第二次世界大战期间精神疾病发病率为 7%，战争精神病占战时精神疾病的 60%，占住院神经精神疾病总数的 72%。自第二次世界大战开始至 1945 年住院 1500 万官兵中，因患有精神障碍或神经障碍住院的占 6%。在 100 万名患者中，神经症占 63%。朝鲜战争（1950—1953 年）精神疾病的年发病率为 32‰。越南战争（1965—1972 年）为 14‰。

最近美军陆军指出，未来战争中每个人不可能避开各种严重应激刺激，任何人都有可能发生战斗应激反应。根据第二次世界大战中初次参战的士兵约有 80% 发病的实际，美军驻欧洲陆军就战斗后 20 天内精神障碍发生情况提出下列预测公式：

1. 精神障碍“战斗疲劳”减员数＝常规卫生减员 ×0.09（常规战伤）×0.33（即每 3 名战伤有 1 名精神障碍者，比数 3 ∶ 1）。

2. 使用化学战剂所致的精神障碍减员数＝化学战剂中毒减员数 ×0.69（化学战剂伤员数）×1.0（即 1 名化学战剂病人有 1 名精神障碍者，比数 1 ∶ 1）。

3. 使用核武器所致的精神障碍减员数＝核卫生减员数 ×0.69×（核减员数）×0.5（即 2 名核伤员有 1 名精神障碍，比数 2 ∶ 1）。

二、日军

侵华战争（1937—1945 年）和第二次世界大战的统计：10 454 例精神疾病中神经症有 2205 例，占 21%。其中癔症 1199 例，占 11.5；神经衰弱 739 例，占 7.1%；强迫症 662 例，占 5.9%。此外，精神分裂症 4384 例，占 41.9%；颅脑损伤性精神障 1086 例，占 10.4%；急性反应性精神病 276 例，占 2.6%；躁狂抑郁症 263 例，占 3.5%；急性中毒性精神障碍 61 例，占 0.6%；躯体性精神障碍 368 例，占 3.57%。日军从菲律宾被遣送回国的 1200 个病员中，神经症占 49.2%；精神分裂症占 20.8%。

三、德军

在第一次世界大战中，神经症有数万名以上。在野战医院住院的 4000 例中，神经症住院 80 例。但到 1915 年神经症在野战医院中占有极高比例。第二次世界大战期间，在意大利战场上住院 3162 例神经症中，患心因性反应者 315 例；神经性疲劳 177 例；自主神经障碍者 292 例。

四、俄军

在日俄战争（1904—1905 年）中，俄军神经症占全部精神神经疾病 53%。第二次世界大战中，神经症占全部精神神经疾病的 26.6%。其中癔症占 45.2%；神经衰弱占 29.5%；强迫症占 1.9%；反应性神经症占 23.4%。

五、我军情况

根据 1954 年抗美援朝后报道的一组回国的患神经症的军人中，战时癔症 51 例；战时焦虑症 4 例；战时神经衰弱 3 例；战时强迫症 2 例。1979 年对越自卫反击战广西战区报道一组战时神经症 340 例中，战时癔症 265 例，占 77.9%；战时神经衰弱 69 例，占 20.3%；战时焦虑症 2 例；其他类型 4 例。1979—1984 年云南战区发表一组 107 例战时精神疾病中，战时神经症 44 例，其中战时癔症 39 例，占战时神经症的 88.6%，焦虑症 2 例。在精神病中精神分裂症 40 例，占 36.9%；战时反应性精神病和战时颅脑损伤后精神障碍分别为 11 例和 10 例。

从上述 3 次战时精神疾病报告的发病率看来，战时神经症较战时精神病为高。战时神经症中以战时癔症为最高，战时焦虑和其他类型神经症为低。这与第二次世界大战参战各国报道的战时癔症发病率较战时焦虑症低有所不同。在战时精神病中，精神分裂症和急性心因性反应为高，颅脑损伤后精神障碍较低。

第十四章　官兵心灵的自我抚慰

心理的舒适与安宁对人生成长过程是一个助推器。对事业而言，在安宁的状态下，才能把属于个人的特质、潜能发挥得淋漓尽致，达到自己理想的远大目标。对生活而言，则可以把童年时代无瑕的天真活泼，延续到自己的终身。军人更需要舒适的心理状态，搏击于演练场并以娴熟的技术伴随自己的意志驰骋。这里，笔者以心理医生的身份谈谈军人如何进行心灵的自我抚慰。

第一节　不要走入心理的误区

闲暇中我们感到疲惫，工作忙碌时疲惫可以暂时忘却，一旦工作进度完成，疲惫却依然如故。

现实生活中，我们担当了许多心理和体力上的疲倦，其原因是因为我们常常会走向心理的误区。比如说在工作与生活中，你总是希望得到别人的赞许；你总是摆脱不了“我”；你总是无法冲破“应该、必须”的框架；你总是被一些无益的情绪缠绕，如悔恨和忧虑；你更总是“强求公正”而进入了陷阱。其实，这些误区正导致了我们的心理疲惫。

一、注意力不要集中在别人身上

一位中年军官给我牢骚般地发表了如下的感慨：“我这几年好累啊，‘混’到这份上真是不容易。虽然他们为我使了‘绊子’，但我没有被甩下，在许多方面比他们都强，我不会低头的，我还要继续努力”。

我作为心理医生为他的成绩感到欣慰，但也为他的心理疲惫感到同情。一个人，在事业上应该有所成绩，应该有自己的目标，更应该能为自己的理想而奋斗。所有这些的努力，应该是一种愉快、一种内心成功的体验，而不是疲惫。如果一个人将事业的实现成为一种“好累啊”的心理体验的时候，他实际上已经完全没有必要再去坚持了。

他应该是陷入了一个心理的误区——将注意力集中到了别人的身上。有几个字值得我们分析：“好累”“混”“绊子”“比他们强”“不会低头”等。好累，没有愉快感觉，是心理上的累；混，属于没有明确目标，事业不是混的；绊子，实际上就是自己把注意力集中到别人身上的体现，也是导致自己很累的根源；比他们强，多没有意义的比较。如果这种比较是为了对自己的激励，也罢。但是，这里所要表白的是不服气的怨气，无疑对自己增加的是人际上的压力；不会低头，实际上是怨气的直白，是指向他人的表示。好累，听了他的诉说就连我这心理医生也觉得好累。

轻松一点，就不要在自己事业的奋斗中将注意力集中在他人身上。一旦走进这样的误区，怨言就会增加许多，就会把一切不如意的事情怨恨在别人的身上；就会增加一些防御性“反击”，以达到所谓的平衡，比如说会闲话满腹等；更会铤而走险的做一些不符合自己身份的事，比如给别人“使使绊”等。

把注意力集中到别人身上，其原因是自己没能跳得出自我的圈子，也就是“我是谁”搞不懂，用社会心理学的术语讲就是缺乏社会角色的认同。我们可以查一下常常在嘴边挂着的自我描述的词汇，那就是“我怎么怎么……”，“如果不是我……”，“只有我才……”等，都是我。全然不顾他人的存在，其心理本质是社会角色的混乱。“我比别人强”，这就造成了“我好累”。还有，将注意力集中到别人的身上者，常常不能反省自己，而是直接将眼球瞄准别人，“别人的压制才导致我这样”“是怕我夺去了你的风头”等，于是常常寻找一切方式“反制”于他人。

其实，达到自己心理上的愉快，一定要体会自己实现目标中奋斗经历的体验。社会角色也帮助我们应该合理的确立自己的目标，否则，仍然会跳不出注意力集中到他人的怪圈。切实地依据社会角色确立自己的发展目标是比较实际的；离开社会角色所确立的目标要显得异常虚缈。一旦如此，也就决定了目标的失败。一个人，尤其是中年军人，当你抵达事业尽头的时候，你会常常感慨：军事生涯中最大的收获是搏击、战斗，从而成就了国防事业、成就了家庭为您而荣耀，其他一切显得微不足道。

扮演好自己的社会角色与确定好符合自身特点的相关事业目标，并把自己关注的问题指向目标、指向自己的行动，要比指向别人更有收获的感觉。

二、困惑，可能是拖延时间带来的

“弹指一挥间”是一句常挂在我们嘴边的一句话。和一个军官朋友唠嗑的时候，他自嘲的谈论“一不小心跨入了30岁，又不小心跨入了40岁，唉……。完了，四舍五入，该50了……”。于是，自感好年龄没有了，困惑、焦虑随之而生。

有句格言告诉我们：“世界上那些最容易的事情中，拖延时间是最不费力的。”

你经常拖延时间吗？对大多数人来讲回答都是“是的”。但是在拖延时间的之后，事业心强的人往往会为所拖延的时间产生焦虑与不安，这是因为凡所推迟的事情自己都曾希望早日完成，只是由于某种原因才一拖再拖。拖延被认为是生活中十分常见的一种现象，同时也被认为是产生焦虑的原因之一。

1. 拖延，是一种心理的逃避

为事业奋斗的人，总感时间不够用。但实现目标的道路上遇到阻碍的时候，一些人只是以拖延时间而应对。笔者将“什么都可以重复，唯有时间不能”作为科训挂在宣传栏内，无非也是发自对时间的感悟。由于你对时间的轻视与忽略，拖延应对成为你唯一克服障碍的选择。没有时间的概念，你会为由于失去时间而导致失去机会，使自己在生存中苦苦挣扎，从而抱怨社会对你的不公。许多时候“等待”“期望”“但愿”“或许”成为拖延时间的心理支持或支柱。拖延时间的人中总喜欢用上述的词语构成对自己的安慰，但是，且不知时间已经是另一个循环，等待自己的是比那些跟随时间俱进的人慢了节拍和台阶。

我的一位老朋友从年龄上讲，已经不在精力旺盛之列了。然而他在短短的三年中，在一个非熟悉的领域，做出了让人刮目相看的业绩，让我感动。他讲述自己的情况时说：钟表上的秒针永远不能追上时针，在一个自己已经确定的追求领域你必须知道生存就意味着有时针的存在，把自己比作一个秒针，你就永远不会被时间所抛弃了，也就觉得自己生存有意义了。我由此而感到，并不是任何一个人都会失败，也并不是一个成功的人非要在自己熟悉的领域，关键是自己在时间观念上有没有心理的逃避。

2. 拖延时间者最喜欢讲的几句话

"我希望问题会得到解决。""但愿情况会稍好一些。""或许问题不太好。"因为有这些话的支持，使其成为了你不愿下大力气做某件事的理由，而"但愿"和"希望"无异于童话中的梦想，完全是浪费时间。无论怎么"希望"或"但愿"对你自己的事业来讲都无济于事，你只不过为自己提供了不切实际生活中重要活动的借口而已。

其实，这些所谓的心理支持，则是你成功的最大障碍。一个人只要有决心，你就可以实现自己的任何意愿。你并不脆弱，而且是非常坚强，非常有能力。然而，如果你将事情推迟到未来，你就在逃避现实，怀疑自己，甚至欺骗自己。拖延时间的心理会使你在现实中更加懦弱和不断幻想。

拖延时间的人，也无外乎以下几种情况：一是惰性生活方式；二是寻找宽慰的心理平衡；三是宁做评论家，不做实干家。最后的结果是为自己"年龄不饶人"而感到困惑、焦虑，最终对任何事情都感到厌倦。

3. 需要走出心理的误区，做一些改变的尝试

一位事业有成的飞行朋友告诉我这样的观点：眼前如果你有五分钟的话，你就要努力切实的工作与生活，不应总是考虑各种长期计划，应争取充分利用眼前的五分钟做自己要做的事情，不要一再推迟可以给你带来愉快的那些活动。如果你三个月的时间，你一定设计一个周期性的计划；如果你有半年的时间，你一定确定一个小的目标；如果你有一年的时间一定设计一个较大目标。如果更多，则要按照你的职业发展好好设计了。

我给一个官兵团体进行过一次心理训练活动，是一个领悟人生的游戏。游戏的名字叫做"临终遗命"，我们在这里一同把这个游戏做完。

简介：每个人都有危险，当我们面临危险到来的时候，我们想些什么？我们该做些什么呢？假定此刻，你已经面临着危险，难以克服，时间只允许你再作最后5件事，你会做哪5件事？排出先后次序，同时写出你已经完成并能够为自己子孙后代炫耀的5件大事。在认真思索后写下你的决定并阐述，同时解释原因。要求你在写出的时候谈谈自己有什么感受，这感受对你今后的生活有什么影响。

开始的时候，参加者的确是以游戏在做的。但是，当他们真正思考还有为数不多时间的生命时候，猛然觉得人生何止要做5件事情，人的生命也才刚刚开始，事业、家庭、孩子，等等。一个士兵这样说道："我似乎

觉得我需要被社会认可；我似乎觉得我要为我生存的社会做一些可以留下的事情；我似乎觉得我还要为我的家再做许多能够小康的事情；我似乎觉得还不能走，我还有那么多事情要做啊，但是，我却面临着危险……。再回忆以往所做的5件事，此时才发现，值得回忆的事情太少了，值得留给子孙后代炫耀的更少，而使我受到了心灵的撞击。此刻。我才真正意义的感到，拖延时间是没有任何意义，是欺骗，是逃避，得不到任何好处”。

我相信我们都不会再走向时间拖延的心理误区。我相信，人生就是因为太多的时间误区，导致在人生转折的时候，如转业、退休、职务调整、年龄划线等时间节点位置，是由于时间带给了我们无尽的烦恼、沮丧、痛苦。

三、眼光不要总盯着别人

与心理学界的一些朋友一起讨论问题，就学术问题大家习惯无拘无束，坦诚交流。这次交流的问题是“我该做什么”。

我该做什么？或者说我该如何做？这是经常发生的问题。

“我是上级，我该做什么？”，“我是下级我该做什么？”，“我是同级我该做什么？”虽然是简单问题，但却有许多人在迷茫、徘徊、发愣，从而走入心理的误区。在这些问题上，有些人总是看不惯别人，一个深深的人际误区。

工作中有几种类型的工作方式，我们把它分为“服从型”“理解型”“为上型”“无关型”。“服从型”一般领导都很喜欢，“理解型”能准确理解上级精神，把握方向。但有些上级不大喜欢，原因是超越了自己对上级意图的理解，感到不舒服。“为上型”领导非常喜欢，但一般都属于暂时的，过渡的为上，看不到真心所在。“无关型”是对任何工作以一种事不关己，高高挂起态度对待，几乎没有人能喜欢。

这里我们对属于“理解型”者做一剖析，同时把一些看不惯别人的行为作一剖析，看误区在哪里。

工作有目标的人，总是对事业执着的追求。对事业如此，对上级布置的工作也是如此。能够时时处处思考上级的意图，按上级思路办事。他们能够理解上级的思想，能够发展上级的思想，能够按照上级制定的方针办事。这类人往往有自己的缺点，只认准上级意图的实施，忽略周边“影响势力”，即忽略了周边的“阴阳参谋”。所谓的阴阳参谋，是一些口头主义者，一方面表示坚决做好分工负责的副职和参谋长的职责，另一方面拒绝理解上级意图，否定理解型的工作。他们常做的工作俗话讲是“使绊子”，没有了“使绊子”，他们也就无事可做。理解型人员最大的特点是能把握全局，理解上级总体意图，有足够的敬业精神。

一位业务单位的领导给我讲述了他在单位的一个发言。他面对他的下级讲道：“你今天看不惯这个人，他今天有论文了；你明天还看不惯他，他获奖了；后天你还看不惯他，他发财了。而你，仍然还在原地看不惯张三、李四。你首先应该自己先问一下自己别人看得惯看不惯你。讲事业发展的时候都这样，如果讲经济效益，你今天看不惯的人，可能买房了，明天看不惯的时候，就可能买车了，到后天看不惯的时候，人家就不知道怎么了。清醒一些吧，还是看看你自己！”。对这一观点笔者非常赞成。我到想劝一下这些“阴阳参谋”也该向理解型人员学习一下吧，把握上级的思想，理解上级的思想，执行上级的要求，真正做好参谋的角色，不要成为“影响势力”，不要走入阴阳误区。

四、问题不在于别人如何做，而在于自己该怎么做

自己的工作方式是什么？自己的目标什么？理论上讲，一个人的工作方式是与他个性相关的，改变并不是一件容易的事情。总是对别人的生活方式和工作方式提出这样和那样的评价，没有意义。

一个在飞行学院担任中层干部的朋友和我谈起了下一步的工作计划，很有发展的一项工程。然而，他没有勇气真正的实施。他向我谈起了他面对困难的恐惧，这些困难没有足够的证据它已经存在，而是自己体会的。实际上，不是真实的困难，是某上级的行为方式。比如说，不求上进连钟都不撞，而只是看“报”、喝茶、评头论足的上级。比如说，心胸狭窄，只为某件事没有被敬一杯酒，于是耿耿于怀数十年的上级。比如说，能力不够，又缺乏进取，然而还要叨叨不休找机会给下级表述自己为他人做事的领导。

那么，一个对事业充满憧憬的追求者来讲，这些问题不应该是阻挡自己前进步伐的理由。问题不在于别人如何做，而在于自己该怎么做，关键还在于我们自己是否有一个事业发展的远大目标。哈佛大学有一个非常著名的关于人生影响的跟踪调查，对象是一群智力、学历、成长环境等条件

都差不多的年轻人，调查结果发现：27%的人没有目标；60%的人目标模糊；10%的人有清晰但比较短期的目标；3%的人有清晰且长期的目标。25年后跟踪研究结果表明，他们的生活状况及分布现象十分有意思。

那些占3%者，25年来几乎都不曾更改过自己的人生目标。25年来他们都朝着同一个方向不懈地努力，25年后，他们几乎都成了社会各界的顶尖成功人士，他们中不乏白手创业者、行业领袖、社会精英。

那些占10%有清晰短期目标者，大多生活在社会中上层。他们的共同特点是，那些短期目标不断被实现，生活状态稳步上升，成为各行各业不可缺少的专业人士，如医生、律师、工程师、高级主管等等。

其中占60%的模糊目标者，几乎都生活在社会的中下层，他们能安稳地生活与工作，但都没有什么特别的成绩。

剩下27%的是那些25年来都没有目标的人群，他们几乎都生活在社会的最底层。他们的生活都过得很不如意，常常失业，靠社会救济，并且常常都在抱怨他人，抱怨社会，抱怨世界。

那么我们呢？为什么我们因为别人的问题，就阻止我们去办应该办的事情呢？

每个人对问题的解决方式肯定是不同的。任何一件你所要做的事情，只要你是按照既定的目标，你就要一往无前地做下去。不管任何困难，不管任何曲折，你只要拍着自己良心坚信你对上忠诚，对下无愧，你就要坚持。你按着这个警句“一件事情从头到尾做到底就是成功”，对自己做个分析，看自己对事业是否那么的执着，你就知道自己还有哪些问题了。只要你该做的做到了，你不给别人对你事业的忠诚留下任何可以评价的闲言碎语，你就打内心感到是无畏了。为了别人的行为方式，阻止自己的奋斗目标，这要问：又何苦呢？

误区在于你不能容忍别人的行为方式，那么别人对你就会“评头论足”，结果是你一事无成。

第二节　有吹不破的气球吗

正常的心理活动就好似一个吹不破的气球。

“有吹不破的气球吗？”

每次讲座，我都要和台下的人提出这样的问题。回答是肯定的，那就是没有!

“但是，我确实有一种吹不破的气球”。

人们苦思暮想，终也没有一个正确的答案。其实，吹不破的气球是不可能的，吹破了可能就有了一个先决的条件。所要讲到吹不破的气球，是想做一个比喻：我们的心理，就好似一个吹不破的气球，心理活动过程正是在这一定的空间里发生。在这个空间内所有通过感觉系统接收的信息如同源源不断的充气过程。吹破了，心理就出问题了，吹不破则表明我们的心理有容量。那么如何让气球能吹不破，这个先决条件是什么，又是如何表达心理健康呢？我们把答案留在最后。

一、吹不破的气球

人们无法理解世界上竟然还有“吹不破的气球”这样荒唐的事情，简直是一个吹牛比赛。但是，世界上也确实有这样的事情的发生。我在讲座提出这样的问题之后，拿出了三个事前准备的气球，随意选择了台下的三个人作为我们的试验。并让他们仔细观察整个过程中所观察的情况。我们分别称呼三人为甲、乙、丙。

按照要求，在整个吹气球的过程中没有指令不能停止吹气。

甲：在不断的吹气球的过程中，先是气球逐渐变大，体积增到一定的时候，隐隐感到要爆炸了。此刻，尽管依然在吹气，但似乎气球的体积恒定了，没有变大。继续再吹时，明显感觉有即刻就要爆炸的可能。甲按照指令没有停止吹气，结果发现，气球体积恒定了的片刻，随着吹气的进行，气球猛然增大，接着爆炸了。爆炸的气球呈碎片状，分为几个碎片散落在地下。

按照前章我所描述心理问题发生的“反应—凝固—膨胀”的三个阶段观察，现实的情况与这里描述是一致的。先是气球不断地在我们吹进的气体中逐渐增大（反应阶段）；达到一定的大小之后，发现气球不再增大，恒定了（凝固阶段）；吹气的过程继续进行气球猛然增大（膨胀阶段），最终气球爆炸了。

甲在吹气的过程中，把一个心理活动的“反应—凝固—膨胀”模式尽显无疑。

乙在不断的吹气球的过程中，所观察的情况和甲类似，所不同的是爆炸后不是呈现碎片，而是气球呈现了一个大的裂隙。

丙的情况完全和甲乙不同，他在不断的吹气的过程中，发现气球在增加到一定的大小之后，却不再增大。不断的吹气，依然如此。他发现了气球不能和甲乙二人类似结果的原因，原来是他所吹的气球有一个小眼在不停地漏气，被他发现了。丙依然按要求不停地在吹，直到甲乙两者均使气球爆炸，丙的气球体积依然恒定在一定位置。自然台下的人无法理解“吹不破的气球”的真实原因。

一个漏气的气球是永远无法吹破的，因为它有“通道”使它内部的压力无法聚集增大。我们比喻了健康的心理活动就好似一个吹不破的气球，从以上实验我们是否能有一点启示呢?

二、通道建立就不会“爆炸”

以上所述归纳，是想通过一个事实想证明一个“理论”。这就是笔者提出的心理问题的发生，遵循“反应—凝固—膨胀”三个阶段进行。所有的心理问题的发生，都是由于没有建立有效通道，心理反应能量没有释放的渠道，维持了完整的三阶段发展而形成的。一旦在这个过程中，“略施小计”，即气球上扎个眼，或者用一个术语“建立通道”来实施，气球不爆炸了，心理压力解除了，自然降低了心理问题的发生。

每个人的心理活动其实和体内的生理生化反应过程一样时时刻刻在进行着。每个人身处于自己的职业奋斗之中，都会耳听目睹所经历的一切，这一切犹如源源不断信号直接通过视觉通道、听觉通道、感觉通道直冲大脑皮层，形成多个反应灶，加剧了你内心心理活动。心理问题的发生是一个从“反应到凝固，凝固到膨胀”的过程。这种模式在临床咨询中得到了很好的应用。它的基本观点是，作为社会的人，生存就意味着“心理反应”的不断进行。来自家庭、工作、人际等社会因素，来自疾病、生长等生物因素都会对个体形成影响，都可能作为一种刺激，直接形成生理和心理反应。心理的反应依从有序变化，就不会给个体造成心理上的伤害，否则就可能形成心理问题。

所谓有序变化，指的是个体对外界的刺激形成的“心理反应”是在有效空间进行的;正常的“心理反应”是不会出现问题的。这是因为“心理反应”

在有序条件下，有“心理反应”所形成的副产品，即“聚集的能量”，也有一个释放这种能量的通道。如果在“心理反应”过程中，没有建立心理能量的释放通道，便会导致个体在心理反应空间不断缩小。当通道堵塞时，就会出现短暂的停顿，呈现心理反应的凝固，此刻的思维活动就表现为绝对、静止、片面看待问题，同时也出现情绪障碍等一般心理问题。个体常常会对各种活动表现为麻木、淡漠、抑郁和焦虑。当然通道堵塞后所出现的反应凝固，不等于反应停止。在短暂凝固之后，如果仍然还没有建立释放能量的通道，“心理反应”的凝固就会膨胀，会继续反应。此时，就是我们所说洪水泛滥了。它总会寻找薄弱的堤坝，喷涌而出，就如我们所形容的正在充气的一个完整气球爆炸了。气球而言，碎了，几乎可能是碎片。对心理而言，导致不良情绪的爆发，以及各类严重心理问题的产生，如人格障碍、心身疾病、心理疾病等，甚至出现精神问题。

因此，心理问题是否发生，关键是有无一个释放心理反应所聚集的能量的通道，建立一个通道，能量的压力就自然消除，心理问题就不会产生。自然我们就知道为什么有“吹不破的气球”，为什么有心理健康的人了。

第三节　中年官兵承受的心理压力

人到中年，就会有许多压力。俗话讲：上有老，下有小，自己还有事业要奋斗。军人群体中，中年人是职业中的主力军、也是生力军，还是家庭的“顶梁柱”。他们既要肩负军事训练中战斗力的重任，还要肩负家庭的责任，可谓属于生命中工作和生活承接上下的“结点”。一般来讲，中年军人在这个职业上有了丰富的经验，渴望对事业成就有更高的期望，有对家庭生活质量设想着更大的愿望。承受这如此中年的“重任”的时候，同样承受着高强度的精神紧张与心理压力。因此，中年军人尤为需要心灵的抚慰。

到了中年，就感到自己年龄大了，这个界限尤其是年过 40 岁。人之所以到了中年就明显的有了“大了”的感觉，这种大，不仅仅的意味着生理上年龄的大，也意味着心理上感觉的大。记得数年前陪同一个检查团检查工作，一位刚刚过 40 岁生日的领队不轻易地讲了一句耐人寻味的话。他说：“唉，人一过四十就感到明显的‘大’了”。当时检查团所有人员均在40岁以下。他的话没有引起任何共鸣。十多年过去了，当年那几位30以下的人，也已超过40岁了，从外表看他们的双鬓隐隐显现了几缕的白发。

其实，那句耐人寻味的话在讲述了一个真理。人的生理年龄发展呈现一个正玄波的曲线，在30岁到40之间是生理发育的平台阶段，进入40岁的时候平台阶段逐渐向下滑动，到了50岁以后就感到自己精力不够用了。每个人依据自己的遗传素质、体能锻炼和透支情况也有所不同。但是，对心理年龄来讲，40岁则可能是一个重要的转折点，生理机能的下滑撬动着心理感受，面对年老的父母和长大的孩子，人们会突发的感觉我到中年了。39和40的区别在哪里？找不到！但是39岁和40岁心里的感觉却存在。恐怕有以下几种原因交织而成：

1. 心理压力超负荷，疲惫感生成

中年军人肩负着很大的社会责任和家庭的重任，是军事训练的中坚力量，是技术全面成行阶段。凡是重大任务、突发需冲锋一线时刻，无论是指挥，还是训练，优先派出的均可能是中年军人。这些客观事实显示中年官兵心理的压力十分突出，在自己的岗位上要有所贡献，并且希望自己的能力得到上下级的认可也是自己基本出发点。再则，人到中年后，生理机能的恢复要慢一个节拍，潜意识中又多了一种自己“老”了的暗示。为了力争使自己多做工作，以免由于年龄“来不及”，超负荷的加速工作形成了压力负荷的循环，添加了更多的心理压力，随之而来的是疲惫感受，比如：急躁、焦虑、失眠、易怒、头痛、记忆力下降等。

2. 人际关系的错综复杂，无所适从

人际关系是社会关系之一。可以认为，中年期则是人际关系最为复杂的时期。既是父母，又是子女，还是丈夫（或妻子）；既是上级，又是下级，还是平级。因此，在家要孝敬赡养父母，养育自己子女，夫妻共创家庭愿景；在外要落实上级领导指示，指挥指导下级工作，协调上下处理周边关系。角色在一天之内要不断地转换，一不小心昨日工作差错的恼怒回家发给了妻子；又不小心子女上学的困惑干扰了今日技术的发挥。

中年军人也是技术熟练，思想成熟，容易创新技术的时期，却遇到了年龄偏大的上级，其思想、行为的保守而将蕴藏闪光点的创新拒之萌芽之中。你去指责？你去讲理？在上级面前，搞不好会被认为“翅膀硬了”。

由于你的技术的成熟，你会不加掩饰地指导年轻人，说多了，可能被认为“絮絮叨叨”“老一套”，等。关注少了会被认为“自私冷漠”。有人叹息，中年人真累！从以上看到，中年军人是心力最脆弱的时期。在社会关系中，可能会因自身社会地位的变化而疏远或失去过去的朋友，或对已经进入老年的长辈投入时间、精力与经济照顾呈现“反哺现象”，也时常让中年人不得不牺牲休息甚至工作。既要作“孝子”又要作“忠臣”，搞的中年人心力交瘁，甚至“英年早逝”。

在上述状态下，中年人极易出现的心理问题就是“人际关系敏感”“焦虑症”和“抑郁症”，愤怒、恐惧的心理。

3. 家庭与婚姻问题矛盾

中年军人要在事业上有所作为，就需要一个安定、和睦的家庭作后盾。家庭是一个人身心调养的小岛，是避开外界环境风浪的港湾。但是，婚姻问题常会成为影响中年人心理健康的重要因素。中年军人常肩负着作战训练的重任，常常会无暇顾及家庭，特别是有些中年军人一直两地生活，不能有精力照顾家庭。还有在对待子女的教育方式上也存在差异夫妻会发生口角，伤害了夫妻感情，心理上带来了负面作用，导致各种神经症的发生。

4. 多事之秋的更年期问题

女性有更年期，男性呢？也有！更年期是中年进入老年的生命转折期，亦是生理功能由旺盛进入衰竭的过渡时期。男女均有更年期，女性早一些，一般为 45 ~ 50 岁，男性晚一些，一般为 55 ~ 60 岁。但不排除男性由于工作、家庭压力的增大，更年期提前。由于此时期生理与心理上的巨大变化，部分人会出现常见的心身疾病——更年期综合征，有人将这一时期称为“多事之秋”。

更年期的主要生理变化原因是性腺功能的衰退。对女性来讲是卵巢衰老的影响，导致下丘脑与垂体内分泌相应发生变化，最终引起月经的变化，由规律到不规律以致最终完全停止。这个时期由于血中孕激素水平下降垂体功能亢进，分泌过多的促性腺激素，影响了自主神经的稳定性，部分中年妇女产生了不同程度的心血管运动性症状如典型的潮红潮热、出汗和头晕三联症状，以及大脑皮层功能失调症状，如烦躁激动、心悸、失眠多梦等。更年期内分泌的改变，常见有焦虑、悲观、失落、孤独的心理反应，甚至个性行为上出现多疑、嫉妒、自私、急躁、不近人情，有时无端的烦躁，担心家人会遭到不幸，有时过度兴奋，有时伤感、抑郁，出现自责、自罪心理，悔恨自己成了废物，产生自杀的绝望心理，搞不好人际关系等。男性在更年期也面临同样的问题，即在这一阶段，睾丸作为主要性腺功能的衰老，与女性同样的生理机制，导致这一阶段出现类似的心理问题。

第四节 心病乃需心药医

“杯弓蛇影心病乃需心药医，草木皆兵攻心更比攻城难”，这个条幅由一个飞行教员在与心理科工作人员深入交流之后，送给我曾经工作过的心理咨询室。它一直挂在了咨询室迎面的墙壁上。

这个条幅特别引人瞩目，打动着来访者和参观者。它恰当地表达了“心病”和“心医”的关系，以及心理咨询的特征。对军人来讲，能够走入心理咨询实属不易。即使自己有了困惑、无助、不知所措的问题，这些来源于事业发展，家庭矛盾，子女教育等的问题，他们也并不是十分“乐意”来寻求心理咨询。既不和同事讲，又不和家人聊。既怕同事不理解，笑话自己；又怕自己的家人骂自己是窝囊废。更不要说是寻求心理咨询了，且不知这样的结果会导致问题“越演越烈”。前几天就有一个朋友直接表达，“我才不心理咨询呢，咨询出毛病怎么办？”，这的确就是目前普遍存在的一个不正确的认知。这里我们讲几个故事，让大家认识“心病”和“心医”的关系。

故事一：苏联著名学者贝柯讲了一个这样的故事。有位年轻的女子，随丈夫一起去参加宴会，就餐不久，突然从口中吐出一条蛔虫，她觉得在众人面前丢了面子，很难为情，中途退出宴会。从此以后，她总认为自己体内腐败了，肚子才会生虫，因此，她拒绝任何饮食，想把肚子里的虫子饿死。与此同时，她产生了顽固性呕吐症，后经医生检查并未发现任何异常，外科医生告诉她，虫子已全部取出。从此，她开始正常饮食、生活。但没过多久，她偶然从一个实习医生那儿听说，给她手术时什么也没有发现，于是她对肚子里的虫子又感到惧怕，随之又开始呕吐，并持续呕吐了三个星期终于因衰竭死亡。

故事二：中国的“杯弓蛇影”是一则典故，说的是晋朝有个名叫乐广的人，他有一个好朋友，有一天这个朋友来看望乐广，乐广就拿酒来招待他，两人一边谈话，一边喝酒。可是客人好像有什么事，酒喝得很少，话也谈得不多，一会便起身告辞。主人不便强留，只得送他出门。这个朋友回到家里，顿时生起病来，请医服药，也不见效。乐广知道这个消息后，立刻赶到他的家里去探视，问他怎么生起病来的。朋友吞吞吐吐地说："那天在你家喝酒的时候，我仿佛看见酒杯里有条小蛇在游动，心中就很不自在。我喝了那酒，后来就病倒了"。乐广想了想劝慰他道："不要紧，请你再回到我家去喝几杯，病保管就好"！朋友见乐广非常热情，还以为他真有妙方，便勉强应允，起身同到乐广家。

两人仍坐原位，酒杯也仍放原处。主人给客人斟上了酒，笑着问道："今天的酒杯里有没有小蛇？"。客人看着酒杯，叫道："有！好像还有蛇影在晃动呢！"乐广不慌不忙，把墙上挂的一张弓取了下来，再问道："现在，蛇影还在吗？"，原来酒杯里并没有什么小蛇，也不是什么蛇影，却是弓影。朋友恍然大悟，疑惧尽消，病也就全好了。

故事三：一个原日本军人，侵华战争结束被苏军俘获送达苏联西伯利亚，从 1945 年到 1949 年，在苏联西伯利亚度过了 4 年的俘虏生活。在那段时间里，粮食非常紧张，整月整月的只有大豆吃，为此患了慢性痢疾，大便里全是混着血的透明黏液。从此，为了治好拉肚子，他开始了节食，将一日 3 餐改成了一日 2 餐。以后就一直认为胃肠不好，一直到 1985 年，开始出现食欲减退，到了一日只吃 1 顿的状态。到 1986 年春连一顿的饮食也成了困难之事。吃的东西一天只有西红柿半个、菜汤一碗、鸡蛋半个、冰激凌少许，体重从 45kg 减少到 36kg，体力衰退到连上自家门前的缓坡也不得不借助于妻子从身后将他推着往上走的程度了。之后他到医院看病，在多个医院作了精密检查，被诊断为胃下垂、营养不良、红细胞减少等，胃肠无异常。即使是这样，但面对没有食欲这一事实，使他不能接受医生的诊断。与此同时，他使用了中药、健康食品、心灵疗法等，只要有的方法都去尝试，结果全无效，为此，他伤透了脑筋。

这个时候，他找到了一个老友谈了自己现在的情况，老友提示说：如果胃肠没问题，会不会是神经症。老朋友向他介绍了有关心理治疗中具体的"森田疗法"，并借给了他森田疗法的书籍和录音带。之后他如饥似渴地读、反反复复地听，最后弄清了自己不是胃肠道疾病，而是神经症，是心理因素引起的神经症。

依照森田疗法的理论，他把注意力集中到了自己该做的事情上，所做事情以顺其自然的方式进行处理，最后真正地将自己融入进去，所谓的胃肠道疾病完全好了，结果每月体重都增加 2kg，半年后达到最高峰 50kg 了，对于 156cm 的他，已经是最好的体重了。

从以上三个真实的故事我们看到这样的结论："心病"即心理疾病，是多种因素所导致，可以是外界的某个事件，可以是个人的某种心理类型，也可以是自身的生理症状等，都可以引起心理疾病。其实我们也看到，心理疾病在某种程度上是非常可怕的，它可以直接导致一个人生命的崩溃和灭亡，也可直接消耗人的意志。同时，我们也应看到一个真理："心病乃需心药医"，从杯弓蛇影中看得淋漓尽致。

第五节　心态给予你事业成功和身心健康

多年不见的两位军校老同学见面后刚刚握手还没有说一句话，其中甲同学便凝视着乙同学的头部不停地寻找。乙同学不解的询问:"在找什么？"他还是不停地找，没有一句言语。于是乙也就耐着性子任由他了。

在找什么？在找白头发！ 20 年前的军校同窗好友，既是同学，又是战友；那亲密无间的朝夕相处谁有什么特点哪有不知道的。昔日的那朝气蓬勃并伴着一头茂密黑发，而今仍然一样。再看看自己，每每从镜中看到自己，就不住的感慨，白头发啊，白头发，已经渐渐爬上了自己为了象征年轻仍要梳理整齐的发型，面部也不停地增加着一波波皱纹。毕业都 20 年了，怎么可能不变呢？人到中年，正应对了人们常说的一句话：上有老，下有小，自己还有事业要努力去奋斗。对中年人来讲正是压力最大的时候，增加一些白头发和面部的皱纹是再正常不过的事了。而奇怪的是乙同学怎么就没有变？怎么就没有白头发?

乙同学道出了自己的答案："心态！心态决定着一切。"

一、心态可以决定你成功

这里给大家讲三个故事。

故事一:推销产品。有两个推销员，正准备出发的时候，天下起了大雨。一个推销员说，现在下这么大的雨，刮这么大的风，即使我去了，客人那里可能也没有人在，这样就会失去一次拜访的机会。但另一个推销员却想，今天下大雨，刮大风，可能别人都不会去，那么老板肯定有空，如果我过去，他很可能有足够的时间接待我，听我的解释。那么这两个推销员谁的成功机会多呢？

故事二：谋生。日本有个水泥大王叫浅野一郎。年轻的时候，只身一人来到东京谋生。他身无分文。但当他看到东京的街头有人买水时，他非常高兴，东京真是个好地方，连水都能卖钱，看来我浅野要活下去不会成问题。可是当时也有人在想，东京真是个鬼地方，连水都要钱，看来我活下去很困难。“连水都能卖钱”和“连水都要钱”是不是两种完全不同的态度？态度不同，结果就会两样。孰胜孰负不一目了然了吗？

故事三：长跑成绩。有一个小男孩，一次长跑比赛回到家里，父亲看到他很高兴，就问：你是不是得了第一名？他说：没有啊，我得了第二名。父亲好奇怪：你得了第二名怎么还高兴呢？那小孩说：爸爸，你知道吗，那个第一名不知道被我追得有多惨！这就是那个小孩的心态。如果我们每个人都有如此心态追求成功的话，有对手已经跑在我们的前面又有什么关系呢？

从这三个故事上我们是否可以懂得，积极的心态和消极的心态其结果会有很大的不同，心态可以决定你是否成功。有人这样说过：在这个世界上惟一最重要的只有一个人——你自己。在你的身上，时时都随身带着一个看不见的法宝，这个法宝的一边装饰着四个字——积极心态，另一边也装着四个字——消极心态。

这个看不见的法宝会产生惊人的力 量，它既能让你获得成功、拥有幸福、健康和长寿；也能让这些东西远离了你，或剥夺一切你的生活富有意义的东西。在这两种力量中，前者，积极心态可以使你达到人生的顶峰，尽享人生的快乐与美好；后者，消极心态则可使你在整个一生中都处于一种底层的地位，困苦与不幸一直缠身。还有一种情况，当某些人已经到达顶峰的时候，也许会让后者将他们从顶峰拖滑而下，跌入低谷。因此，对一个人生活和事业的成功来说，你的心态这可谓太重要了。

既然如此，那么你是选择积极的心态还是消极心态？看了上述三个例子，你不可能不选择积极心态了。如果你不选择积极心态，并且紧紧地抓住它的话，消极心态就会被迫自动送上门来，二者之间没有任何折中和妥协。那么，你必须在两者中选择其一。

许许多多的成功人士，或者健康人群都以自己的经历在说明着这一切。但是，也许有人会反驳说，“事实果真如此吗？我一生中就碰到过许多困难与挫折，每当这些时候，我也读过不少有关积极心态的力量的书，可是仍解决不了问题。”也许还有人会说：“是的，我也认为那一套没用。我的事业正陷入低谷，我也试过积极心态这一招，但我的事业依旧毫无起色。积极心态无法改变事实。”这实际上是一种对积极心态的力量的否定与排斥的想法，那说明了还并不是完全真正了解积极心态力量的本质。

一个积极心态的人并不会否认消极因素的存在，他只是学会不让自己沉溺其中。积极心态要求你生活中的一时一事中学会积极的思想，积极思想是一种思维模式，它使我们在面临恶劣的情形时仍能寻求最好的、最有利的结果。换句话说，在追求某种目标时，即使举步维艰，仍有所指望。事实也证明，当你往好的一面看时，你便有可能获得成功。积极思想是一种深思熟虑的过程，也是一种主观的选择。

二、面对工作中困难时候的积极心态

我的老战友是一位专业技术干部。他事业有成，家庭幸福。用别人的话说“他该得到的都得到了”。其实，作为部队的专业技术人员，他所该得到的无非是职称、专业成绩。但是，了解老朋友的人都会说，他付出了，他心态放得正，总是以积极心态面对所碰到的一切问题和困难。

著名心理学家威廉·詹姆斯说过，世界上由两类人组成，一类是意志坚强的人，另一类是心志薄弱的人。后者面临困难挫折时总是逃避，畏缩不前。面对问题，他们极易受到伤害，从而灰心丧气，等待他们的也只有痛苦和失败，但意志坚强的人不会这样，他们内心有股与生俱来的坚强特质，面对困难仍有内在勇气承担外来的考验。

我们知道从事特殊职业的人群都会有一种特殊的气质特征，那就是付出。这位老战友 20 年前他放弃了军校毕业留校的机会，坚定地走向了基层部队工作。20 年的努力使他的工作得到认可，在极其困难的条件下，建立并发展自己喜欢的学科。

他讲过一个这样的故事，在接受上级科研任务之后，令自己为难了，这项科研任务对他来讲简直是泰山压顶。自己年轻、专业能力还远远不足，无疑对一个初出茅庐的本科生来讲是很困难的。三年的科研周期，一晃过去一年了，课题没有任何进展，沮丧、无奈、郁闷、烦躁等心理问题直接打击了初始的那饱满热情，也直接构成了对成功的威胁。

这时，他开始思考自己，深知自己存在着许多消极负面的情绪，这些负面因素正是使他情绪低落、沮丧的主要原因。他想起了一位心理学教授对他的告诫，失败者总在不停地体验焦虑与沮丧；而成功者总在高兴自己又得到了一次失败的经验。于是他开始改变自己的思维方式，在问自己：自己是归于失败者行列，还是成功者队伍？答案是显而易见的。他告诫自己即使失败了，别人也能理解，因为自己是初出茅庐者；如果成功了，那就说明是可以用汗水付出换取成功的。新的思维方式以及积极的心态建立了，自己心灵得到复苏，开始寻找“付出就会有收获”的真理在自己身上的体验。终于，按时完成了上级的任务，所做的课题被评价为“填补国内空白”。

三、给予也是一种快乐

一位老将军和我谈起了他一生中辉煌的历程和那些快乐的收获，他总是用富有饱满的神情投向你那不解的目光。他白发苍苍，却精神抖擞。思维敏捷，语言流畅，看不出他 80 多岁的高龄。他和我谈了一个重要的问题，这就是给予也是一种快乐。

不快乐的因素有许多。比如事业无成、职级没达到预期目标、上下级关系不协调、人际交往存在问题了等。根本的问题是给予与回报的问题没有解决，产生问题重要的因素是自己所求过多。

对事业的奉献讲在了口头上，对同志的满腔热情凝集在表面上，一句话，你求得的东西太多了，你心里就不平衡了，问题就产生了。还是我们所讲的心态问题。老将军之所以很快乐就是从不索取，只讲给予，造就了他心理的平衡和快乐。

老将军一生辉煌的经历，但是最后的级别并不高。然而，他没有怨言。他说，他战场上救过无数战友，并且和平时帮过许多人成才进步，没有祈求回报。他信奉的一条就是不要自己找麻烦，给予了就不要索得。老将军的快乐观值得我们深刻理解吸收。

一位飞行大队长是我在基层部队进行心理讲座时候认识的一位朋友。

他和我讲述了自己内心不平衡的一些事情。大队长从飞行学院毕业后，为人诚恳，对人热情，对事业执着的追求，工作中取得了很多成绩。但是，内心一直困惑他的就是用他的话讲，碰到过许多“没良心”的人，心里总是很不舒服。所谓“没良心”的人，我们听起来也很有道理，曾经他帮助的一个战友，从家属随军，到后来到地方找工作，以及孩子上学的安排，他就像自己的事情一样托人找关系，找门路予以安排，并且在飞行技术方面也给予了很多帮助。因为大家共事一场互相帮帮忙都是应该的。开始，这位战友常常逢人就讲大队长对他如何帮助，很是感谢。

但是，让大队长心寒的是当自己有困难最需要别人帮助的时候，这位战友却无动于衷，丝毫没有帮忙的意识。大队长给我讲：“没有我对他的帮助，他现在的情况还不知道是怎样呢，而我渴望他的帮助时，却无动于衷，怎么不令我心寒呢？”。大队长还给我讲了另一件事情：多少年以前，也是用心与一个战友相处，所谓的好事是从不会忘记这位战友的。但没想到的是，这位战友听信别人的“消息”，记恨起了自己。大队长每每想起这件事就耿耿于怀。联系现在的事情，心里自然是心寒了。

大队长自身对别人的事情从来都是满腔热情，尽心尽力的。在个人有困难的时候，没有得到预想结果，而造成心理上的失衡也是很正常的一件事情。但是，换个思考方式也许就没有这样的“悲痛”心理了，这就是我们所要说的：给予而不求回报。

所谓的“给予”，它包含付出金钱、时间、兴趣或忠言，或者任何由你能给予他人，且对他们有利的东西。你付出了这些，实际上你获得了成就感，反过来也是一种幸福感。付出最多的人，也是获得最多的人。不求索取，你更能感到付出的意义，也更能活得快乐。换个角度看问题是改变消极情绪、改变自己心态的最好方式。

参考文献

[1] 陈仲庚，张雨新. 人格心理学 [M]. 沈阳：辽宁人民出版社，1986.

[2] 车文博. 心理治疗手册 [M]. 广州：广东教育出版社，2009.

[3] 车文博. 心理咨询大百科全书 [M]. 杭州：浙江科学技术出版社，2001.

[4] 冯江平. 挫折心理学 [M]. 太原：山西教育出版社，1991.

[5] 傅安球. 实用心理异常诊断矫治手册 [M]. 上海：上海教育出版社，2001.

[6] 郭念锋. 心理咨询师（上、下册）[M]. 北京：民族出版社，2012.

[7] 李心天. 医学心理学 [M]. 北京：中国科学技术出版社，1988.

[8] 娄振山. 飞行员心理应激因素分析 [J]. 解放军医学情报，1994，8（2）：96–97.

[9] 李雪英. PSD 的认知理论及认知行为治疗 [J]. 中国临床心理学杂志，1999，7（2）：125–127.

[10] 刘红松. 军人心理学 [M]. 北京：国防大学出版社，2000.

[11] 李静，梁朝辉，杨仕云，等. 中国全科医学 [J]. 2004，7（17）：1228–1229.

[12] 李建军. 自杀研究 [M]. 北京：社会科学文献出版社，2013.

[13] 罗永昌. 军事航空医学概论 [M]. 北京：人民军医出版社，2014.

[14] 鲁道夫. 奥伊肯. 人生的意义与价值 [M]. 张伟，左兰，译. 福州：海峡文艺出版社，2017.

[15] 苗丹民. 航空心理卫生支援分队教材 [M]. 北京：解放军出版社，2010.

[16] 钱铭怡. 心理咨询与心理治疗 [M]. 北京：北京大学出版社，

1994.

[17] 宋华森，孟庆家，关英涛，等 . 明尼苏达多相人格测验对飞行人员的应用报告 [J]. 航空军医，1989，4.

[18] 宋华森 . 航空心理测验法 [M]. 北京：中国民航出版社，1995.

[19] 孙传兴 . 临床疾病诊断依据治愈好转标准 [M].2 版 . 北京：人民军医出版社，1998.

[20] 宋华森 . 军人心理疏导理论与方法 [M]. 西安：第四军医大学出版社，2003.

[21] 宋华森，韩玉昌，刘军，等 . 中国军事飞行员人格测验修订 [J]. 第四军医大学学报，2006，27（16）1522–1525.

[22] 盛志新，刘庆峰，孙明炤，等 . 飞行事故后心理危机干预实例与思考 [J]. 航空军医，2010，4（38）：169–171.

[23] 宋华森，李宝君 . 漂浮放松生物反馈太空舱的研究与设计 [G]. 中国心理学会成立 90 周年纪念大会暨第十四届全国心理学学术会议论文摘要集，2011：825–826.

[24] 沈渔邨 . 精神病学 [M].5 版 . 北京：人民卫生出版社，2013.

[25] 宋华森 . 心理能量的储备：漂浮舱的研究与展望 . 全军临床心理专业委员会 2014 年学术交流会议论文集 [G]. 2014：119–128.

[26] 宋华森 . 灾难心理救援 [M]. 沈阳：白山出版社，2014.

[27] 汪道之 . 心理医生 [M]. 北京：中国商业出版社，2003.

[28] 汪道之 . 心理咨询 [M]. 北京：中国商业出版社，2003.

[29] 许又新 . 神经症 [M]. 北京：人民卫生出版社，1994.

[30] 徐卸古 . 军队灾害医学救援 [M]. 北京：军事医学出版社，2018.

[31] 肖玮，苗丹民 . 航空航天心理学 [M]. 西安：第四军医大学出版社，2013.

[32] 阎嘉陵，孙时进 . 当代青年心理学 [M]. 上海：复旦大学出版社，1998.

[33] 张理义 . 军事人员心理保健 [M]. 北京：人民军医出版社，2003.

[34] 张勇辉 . 创伤后应激障碍 [J]. 国外医学精神病学分册，2001，28（3）：159–162.

[35] AGILER D C，MESSICK J M. Cirisis intervention ：Theory and

methodology[M] . St. Louis：C. V. Mosby，1982.

[36] CETINGUC M.An assessment of Turkish Air Force pilots anxiety and depression levels.Aviat.Space Environ.Med[J]. 1992，63：905–907.

[37] CHRISTOPHER P. A Primer in Positive Psychology[M]. 徐红，译 . 北京：群言出版社，2010.

[38] CHRISTOPHER P. 积极心理学 [M]. 侯玉波，王菲，译 . 北京：机械工业出版社，2011.

[39] JACOBS E E，MASSON R L，HARVILL R L. 团体咨询的策略与方法 [M]. 洪炜，苏英，陈菲，等译 . 北京：中国轻工业出版社，2000.

[40] CORMIER S，CORMIER B. 心理咨询师的问诊策略 [M]. 张建新，黄秀琴，林石楠，等译 . 北京：中国轻工业出版社，2000.

[41] KENNEDY C H，ZORMO E A. 军事心理学——临床与作战中的应用 [M]. 上海：华东师范大学出版社，2008.

[42] MELVIN H，BONNITA W.The Critical Incident Stress Debriefing Process for the Angeles County Fire Department：Automatic and Effective. International Journal of Emergency Mental Health [J]. 2000，2（4）：249–257.

[43] NEIL R C. 生理心理学 [M]. 苏彦捷，译 . 北京：中国轻工出版社，2007.

[44] PHILLIP L R. 健康心理学 [M]. 胡佩诚，译 . 北京：中国轻工出版社，2000.

[45] RICHARD K J，BURL E G. 危机妨碍策略 [M]. 高申春，译 . 北京：高等教育出版社，2012.

[46] REUVEN G，DAVID M. 军事心理学 [M]. 苗丹民，译 . 北京：中国轻工业出版社，2004.